西线之战
THE WAR IN THE WEST

（卷二）下

盟军反击1941—1943

〔英〕詹姆斯·霍兰德（James Holland） 著
林立群　唐怡　译

重慶出版集团　重慶出版社

THE WAR IN THE WEST: A NEW HISTORY
VOLUME Ⅱ: THE ALLIES STRIKE BACK 1941–1943
Copyright © James Holland 2017
Simplified Chinese edition copyright © 2019 by Chongqing Publishing & Media Co., Ltd.
ALL RIGHTS RESERVED.
版贸核渝字（2014）第109号

图书在版编目（CIP）数据

西线之战（卷二）/（英）詹姆斯·霍兰德著；林立群，唐怡译. — 重庆：重庆出版社，2020.5
书名原文：THE WAR IN THE WEST
ISBN 978-7-229-12897-5

Ⅰ. ①西… Ⅱ. ①詹… ②林… ③唐… Ⅲ. ①第二次世界大战战役—研究—欧洲 Ⅳ. ①E195.2

中国版本图书馆CIP数据核字(2020)第023526号

西线之战（卷二）
THE WAR IN THE WEST

〔英〕詹姆斯·霍兰德（James Holland） 著
林立群 唐怡 译

责任编辑：连 果
责任校对：何建云
书籍设计：博引传媒

重庆出版集团 出版
重庆出版社

重庆市南岸区南滨路162号1幢 邮政编码：400061 http://www.cqph.com
重庆长虹印务有限公司印制
重庆出版集团图书发行有限公司发行
E-MAIL:fxchu@cqph.com 邮购电话：023-61520646
重庆出版社天猫旗舰店
cqcbs.tmall.com
全国新华书店经销

开本：710mm×1000mm 1/16 印张：38 字数：540千
2020年5月第1版 2020年5月第1版第1次印刷
ISBN 978-7-229-12897-5

定价：98.00元

如有印装质量问题，请向本集团图书发行有限公司调换：023-61520678

版权所有 侵权必究

目 录
CONTENTS

地图
出场人物   *1*
文字说明   *1*
引子   *1*

PART ONE
AMERICA ENTERS THE WAR
第一部分　美国参战

第1章　巨人碰撞   *2*
第2章　大军开动   *8*
第3章　四一年夏   *25*
第4章　美国海军参战   *39*
第5章　"鲁本·詹姆斯"号的沉没   *54*
第6章　"十字军"行动   *64*
第7章　强弩之末   *74*
第8章　世界大战   *83*

PART TWO
EASTERN INFLUENCES
第二部分　东线影响

第9章　海上战斗   *92*

1

第10章	战略掠夺	101
第11章	大开杀戒	112
第12章	战斗机和轰炸机	121
第13章	钢铁和战略	130
第14章	反抗萌芽	141
第15章	燥热沙漠	152
第16章	请君入瓮	167
第17章	联合生产	181
第18章	托布鲁克陷落	191
第19章	海与沙	206
第20章	千机轰炸	215
第21章	大海与草原	229
第22章	积蓄力量	241
第23章	非洲末日	254
第24章	美梦幻灭	270

PART THREE
THE ALLIES STRIKE BACK
第三部分 盟军反击

第25章	坦克、火力	281
第26章	训练、士气	291
第27章	英雄回归	302
第28章	准备完毕	311
第29章	恶性循环	325
第30章	点燃"火炬"	340
第31章	"捷足"行动	352
第32章	"增压"行动	364
第33章	披荆斩棘	375
第34章	登陆开始	389

CONTENTS / 目录

PART FOUR
CRUSHING THE WOLFPACKS
第四部分 粉碎狼群

第35章	暗黑之月	402
第36章	小遇挫折	415
第37章	年关将至	427
第38章	关键舞台	445
第39章	危机四伏	457
第40章	"春风"料峭	472
第41章	重水！重水！	485
第42章	重夺主动	495
第43章	深入远洋	506
第44章	步步紧逼	518
第45章	盟军获胜	530

附录

商船吨位损益累计表	545
潜艇造成的盟军商船损失	546
潜艇数量和损失	546
德国、英国和美国战机生产数	548
石油总产量、进口和供给量	548
1941年5月—1943年5月的时间线	549

致谢

第三部分
盟军反击
PART THREE:
THE ALLIES STRIKE BACK

第 25 章

坦克、火力

英国生产大臣奥利弗·利特尔顿于 7 月从美国返回，他向下议院的议会委员会汇报了英国的战备情况。他将重点放在提升英国现有生产型号的适应性和质量上，他清楚国内不少政治家和将领都认为第 8 集团军在加扎拉和托布鲁克的失利在很大程度上应归结于糟糕的武器性能，尤其是和德军装备相比。

利特尔顿指出，陆军参谋部能从前线收到许多战术层面的反馈，这些信息非常有效。不少技术检测人员在作战研究处（Operational Research Section）的安排下被派往前线调查。他们可以将报告直接呈送给该战区总司令和后勤部。他确信这能使战术中获得的教训第一时间准确传达至指挥部。缴获的敌军新式装备将在前方先作初步检查，然后送回国内作详细研究。为了这个目的，战争部副总参谋长职务下新设了一个武器研发委员会，成员包括后勤部的技术专家，比如担任首席科学顾问的教授弗雷德里克·林德曼（Frederick Lindemann），其已被册封为彻韦尔勋爵（Lord Cherwell）。

沙漠战里暴露的一个问题就是英德两军在火炮威力上的差距，他们对意军装备并未感到什么威胁。利特尔顿指出，德军的 Pak 35/36 型 37 毫米反坦克炮相当于英军的 2 磅炮。利特尔顿告诉他们："德军这种武器可以发射 1.9 磅的弹丸，而 2 磅炮的弹丸则是 2.4 磅。"德军还装备有 50 毫米反坦克炮，这相当于英军的 6 磅火炮，同样，

PART THREE / 盟军反击

英军火炮发射的弹丸重量略重于对手。

最具威胁的要算德军的 88 毫米火炮。利特尔顿表示："我们已经听到太多关于这种武器的传说了。"德军 Pak40 型 75 毫米火炮的威力接近 88 毫米火炮，而实际列装数量更为庞大。利特尔顿准确地指出，英军也有 3.7 英寸重型高射炮，其外表和表现都能和强大的 88 毫米火炮媲美。88 毫米火炮的炮口初速是 1 000 米/秒，而 3.7 英寸高射炮的初速是 1 044 米/秒，略优于对手。两者的设计初衷都是为了将炮弹向天空射出几英里高的高度，因此他们在平射时的射程能达到惊人的水平。形象地说，两者可以在 2 500 米的距离上击穿 150 毫米厚的钢板，这超过了双方所有装甲车辆的防御能力。

利特尔顿继续说道："有人认为，3.7 英寸高射炮无法用在反坦克任务上，3.7 英寸高射炮机动性与 88 毫米火炮持平。"他指出这两种武器都不是理想的反坦克武器，因为外形太过庞大。他补充道："这些火炮命中坦克的效果都是毁灭性的，两种武器不分上下。"事实上，它们并不相同，3.7 英寸高射炮更沉重，光学瞄准镜也不如 88 毫米炮优良。不过，英军的火炮牵引车胜过轴心国，光学瞄准镜在 1 英里（1.6 公里）的范围内完全能胜任对敌军坦克发现、瞄准和射击的任务。在沙漠战里，这已经足够。实际上，在其他战场也够了。

委员会里，有人想知道，英军是否有足够数量的 3.7 英寸高射炮执行反坦克任务。利特尔顿的回答是肯定的，且数量还不少。在埃及有 220 门，大部分配置在运河区和开罗。利特尔顿拿出了一段英军炮兵军官和德军俘虏之间的对话作为证明。英军军官表示，羡慕对方的 88 毫米高射炮。德国人回答："是很棒，但我更喜欢 3.7 英寸高射炮，之前在法国吃过它的苦头。"

为什么 3.7 英寸高射炮没能投入到加扎拉战役？没人能回答。它们射速很快，每分钟的极限射速为 20 发，装填和射击简便，每分钟达成 10 次发射非常轻松。当时，第 8 集团军的士兵们已对 88 毫米火炮闻风丧胆。正如利特尔顿指出的，英军有可以与之匹敌的武器，却没想过这种武器的使用。问题的根源归咎于指挥层，如果奥金莱克和里奇可以将这些闲置的火炮送到前线，或许能弥补反坦克炮的短缺问题。

关于坦克的争议也很激烈。6月16日，英军已输掉了加扎拉战役，战争部的军事作战总监约翰·肯尼迪少将在日记里写了这么一段话："我们意识到，奥金莱克由于糟糕的坦克质量而面临了不利局面，坦克数量上的优势并不能弥补质量上的劣势。"这种观点直至今天也很流行，但这并不真实。一方面，德军主要装备的3号坦克在1942年夏经过多次升级后已装备为N型，第14种升级。3号坦克最初装备的是37毫米火炮，很快被提升为50毫米。到了N型时，已提升为75毫米低速坦克炮。但这种武器在远射程的沙漠战里优势不明显，事实上，它们在非洲军的装备数量也不高。另一方面，3号坦克的装甲厚度仅有50毫米。

德军最佳的坦克是4号坦克，其最初设计是装备50毫米火炮，很快被改为75毫米低速火炮。1942年夏的新款已换装了炮管更长的高速坦克炮。不过，4号坦克也有利弊，设计之初，人们并未设想它会装备如此大的火炮，增大后的火炮使坦克变得前重后轻，严重压迫了前部缓冲弹簧。这使得坦克驾驶变得困难，且磨损加重，导致故障的发生变得频繁。4号坦克前部装甲为80毫米，虽然已属不错的水平，但仍不足以应对反坦克炮的威胁。当然，实战中还需要看交战双方的射击距离，距离越远，炮弹的威力越弱。因此，88毫米高射炮和3.7英寸高射炮在开阔的沙漠战里效果惊人。它们能在远距离上轻松撕碎对方的坦克。

隆美尔麾下的大部分轴心国坦克弱于3号和4号坦克，无论是装甲还是火炮都不算领先。意军装备的主力型号为装备47毫米火炮的M13/40，后升级为M13/41。新运抵的M15/42本该更强大一些，但装备的仍是47毫米火炮，最厚装甲也只有45毫米。隆美尔手里还有些老旧的捷克制坦克——装备着37毫米炮的T-38。

与之相对的，英国第8集团军到1942年夏时主力已换为了美制的M3"格兰特"，装备为75毫米火炮，装甲厚度为50毫米。M4"谢尔曼"正在运输途中，同样装备有75毫米火炮。英国也装备有类似德国

3号、4号坦克的型号，即"瓦伦丁"坦克。它的装甲厚度为65毫米，火炮和德军一样不断升级，从2磅炮升级为6磅炮，最终版本为75毫米火炮。北非大部分英军坦克使用的还是2磅炮的型号，和37毫米火炮相似。"十字军"坦克速度不错，但装甲和火力不足。"马蒂尔达"坦克速度较慢，但装甲防护良好，装备3英寸低速火炮。确实有过战例表明，装备2磅炮的"十字军"无法匹敌3号坦克或是装备75毫米火炮的4号坦克。但德军坦克也常常需要面对火力更猛的英军坦克。

换句话说，肯尼迪所说的质量差距确实存在，但并不显著。事实上，第8集团军所拥有的75毫米火炮的坦克数量高于非洲军的保有数量。英军正在装备越来越多的美制坦克这一事实并不意味着英国自身坦克工业的失败，也不代表英国战争能力的不足。实际上，无论是购买，或者接收大量的新型坦克，跨越大洋的运输本身就是一种综合实力的体现。进一步说，"格兰特"和"谢尔曼"都经过了英国的改进。只要美国生产的武器能同时被英军和美军使用，数量当然越多越好，使英国能集中资源生产更多的"兰开斯特"轰炸机、"蚊"式、改进的"喷火"和其他能帮助战争获胜的飞机、火炮。

在苏联和北非的战斗已表明，德军赖以取得闪电战胜利的坦克已不再独领风骚。德国人惊恐地发现，苏联人拥有数量庞大的T-34，后者凭借76.2毫米火炮和60毫米炮塔装甲对德国人造成了巨大威胁。经历过法兰西战役的赫尔曼·巴尔克认为，德军必须装备更多长身管75毫米火炮的4号坦克和高初速50毫米火炮的3号坦克才能应对。他曾听到过希特勒与阿道夫·冯·舍尔和弗洛姆之间的讨论，前者要求增强火力，而后两者认为主炮长度不应超过坦克车身，因为这样才能确保重量的平衡，长身管火炮还会导致坦克在树林中穿行时变得困难。巴尔克说："结果是，我们的坦克炮在莫斯科无法击穿苏军的坦克装甲。当我们在1941年冬开始给坦克换装长身管火炮后，苏军坦克的优势被摧毁了。"

这种看法在某种程度上是正确的，但T-34的数量优势远非长身管4号坦克能比的。到1942年6月，德国国防军只有681辆长身管

75毫米炮火的4号坦克,苏联在1942年已生产了大约6 000辆T-34。重厚装甲和强火力并非德国装甲部队的设计重点,运动战的关键在于寻求突破口,尤其强调速度和机动性。正如法兰西战役里对付法军第1装甲师以及沙漠里数次发生的战斗,德军常用坦克作诱饵引诱敌军进入德军反坦克炮的预设阵地。

但现在,他们只能依靠防护更好,火力更强的坦克才能取得战斗的胜利。因此,德国人开始研发两种新型坦克:被称为"黑豹"的5号坦克和被称为"虎"式的6号坦克。"黑豹"拥有75毫米的强力火炮,但遭遇了与Ju-88和Me-210相同的设计缺陷。原本设计为20吨的坦克到1942年春已增重至30吨。曼公司和戴姆勒-奔驰都提交了自己的设计方案,施佩尔于3月5日向希特勒推荐戴姆勒-奔驰的方案,但曼公司打听到了这个消息,立刻将自己的设计方案改为了借鉴T-34的倾斜正面装甲。元首指派专员于1942年5月重新审核了两家公司的方案,最终,曼公司获胜,他们将使用现成的炮塔和发动机设计。这意味着这种坦克的投产速度比戴姆勒-奔驰方案执行更快,后者为全新设计的炮塔和发动机。在初步方案定下后,希特勒亲自要求进行一些细节上的修改。主要的改动在于对装甲防护的提升,从60毫米增加到80毫米,同时要求将正面装甲和炮塔装甲增加到100毫米。1942年9月,曼公司的样车接受测试,此时的"黑豹"早非设计之初的30吨重了,已变成了45吨的庞然大物。也就是说,从中型坦克变成了重型坦克。重型坦克显然需要消耗更多的燃油,机动性也会变得更低。

尽管托马斯将军在去年12月就呼吁德国工业放弃复杂工艺以换取更快的生产速度,但这并未取得什么效果。曼公司的设计依旧使用了精密的悬挂系统以及复杂的交错负重轮。如果这些轮子或者悬挂系统需要维修,整个履带和轮子系统都需要被拆卸下来。与之形成鲜明对比的是,美制"格兰特"和"谢尔曼"的行走系统简洁可靠,维修方便,不会互相牵制。1942年9月的"黑豹"巨大且复杂,无法很快投入批量生产,其在战场上的维修也相当困难,庞大的重量需要更强劲的拖车才能施救，而这些配套设备非常缺乏。

更重型的"虎"也在研发过程中，同样有两家厂商竞争：一是亨舍尔，一是保时捷。和"黑豹"一样，"虎"式的设计也是一改再改，原计划45吨的坦克在增加装甲后变为了54吨。最后，亨舍尔"虎"式获胜，正面装甲达到了120毫米，再加上88毫米主炮使其足以傲视群雄。首批4辆样车于1942年8月完成。这头野兽足以将它的对手震慑。首次看到这辆无敌坦克的人都坚信，德军依旧拥有最精良的机械化部队。

"虎"式和"黑豹"一样有着复杂的交错负重轮以及双扭杆悬挂，维护非常困难。其正常的履带宽度无法适应现有的铁路托架，而铁路又是唯一可靠的长途运输工具，因此"虎"式还需要换上专门的窄型履带以乘坐火车，到达目的地后再换上宽型战斗履带。这不仅费时，还需要给所有坦克增配一套履带以及一些相应的其他备件。

"虎"式的传动装置由费迪南·波尔舍（Ferdinand Porshe）设计，使用液压控制、半自动、预选式八速变速箱，这听起来就非常复杂。由于这种坦克空前的重量，传统的离合器和刹车系统派不上用场，全新设计的变速箱很复杂。结构复杂的"虎"式确实拥有超强的杀伤力，但也使大规模量产的可能性为零。它的故障率非常高，耗油量高达每英里1加仑。对于缺油的纳粹德国来说，"虎"式似乎并非希特勒所希望的救星。

现在，德国将坦克设计的优先关注点放在了装甲和火力上。麻烦也随之而来，坦克比其他任何车辆更易发生故障。燃料易泄露，零件易磨损。因此，生产过程越简单，维护越方便。简单、轻型的坦克可由乘员组自己维护，利于战场上的形式变化。

德国在开战之初对车辆维护的知识储备有限，因为其之前的汽车化程度并不高，军队的机械化程度也有限。初期的坦克类型均为轻型、简单的，他们入侵的国家几乎都有完善的基础设施且纵深不大，故而并未在机械维护上迎来真正的挑战。他们的胜利往往几天或者几周就达成了。阿道夫·冯·舍尔将军一直在努力实现简化生产，集约化维护，即在帝国内的工厂附近成立大型维修站,这在当时是非常合理的。

可这些闪电战中获胜的秘方在广袤的苏联及北非失灵了。3号坦克多达14种车型,显然需要数量巨大的不同零件,且在生产后还需长路迢迢地运往前线。在苏联境内,德国人还碰到了苏式宽轨铁路不同于德国及欧洲普遍标准的问题,这也给后勤补给带来了麻烦。苏联人在撤退时执行了严格的坚壁清野工作,包括炸毁桥梁,这使德军的战利品非常有限。德国人被迫改造长达数千英里的苏联铁路,这使他们更加缺少资源去维护坦克和车辆了。

德国的坦克工厂开始全力生产新的型号,抽不出资源修理从前线送回来的战损坦克,导致坦克数量不断减少。运往北非的船上主要装载对前线起至关重要作用的燃料,留给配件的仓位非常有限。

尽管他们需要面对这些弊端,希特勒仍旧指示,全力量产结构复杂的新型坦克。冯·舍尔除了继续尝试简化生产,还开始推广分散维护,在东线各集团军群和利比亚建立维修站,但这皆非一夜间能完成之事。

9月10日,冯·舍尔被戈林撤职。他已尽力投入一场注定要失败的工作。把帝国内最熟悉实际情况的人干掉,无助于改善局势。冯·舍尔说:"坦克和车辆的维护和船舶及飞机所需的维护同样重要,可我们一直在忽视。"

英国早在1940年就从教训里学到,必须在前线完成对坦克和装甲战斗车辆的维护。在战前就有不少坦克是被匆匆设计出来,并投入量产的,和德国人现在研制的"虎"式和"黑豹"一样。由于英国和法国都相信,西线之战主要会以防御战的形式出现,所以他们都没特别关注坦克的回收和运输工具。法国坦克主要靠铁路运输,而英国坦克需要运回本国大修。如果战争如同他们预见的那般是静态的,问题或许不大,但实际上发生的运动战让他们措手不及。英国在法兰西战役后痛定思痛,着手重建陆军,高度重视在前线维护坦克的能力。英军以漂亮的运动战解决了东非和北非的意军后,对新策略仅剩的一点保留态度也消失了。毕竟,坦克经受住了长途奔袭、高温酷暑和飞沙走石的严峻考验,无论是维修人员还是装备都表现出色。

工厂要生产出足够的配件以维修车辆，确保前线有良好的设施和训练有素的人员。除了开罗附近的众多维修站之外，他们还配备了充足的移动维修站及拖车。长期以来，英国坦克的作战性能饱受批评，但没人怀疑他们的运转可靠性。事实是，如果坦克不能得到完善维护，无论它的火炮多厉害，装甲多厚，都没有用。一辆瘫痪的坦克没有价值。

1942年9月，英军参谋部在咨询了5月新设立的坦克委员会后发布了《设计要求优先顺序》。这份清单里排在首位的是可靠性。陆军希望坦克能避免抛锚。排在次位的是火炮威力，和希特勒对坦克的要求形成鲜明对比的是，装甲防护被放在了第5位，排序在火炮威力之后的是速度和续航能力。这个顺序和美军是一致的。大量驶下流水线的M4"谢尔曼"就是个好例子，其在设计之初就考虑了便利大规模生产问题。因此，它的结构简单，维护轻松。除了履带和悬挂系统易于更换外，传动系统也只配备了简单的手动变速箱，4个前进挡和1个后退挡。大部分车体和零件都能和M3"格兰特"通用，这让后勤保障部门压力大大降低。发动机和传动装置也能较容易地取出并更换。

当然，这也不是没有代价。作战时，内部装满弹药的坦克因为装甲厚度有限，容易被德军75毫米或88毫米反坦克炮打爆。燃烧的坦克会成为乘员的炼狱。但在1942年，大部分坦克都很难避免与其类似的大同小异的命运。

英国人还在不断研发新型坦克。"克伦威尔"重型坦克有着不错的装甲，装备有75毫米火炮，速度很理想。匆忙研制出来的"丘吉尔"坦克也开始稳定量产，行驶速度虽然不快，但用途广泛，越野能力超过了当时的大多数坦克，装甲足够抵御一般性攻击。大部分该型坦克都留在了英国本土，只有6辆被运往中东进行实战检验。

战争双方在轻武器上的差别不大。德国人喜欢高射速机枪，因为它能兼任防空角色，但MG34的生产过程过于精细，需要150个工时。生产过程中废料情况也很厉害，德国人无法负担。不过，该武器优良的性能有目共睹。此后，替代它的MG42开始投产，只需要75个生产工时，射速能达到每分钟 1 200~1 500 发。这种致命的武器仍未克服高射速导致的枪管过热问题，开火时会冒出大量烟雾，在只使用双脚支撑条件下的射击精度有欠缺。不过，整体而言，它的射程、威力和维护的平衡性还是不错。

综上，北非交战双方于 1942 年夏在武器性能上并无明显的差别。在这里，武器不是战争胜负的决定性因素。

PART THREE / 盟军反击

第 26 章

训练、士气

英国国王宣告，9月3日（周四）为全国祈祷日，这天是英国参战3周年纪念。隆美尔向中东发起的突进已被阻止，德军在苏联的攻势也已放缓，人们有足够的理由感到乐观。伦敦的格拉迪丝和她丈夫考克斯决定参加12点15分在圣保罗大教堂的那场仪式，因此想早点去占个位置。这已是国王第7次宣告全国祈祷日，他们还记得首次是在敦刻尔克大撤退的时候。她写道："轰炸没有来，伦敦今天还未陷入恐慌。"祈祷仪式开始后，大教堂里挤满了人，外面还有数百人等候着，只能通过扩音器收听。格拉迪丝感觉开战后的时间特别难熬，不敢相信已经3年了。

像格拉迪丝·考克斯这样的伦敦人开始感受到战争的折磨时，驻埃及的英军渐渐恢复了活力，乐观精神回来了。亚历山大将军和蒙哥马利将军在接手那里的30天后取得了不错的成效。一切正按照他们的计划进行着。两人严正声明，不再会有撤退。度过了此前的危机，在阿拉姆哈勒法战役结束后，中东安全了。

不过，丘吉尔还是焦急地催促第8集团军赶紧发动反击。亚历山大在阿拉姆哈勒法战役之前就报告，反击最早的时间是9月底。不过，德军发起的率先进攻影响了计划，亚历山大和蒙哥马利商量后认为在10月首周发动反击更好。实际上，直至10月第3周才有满月，这样的气象条件是穿越双方阵地间雷场的必须。亚历山大比他的前任更有决心和意志违抗首相一厢情愿的想法。

英军正给机动部队补充更多的坦克和士兵。9月7日，亚历山大前往特勒凯贝尔（Tel el Kebir）的军械仓库视察新运抵的"谢尔曼"坦克。运输比较顺利，只是海水造成了一些轻微的腐蚀。清理工作加上沙漠战适应化改造使他们每天只能准备好20辆坦克，而即将到来的战役却需要巨量的坦克。

丘吉尔坚持必须在11月"火炬"行动之前击败德国非洲军，之前留了一定时间来促使维希法国改变立场，并确保西班牙保持中立。亚历山大给丘吉尔回信："我仔细考虑过配合'火炬'行动的时间安排，结论是兼顾军事上的可能性以及掩护'火炬'行动的最佳时间为'火炬'行动开始前13天，也即10月24日。"

首相对此并不满意，但亚历山大坚定地替蒙哥马利抵挡来自首相的干预，在这个问题上，他和布鲁克结成盟友。丘吉尔只能接受。亚历山大完全同意蒙哥马利对第8集团军现状的看法。他向丘吉尔指出，阿拉姆哈勒法战役暴露出"他们急需加强训练"。第8集团军在战役中仍损失了多于对手的士兵和坦克，如谢尔伍德游骑兵那样撞上德军反坦克炮阵地的失误不可重演，这毕竟和骑在马背上向那些只有长矛的土著冲锋截然不同。

蒙哥马利对军队的现状并不满意。他写道："遗憾的是，我们的部队没有受过良好的训练。"他决心改变这一状况。

已有很多著作探讨过军事训练的话题，大部分都声称德军士兵的训练水平远高于其他国家。实际上，在最基础的训练项目上，英国、德国、意大利和美国陆军相差不大。训练主要分为三阶段——第一阶段是单兵训练，也是最基本的训练科目，如正步、武器训练、行军。目的在于让新兵习惯军事环境，严肃军纪。德国新兵的优势在于他们大都经过了希特勒青年团和帝国劳工阵线的历练，这些组织除了纪律严明之外，还会被灌输政治理念。意大利军队也相近，他们的年轻人甚至受到的训练比德国人还要早，6岁就参加"母狼之子"（Figli della Lupa）组织，然后是"巴利拉"（Balilla）和"前卫"（Avanguardisti），一直到18岁。这些意大利青少年组织虽然不要求强制性参加，但国家鼓励的意愿很强烈。

各主要参战国的招募手段都依靠于当地的组织。以德国为例，整个第三帝国被划分为一些军区（Wehrkreise），由这些军区负责该片区的招募工作。德国的新兵将分配到后备军单位，后备军由弗洛姆将军指挥。后备军单位会按照连、营和团的编制设立，组成师。来自杜塞尔多夫的弗朗茨·马森（Franz Maassen）出身于面包师家庭，他隶属第306后备师第579步兵训练营第9连，当第306步兵师需要补充时，他会加入到番号相同的前线单位。

与陆军不同，德国海军和空军在全国募兵，即便空军有几个军区，海军也有4个军区。随着战争时间的推进，后备军发现，在原来对应的军区征募到足够的兵员越来越困难。以北非为例子，整个非洲军只剩下1个补充营。训练也不能在原有军区得到保障，他们有时会被派到帝国本土之外的地方训练，导致原有架构被瓦解。

英国陆军的情况也差不多。在战争爆发之初，约克郡的兵员会进入约克郡团。战争进行3年后，就很难说了，美国和意大利也是如此。宾·埃文斯和劳尔夫·沙普斯来自美国中西部，很自然地加入了中西部的第34国民警卫师，而现在的"红牛"师的人员则主要来自类似新泽西州、缅因州等好几个东海岸的州。

结束了基础训练（单兵训练）后，第二阶段，士兵会被分配到班或者小队进行小单位训练。第三阶段是进行排级和连级单位的演练。典型的训练包括地图运用、巡逻任务和基本战术，武器训练的难度也提高了。重要是协同作战，这时候会加入各兵种配合，如炮兵、装甲兵和工兵，但这个阶段通常要等到士兵进入一线部队后才有机会参加。换句话说，在初级培训阶段能学到的东西会受到现实条件的制约。

弗朗茨·马森，1942年夏刚满22岁，他是少有的未参加希特勒青年团的德国人，因为他坚称自己每天早上4点需要起床去父亲的面包房帮手而没有多余的时间。不过，他的参军是自愿的，不是被强行征召。他受训的地点位于德国西北部的代特莫尔德（Detmold），地理上位于汉诺威（Hanover）和多特蒙德（Dortmund）之间。马森一度被告知，由于自己身形矮小，将被分配到装甲部队，结果仍留在了步兵部队。

训练中是无休止的行军、动作演练和武器操作。他说："那很辛苦，甚至残忍。"他们的教官非常严格，哪怕很小的失误也要受到惩罚。基本训练为3个月。之后，他们会被派到比利时，一边担任占领军，一边继续训练。马森说："基础训练并不怎样，但我在比利时却学到了不少东西。"那里没有多兵种训练，只有营级单位的演习，炮兵使用实弹。他们被训练如何攻击坦克，但不曾训练如何与坦克协同，因为后者太过珍贵。1941年春，马森和他的战友练习两栖作战。马森说："当时，我们仍然以为即将对英国发起进攻。"事实上，那是为"巴巴罗萨"战役准备的伪装手段。他在比利时待了18个月后，最终被调往东线。

海因·赛维洛（Hein Severloh）也在此时加入陆军，时年19岁。德国青年被征召的年龄为18岁起，但在战前以及战争爆发之初通常为20岁起。由于人力问题逐渐紧张，征兵年龄作了适当提前。

赛维洛被命令在1942年7月23日前往部队报到，他被分配到了位于汉诺威的沙恩霍斯特兵营，隶属第19轻炮兵训练营。在接受基础训练前，他还要参加一个骑马速训班，因为马匹仍旧是德国炮兵的主要牵引工具。他的战友里有不少波兰人和上西里西亚人，这也是德国人力吃紧的标志。这些德裔虽是德意志人的后代，很多却连德语也不会说了。赛维洛写道："没人教过他们重要的德国习俗。尽管有时会发生一些很搞笑的状况，但我感到了少许悲哀。"

他们于当年8月2日被派往驻扎在哈尔茨山的另一个训练营，然后从那里前往法国加莱附近的圣欧班（Saint Aubin）。他们隶属于第321师第321炮兵团下的3营。他的基础训练这时才正式开始：担任占领军的同时成为该师的补充兵员。他写道："真正的训练在那里才刚刚开始。"到了1942年夏，德国陆军已开始对训练大幅缩水。

PART THREE / 盟军反击

从 1941 年起，英国的步兵新兵在完成基础训练后不会再被派到之前对应的步兵团去，而会留在步兵训练中心。这个部门会将他们直接分配给所需要的步兵营。英军步兵训练体系加入了战斗学校（Battle School）这个机构，这是亚历山大将军率领第 1 军从敦刻尔克退回英国之后的设想。他发现，部队里除了充斥着没有经验的新兵外，大部分军官也缺乏历练。对那些在和平时期未接触过军事的人来说，他们能起到的作用非常有限。他的想法是，将步兵战斗场景概括为几条基本准则。他写道："最好，让大家本能性地知道一些作战准则，而不是被吓得无所适从。"

法利·莫瓦特（Farley Mowat）中尉就参加了这样的战斗学校，他和另外大约 30 名学员在一片长满金雀花的荒原上接受训练。他们在天亮前起床，天黑才休息，总是全副武装地进行双份训练。平日里，他们每天跑 10 英里（16 公里），周日跑 20 英里（32 公里）。他写道："我们花了无数个小时匍匐穿过茂密的金雀花草地，教官向我们周围不停地开枪，向我们张开的腿旁投掷模拟手雷，拿臭气弹给我们闻，真是令人作呕。"徒手搏斗也是重要项目，教官击打他们的喉咙，踢他们的下体，把他们过背摔。半英里障碍越野也是一道考验，他们要克服铁丝网和障碍墙，确保在 4 分钟内完成动作。莫瓦特写道："第 1 周结束，我们已少了 8~9 个人，其中 3 个人是在火焰练习中受伤的。"

除了这些训练，他们还要学习战术教材，如最新出版的步兵圣经《作战技巧和战斗演习之教官手册》，由莱昂内尔·威格拉姆（Lionel Wigram）上校和克尔少校（R.M.T. Kerr）合作编著。莫瓦特参加的战斗训练的大纲就主要由威格拉姆制订。

尽管训练手册会发给所有的军官，但并非所有人都会精读。只有态度认真的学员才会仔细研读。美国人也开始发放大量的作战手册，同时采用了训练影片的形式，这对新兵掌握作战技巧的效果比使用手册更佳。新兵坐在幕布前看短片，比让他们读书轻松多了。德国步兵的圣经并不是官方发行的，而是由私人企业印发的教材，教材用其发行人的名字"莱伯特"（Reibert）命名。具体的战斗技巧和训练与美军及英军类似。

不过，各交战国在军官和士官的培养方法上却有很大不同。英国非常注重课堂教育。预备军官在和平时期会被送到桑德赫斯特皇家军事学院受训，由于战争期间对军官的需求过大，英军组建了预备军官训练单位（Officer Cadet Training Units，缩写为OCTU）。课程时间长短不一，一般来说，普通步兵军官为17周，如皇家工兵这样具备特别技术的兵种军官需要30周。他们完成自己的课程后，会回到前线部队指挥大约36个人组成的排级单位。

美国陆军从1940年6月的267 767人增长到1941年7月1日的1 460 998人。1942年，飙升至3 074 184人。这种增长率是惊人的，全美国至少新建了45个训练营，包括21个补充兵员训练中心。美国陆军正在飞速进行现代化改造，但美军骑兵在1941年初仍旧购买了20 000匹战马，数量巨大的新兵很多还是在缺少装备的条件下训练的。考虑到如此快的扩军速度，这是难以避免的困境。

军官的质量是最大的担忧。原来军官的主要来源是国民警卫队和预备役军官团，但他们的年龄普遍偏大，这使他们的思维不够开放，体力也会出现欠缺。1941年夏，常规军里75%的军官和国民警卫队里50%的军官都来自预备役。预备军官学校（Officer Candidate School，缩写为OCS）因此得到组建，提供为期3个月的训练，其毕业生也因此被称为"90天的奇迹"。

1942年夏，规模达到300万人的陆军缺乏军官的情况已非常严重，部分原因在于陆军航空兵和海军对优秀人员的疯狂搜刮。为了应对军官短缺问题，所有士兵都要参加陆军组织的定级考试（Army General Classification Test），成绩优良的人员可被培养为士官。但结果并不理想，因为整体素质不高，很多低于理想分数的人员也被接受了，选拔标准不断降低。不过，情况还不至于彻底悲观。大部分人并不需要立即上战场，他们的能力可通过训练提升。同时，越来越多的武器装备正从生产线上下来，这也能在一定程度上帮助部队弥补素质上的不足。这是德军和意军无法奢望的条件，他们在接受简单训练后就会被立即拉上火线。与之相对，大部分加拿大士兵、几乎所有美军士兵和大部分英军士兵都还没参加过实战。而来自亚拉巴马州的鲍尔斯兄弟和英国的前曲棍球手赫德利·威利蒂上尉都已参军并受训超过2年了。

意军在战争爆发时启用的预备役军官年龄偏大，思想陈旧。这些人到1942年也损失得差不多了，或死、或伤、或俘。新的军官逐渐成长起来，这些人不少是受过良好教育的志愿参军人员，因此立刻被选拔为候补军官。

只有德军要求所有军官必须先在一线部队锻炼，且必须受过良好教育的人员才能得到提拔。战前的候补军官（Fahnenjunker）或者高级上士（Faehnrich）在部队待上9个月才会被送入战争学校（Kriegsschule）深造。候补军官毕业后，他们会被派回原来的部队担任少尉。随着军官的短缺越来越严重，原来的军官成长路径被废除。现在，候补军官需要在部队服役1年，在证明自己有成为军官的能力后，才会被送到武装学校（Waffenschule）参加速成班。这是为了确保选上正确的人，且能缩短时间的最大让步。可是，这样的改变也毁了之前的培训质量。很快，只要有勇气和领导技巧就能被选为候补军官。实际上，英国陆军也采纳了同样的标准，很多士官被直接任命为军官，或去预备军官学校受训。这也是不得已的办法，因为战争摧毁了原来的阶级壁垒，前线经验变得越来越重要。

士兵和军官在一线部队会继续接受训练，蒙哥马利在1942年秋就对他的部队加强了训练要求，包括理论训练和实操训练。阿尔伯特·马丁在1940年刚到埃及时就对此有明显的感悟，他写道："游戏结束了。现在，我们能否活下来依赖于士兵对接下来的课程的掌握程度。"他和战友们被送到了前线，作为预备队去填补伤亡人员留下的空缺。他们几乎是忽然间发现，周围全是经历过战斗的老兵，而他们也开始了自己的实战。之前的演练让马丁掌握了不错的基础，可实战才是学习的开始，他必须经历枪林弹雨中的战斗考验。只有在那时，士兵才能明白，如何克服真正的恐惧、疲惫和紧张。

实战是最好的教官，这对美军、英军、德军、意军都一样。基础训练大致相同，战争体验却有较大差异。

德军非常重视士兵独立思考、自主行动的能力。德军惯用的"任务指派"就是这一思想的体现，上级给下级布置命令时会明确目标，下级可根据自己的判断去选择最佳实现手段。

实际上，"任务指派"这个概念是普鲁士陆军在拿破仑战争时期提出的，他们更习惯的说法是"下级军官自主性"（Selbsttaetigkeit des Unterfuehrers），这适用于部队的所有层级。在战场上，将军们拥有决断的权力，何时何地，如何驾驭自己的部队，这也是德军在之前150年里的传统作战方式。因此，古德里安于1940年5月在马斯河抗命，隆美尔于1941年春横穿沙漠。当希特勒开始直接指挥陆军后，这样的原则开始受到限制。

不过，德军里的初级军官和士官仍能采取自主行动。在这个问题上，英国陆军里也鼓励这么做。英国《陆军训练备忘录》里记录："下级军官必须受训按照指引行动，而不是等待详细的命令。采取主动，迅速决断，承担责任。"这像极了"下级军官自主性"的简洁概括。他们实际上和德国差别不大。

战争双方在武器质量和训练方法上的差异并不巨大。双方都从战场上吸取了不少经验教训。但轴心国军队和盟军之间确实存在差异，且彻头彻尾。

什么差异呢？轴心国军队来自军事极权国家，盟军来自民主国家。纪律对所有军队都很重要，但德国军队尤其森严，纪律执行程度远超盟军。如果德国士兵没有按照命令执行，他将被枪毙，而英国陆军从1930年就取消了由抗命或是临阵脱逃而处死的惩罚。美国陆军还保留有死刑，但不会用在处理逃兵行为上。逃兵会在战友面前颜面尽失，也许会被关入军事监狱，但他们不必面对死亡。也许，有人宁愿选择这样的耻辱，也不愿冒着掉脑袋的风险上战场。德国在上次大战时只处死了18个逃兵，而这次大战进行到此时已处死了上千人。

德国这个国家的每一个环节都在为军事服务。纳粹从文化上接过了普鲁士和德意志帝国的军国主义传统。英国早就不崇尚武力了，美国也不会将武力当做美国梦。美国缔造者们所推崇的是反战孤立主义。在 1917 年之前，美国于 1812 年和英国打过一次短暂的战争，之后与墨西哥和印第安人发生过冲突，最严重的还是美国人自己那场惨烈的内战。从 1919 年起，美国就被孤立主义和反战主义控制。纳粹德国在学校里，在希特勒青年团里，不断灌输着军国主义思想，年轻人很难避免其影响，从而积极踊跃地自愿参军作战。年轻的飞行员海因茨·科诺克就是例子。他于 1939 年 8 月自愿参加空军，他的整班同学都报名参军了。他在战前写道："我只是千百万狂热年轻人中的普通一员，大家都信仰希特勒，毫无保留地向他献出自己。"他"极端热忱"地在德国空军里战斗，为战争尽力。

强烈的战斗意志和成为帝国英雄的渴望给他们注入了信心。宣传新闻和电影将国防军塑造为超级现代化、机械化的大军，蔑视一切对手。没有人怀疑这些宣传的真实性。年轻的高射炮手君特·萨克在开战前写道："我相信我们的实力，无比信任我们的元首。"弗朗茨·马森在 1940 年参军时认为："年轻的我斗志满满，我们在波兰、比利时、荷兰和法国取得了伟大胜利。下一个就轮到英国了，我太想参与了。"

在这些早期战役里，伤亡都很轻微。精神勃发而又纪律严明的德国青年人不断积累战斗经验，取得了一个又一个胜利。

规模不大的几个精锐师成了德国军事上不可战胜的象征，但他们只占总数的一小部分。开战前，只有 38% 的部队受到过完整的训练。即使到了"巴巴罗萨"战役，208 个师里也只有 68 个师被陆军司令部归为第 1 批次。这个批次的部队要求接受过完全训练，且要求人员年轻干练。此后，这些精锐部队就在苏联大地上慢慢消融了。当然，北非也消耗了一些有生力量。

这些人是具有斗志的，只有具备斗志的人才会采取主动行动。相反，那些上了年纪的，斗志被战斗消磨掉的，或是训练不足的人会较快变得消沉，不太可能采取主动。无论个人主观能动性如何，他们都必须严格服从严格的军纪。如果希特勒命令他们坚守战斗，他们的指挥官选择服从，士兵必须无畏地战斗到底。仅凭这点，也预示着盟军难以轻松取胜。但不能因此将德国陆军整体看作为不可战胜的怪物。1941年上半年，在德国非洲军和东方军（Ostheer）里仍有数量众多的官兵以巅峰实力作战，但他们无可避免地正在减少，之后的情况只会越来越糟。

对于希望扭转同盟国在埃及局势的亚历山大和蒙哥马利来说，现实情况是德军那些装备差不多，训练差不多，且数量还更少的部队差点将他们在加扎拉歼灭。他们直至7月才在阿拉曼迟滞了敌人狂飙进攻的势头。隆美尔对阿拉姆哈勒法的进攻虽然失败了，但第8集团军遭受的损失却明显高于德军。

事实是，英国的社会结构与德国截然不同，少有英国人希望成为战争英雄。驾驶"喷火"翱翔也许是不少英国男孩的梦想，但他们绝不梦想自己驾机在战场上拼命。

英国陆军人员可分为四个类别。最上层的第一个类别是渴望冒险，以冲锋陷阵为乐的积极分子。这些人的典型代表是特种空勤旅，或是那些在英国受训的空降兵。他们往往会主动要求参加规模较小的突击队。第二个类别是那些并不喜欢战争，但出于责任心而自愿为国奉献的人。这些人的典型代表是优秀的初级军官和排、连级的军士长，他们会带动手下的士兵作战，是陆军的骨干。他们的数量多于第一个类别，但绝对值也不大。

第三个类别是庞大的士兵群体，被征召的或是勉强的志愿者。他们并不希望参战，只要有机会都会低头保命，活下去才是最重要的。他们不希望看着战友丧命，他们可以服从，但不会执行死亡命令。第四个类别是少部分无法适应战争的人，他们易于在战场上崩溃，成为逃兵。

前两类人员的斗志较高，因此总能积极行动。他们独立自主，能在极端压力下保持作战能力。大部分第三类别的人不那么坚决。德国非洲装甲集团军的士气也许不高，但严明的纪律和死亡的威胁使他们仍能服从命令，精神上的衰退不会较明显地表现出来。

第8集团军可就不同了。奥金莱克在被撤职前一直呼吁对逃兵行

PART THREE / 盟军反击

为恢复死刑判决。早在 1942 年 4 月，他提交报告，说明在过去的 12 个月里在第 8 集团军已出现了 291 个逃兵，并有 19 起避战行为。在托布鲁克陷落后，他再次提到这个问题，报告在骑士桥战斗那天出现了 63 名逃兵，7 月之前总计出现了 907 起逃避行为。看起来，第 8 集团军的士兵易于接受投降。第 8 集团军从 5 月 27 日至 8 月 4 日有 11 400 人伤亡，62 900 人"失踪"，这些人几乎都被俘了。

奥金莱克的建议未被采纳，因为处死那些士兵并不能真正扭转第 8 集团军的命运。蒙哥马利和亚历山大很快发现了问题的关键，很简单：低落的士气。亚历山大在抵达埃及的当天就走访了一些军官，惊讶地发现他们缺乏英国士兵常有的自信。他写道："他们已迷失了方向，沮丧且麻木。"他恼火地发现，有传言说轴心国下次进攻时，英军会继续大撤退。隆美尔已成为了某种神话。亚历山大恼火地写道："这种传言，使第 8 集团军里弥漫着非洲军不可战胜的气氛。"士兵们已丧失了信仰，不知道自己为什么会在离家万里的荒漠作战，对指挥官的能力不信任。所以，这完全能解释他们在加扎拉战役里的糟糕表现。

1942 年 9 月，随着德国非洲军被迫转入防守，英军有了时间去改变现状。第 8 集团军需要改变，反弹的时候到了。

第 27 章

英雄回归

8月26日，帕布里奥·马吉尼上校登上了从罗马前往布达佩斯的飞机，同行的还有航空部副部长里诺·富吉尔（Rino Fougier）以及齐亚诺伯爵。早在1935年就加入意大利皇家空军的马吉尼不仅是个娴熟的战斗机飞行员，还是个出色的飞行教官。他负责训练飞行员如何在恶劣天气下进行夜间飞行，研究出了如何提升夜间导航精度的办法。为了验证新方法的有效性，他完成了具有轰动性的前往东京的飞行，航途需要横穿中国的戈壁滩。这正是墨索里尼热衷的英雄主义冒险。在他成功回国后，领袖亲自接见他，除了用拥抱欢迎，还很快给予了晋升和勋章。

马吉尼对此感到有些窘迫和羞愧。他的战友正在战场上浴血奋战，根本没时间做这些花哨的东西。同时，他对墨索里尼也不感冒。每次看到领袖，马吉尼都感觉到疏远且越来越强烈，不仅是人与人的疏远，还有目标与现实的脱节。

1月，马吉尼来到罗马的航空部工作，因此可以和自己的家人团聚。4月，他的2个兄弟由于反法西斯行动被捕，但他并未受牵连，因为他当时正与意大利外长——墨索里尼的女婿同坐一架飞机。马吉尼感到有些矛盾。在他们飞往布达佩斯的路上，他忍不住想起自己曾经的战友正在前线出生入死，他的兄弟由于政治活动而身处险境，此时的他却正与意大利权贵同坐。不过，内疚感并不会让他轻举妄动。眼下，

PART THREE / 盟军反击

马吉尼很享受他在罗马安逸的参谋工作。

齐亚诺从布达佩斯返回后，发现有坏消息正等着他，希腊人在挨饿。负责那里的意大利总督希望墨索里尼进行干预并向希特勒请求减轻对希腊的掠夺程度。事实上，领袖早就给希特勒写过信，但遭到了拒绝。齐亚诺写道："人可不能两次受辱。"

隆美尔进攻失利的消息也传来了，墨索里尼的情绪糟糕透顶，他有3天不想说话，还犯了胃痛。齐亚诺在9月3日的日记里写道："我们的船继续被击沉，今晚已经2条了。"他在次日的记录，又沉了2条。"我们的补给问题变得困难。"这句话真是太轻描淡写了。

在大西洋上，泰迪·舒伦指挥 U-564 继续远征。他们已到达了加勒比海地区，在"奶牛"（Milchkuh，补给船的昵称）那里得到燃油补给，还从别的潜艇那里获得了几枚鱼雷。他们发现，只要在鱼雷上绑几件救生衣，就能让它们浮起来，人们可以游在水里将它们拖到潜艇旁。

他们在某天傍晚从库拉索（Curacao）附近浮出海面，希望能逮住一条肥美的油轮。舒伦在指挥室里想着，这里蔚蓝色的大海是那么美丽，水下却危机四伏。他总是避免思考这些庸人自扰的问题，他知道有些事自己必须去完成。

这时，瞭望员喊道："敌机！"很快，2次爆炸声传来，潜艇剧烈地摆动。艇外的人员赶紧通过指挥塔钻入潜艇。舒伦看到了飞机的翅膀从头顶闪过。"警报！"他喊道，潜艇立刻下潜。下潜到50米时再次传来了爆炸声，幸运的是船体还没漏水。他们继续下潜，舒伦听到了艇壳传来的"嘎嘎"声，他知道潜艇已下潜到了120米的深度。情况不对了，艇壳上的压力正在变大，"嘎嘎"声越来越响。舒伦写道："我们头发都竖起了，根据深度读数来看，我们已下潜到了160米的深度，潜艇还在下潜且丝毫没有停下来的迹象。"他们已超过了敌人攻击的有效深度，但却失控般的继续下沉。艇壳发出的声音就像一只巨手正捏碎他们，他们已下潜至200米的深度。

终于，潜艇以缓慢的，折磨人的速度开始上浮。检查发现，有些仪器坏了，深度表从传动轴上脱落了。舒伦写道："我们差点被水压压扁。"运气再次降临，使他们能重见天日。敌机之所以没被他们提前发现，是因为它从太阳方向窜出。舒伦总结，日照太好了点，温暖的海风让大家放松了戒备。他决定避开风险，白天也尽量潜航。

　　回到英国，皇家空军轰炸机司令部仍在摸索摧毁对手的办法，现在他们面临来自公众的指责已越来越少。虽然"千机轰炸"和后来对科隆的大轰炸都没能真正达到"1 000"这个神奇数字，但他们已成功扭转了轰炸机部队的形象，他们对敌人造成的破坏并不再无足轻重。哈里斯空军中将是个相信行胜于言的人，但他同样认可必要的宣传手段很重要。那个夏天，在投到德国的传单上有他的签字。内容被翻译后，在大西洋两侧传为美谈，英国广播电台也播送了这段写给德国人的话："我们正轰炸德国，一座接着一座城市，越来越猛烈，让你们无法继续这场战争。这是我们的目标。我们将会无情地实现这一诺言。"

　　实际上的困难在于凭借目前的 32 个中队无法实现他所说的那种无情毁灭。在一次轰炸中，投入 200 架飞机已是了不起的作战了，大部分行动只有 20~30 架飞机。因此，轰炸机司令部一定要尽量频繁地策划大规模轰炸。9 月 10 日，479 架轰炸机进攻了杜塞尔多夫。3 天后，446 架轰炸机光临了不莱梅，连训练单位的教学机也投入了作战。

　　盖伊·吉普森中校参加了对不莱梅的轰炸，他从 4 月开始就接手了第 106 中队。作为中队长，他执行飞行任务的次数比之前少，但他仍保持着 5 个晚上出击 1 次的频率。他现在承担了另外一些重要职责。他发现，很多第 106 中队的手下已经不在了，有的被击落，有的在起飞时坠毁，有的栽入了北海。他被这些逝去的生命压得喘不过气来，自己也对爬进飞机作战有些排斥。

　　9 月 13 日夜，他于午夜前 20 分钟起飞。云层并不厚，但地面上的雾气很重。他们发现了威悉河（Weser）畔的目标城市，作低空轰炸（11 000 英尺，即 3 353 米）。炸弹让城市陷入火海，但他们无法判断轰炸自己的精度。吉普森在那晚的战斗日志里写道："棘手的目标，攻击力损失了10%。"这意味着他的中队损失了3个机组，且是战斗经验丰富的老手。他私下里对此感到悲伤。他认为这次空袭非常失败，但本地的报纸宣称不莱梅的工厂受到了严重损坏。福克－沃尔夫飞机工厂和劳埃德发电厂受损严重，848栋民宅受损，70人死亡，371人受伤。

轰炸机部队的战略仍然受到挑战：进攻的目标是否足够多？轰炸效果是否值得付出眼下的牺牲？德国民众的死伤是否会削弱德国进行战争的决心？

哈里斯、波特尔和丘吉尔都相信牺牲是值得的，但也承认目前轰炸机部队的作战没有达到决定性的效果。9月17日，丘吉尔要求轰炸机部队到年底需达到50个中队。事实上，除了数量之外，还有别的因素妨碍皇家空军的轰炸机完成使命。

哈里斯从刚接手轰炸机部队时就知道，要使正在成长的部队火力全开地对付希特勒的战争机器还需克服几个困难。首先，部队的扩张速度慢得令人难以忍受，这其中的原因还是他无法控制的。其次，轰炸机部队整体规模不大，且除了对第三帝国实施战略轰炸外还需执行一些其他任务。有些轰炸机被用在了大西洋，1942年初，还有大量资源被投入到远东，用以对付日本的入侵。为了对付德国潜艇的威胁，哈里斯还要从不宽裕的轰炸机里抽一些出来进行布设水雷的任务。

除了分散使用部队以外，训练机组和重振士气也是轰炸机部队在战争首年失利后需要解决的难题。配备4个罗尔斯－罗伊斯生产的梅林发动机的"兰开斯特"轰炸机开始投产，其形成规模还需时日。哈里斯总算有了理想的重型轰炸机，这种飞机可不是小打小闹，它能携带重达10 000磅（4 536公斤）的大炸弹，甚至更大一点的也没问题。这样的炸弹能带来毁灭性的破坏。

再次，哈里斯还缺乏机场，尤其是能容纳4发重型轰炸机的。无论是训练用的还是换装重型轰炸机的机场都非常短缺。新机场和跑道正在修建中，但除了哈里斯自己的部队外，美国轰炸机部队也正源源不断地抵达英国，基础设施的建造速度显得跟不上节奏。

最后，最大的困难是无法控制轰炸精度。1941年研制成功并于1942年装备轰炸机的GEE雷达脉冲系统在实战中不能保障所需的精度。代号为"双簧管"（Oboe）的新瞄准系统正在研发中，还无法装上飞机。

担任轰炸机部队作战副总监的希德尼·巴夫顿上校在伦敦的空军部工作。他在成为参谋军官前有着充分的作战经验，自己飞过轰炸机，也曾指挥过第10轰炸机中队。当他在1941年11月接手新岗位时，他已能比别人更深刻地理解轰炸机部队糟糕的状态。哈里斯进行了大刀阔斧的变革，但在巴夫顿看来，除了GEE和正研发的其他技术装备之外，现在还有更简便、快捷的办法来提升轰炸准确性。这就是创立先导机部队（Pathfinder）。

其设想是安排专业的中队在轰炸机主力前方，它们将目标标示出来以引导后面的机群进攻。其实，在哈里斯执掌轰炸机部队之前，这样的战术就在1941年夏有过讨论。因为德国空军的"闪电"空袭正是这么做的，他们由第100轰炸机联队和第26轰炸机联队这两个特殊的联队负责此项职责，因此英国皇家空军也想组建类似的"点火者"中队。

巴夫顿认为，这样的战术非常有效。他执行过多次轰炸任务，导航辅助设备确实能给他们带来帮助，但就实战而言远远不够。当他来到空军部后，立刻起草了要求组建"目标寻找部队"的文件，这些部队当然优先装备GEE和正在研发中的"双簧管"。

尽管这引起了一些人的兴趣，但实际上却没人愿意推进巴夫顿的这个建议。直到哈里斯于2月底接管了轰炸机部队，巴夫顿又重新提交了建议书，在空军部传阅讨论。他写道："我们应立刻组建'目标寻找部队'，把轰炸机部队从臃肿的木棍加工成锋利、坚硬的长矛。"他表示，凭借这支部队能对德国的合成油工厂以及在施韦因福特（Schweinfurt）的轴承工厂实施精确轰炸。

巴夫顿的报告这次引起了空军部的广泛热议，最终送到了哈里斯的办公桌上。不过，哈里斯对此类报告并不感冒：初级军官在没有得

PART THREE / 盟军反击

到授权的情况下自说自话，他们总认为自己的战斗经验很厉害，但他们缺乏对全局的掌握。他最讨厌的是，将轰炸机部队中的所有精锐集中组建为精英部队的想法。他认为，这不仅对士气有影响，在功效上也意义甚微。人性使然，所有大队都想留住人才，而人才通常也不愿离开已熟悉的团队，因为到了新部队又要从头再来。

这些反对意见是巴夫顿无可辩驳的。轰炸机部队整体规模太小，聚拢王牌飞行员势必会对整体战斗力带来影响。哈里斯建议，改善轰炸效果的办法是指派一些机组为"空袭引导"，或者表彰每月取得最佳战果的中队。

巴夫顿对自己的想法并未放弃。好的战果能提升部队士气，而建立先导机部队是最有可能取得好战果的方法，毕竟最棒的飞行员聚在一起能碰撞出火花。这也能刺激他们不断提升自己的能力，从而让团队效应最大化。规模不大的他们能优先试用最先进的导航技术，因为大规模装备部队显然需要漫长的等待。

巴夫顿决心继续捍卫自己的想法。哈里斯为了彻底解决这个问题，在轰炸机部队司令部召开了大会，让手下所有的 5 个大队和 2 个训练大队的指挥官参会，他知道这些人都会支持自己，对面的是巴夫顿和他在空军部的上级。

作为会议的开场，哈里斯先是强调了一下他对士气损伤的顾虑，其次又说到将精英聚集到先导机部队会影响他们晋升的机会。巴夫顿的 2 个兄弟都在空战中阵亡，他听到这里再也不能忍受了，将双拳用力地砸在桌上，说："长官，你永远不可能打赢战争！士兵根本不知道明天是否还能活着，谁会关心晋升？"这在部队司令官面前是极为不妥的行为，哈里斯表现得非常冷漠，他看了下手表说，先吃午饭吧。

当会议继续时，哈里斯建议投票表决。毫无疑问，他的手下都投了否决票。哈里斯总算达成了自己的目的，不用再讨论这事了。

巴夫顿可不是个容易放弃的人。他决定背着哈里斯继续推动自己的想法。他把建立先导机部队的文件和征询函发到一些中队和场站的指挥官那里，反应正如他的期待：所有人都同意，这是个迫切的需求。

他将结果发给了哈里斯。

他的调查其实和哈里斯开会的手段如出一辙。接到征询函的人大部分都是和巴夫顿志同道合的。其实,哈里斯也不完全否认先导机部队这个概念,只是对其形式和架构不满意。

到了6月,仍然没有任何回应。巴夫顿见到了空军中将威尔弗里德·弗里曼爵士(Sir Wlfrid Freeman),后者在波特尔休假期间暂代其职务。巴夫顿向他诉说了无法推动先导机部队的沮丧,希望能得到弗里曼的援手。

"最后一封信有回复了吗?"弗里曼问。

"没有,长官。"巴夫顿回答。

"你知道为什么吗?"

"不知道,长官。"

"因为那不会有回复。在周一的会上,我们会同意成立先导机部队,我会说服他。"弗里曼表示。

接下来的进展很快。一封以波特尔名义起草的信发给了哈里斯。里面提道:"在空军参谋部看来,成立这样的特殊部队将开启新的提升空间,增强轰炸的准确性,由此提高整个轰炸机部队的士气。"

哈里斯可以压制初级参谋军官,但无法对空军参谋长视而不见。他在次日和波特尔的会面中被迫采纳了这一建议,并让巴夫顿为新部队挑选人员。先导机部队于1942年8月15日正式成军。这对哈里斯来说是个耻辱,也提醒了他自己仍旧是波特尔的下属。

几天后,先导机部队就投入了实战,9月1日的首战目标是萨尔布吕肯(Saarbruecken)。盖伊·吉普森和装备"兰开斯特"的第106中队跟在新的向导后面。这也是吉普森机组首次使用威力巨大的8 000磅炸弹,相当于4吨重。他们看到了计划中的目标标示火焰。他写道:"炸弹如暴雨般落下,总共有1 000吨。很快,整个区域变成一片火海。"他的投弹手看着4吨的"曲奇"落下,说这造成了"蔓延开的蘑菇云状火焰,呈蓝红色,覆盖了半平方英里的地区。"

可实际上,先导机部队找错了地方,这里是位于真正目标西北13

PART THREE / 盟军反击

英里（21公里）处的萨尔路易斯（Saarlouis），并非德国的工业中心。1周后，他们展开了对法兰克福的空袭，结果错误轰炸了吕瑟尔海姆（Ruesselsheim）。先导机部队证明了他们能引导整个轰炸机编队炸准目标，但现在的问题是他们自己得首先知道正确的目标在哪里。这需要更好的导航设备，显然，这不是前线部队能控制的。改进的设备正不断地进入部队，同时还增加了更多重型轰炸机和中队，但进展缓慢，令人沮丧。对哈里斯和轰炸机部队来说，他们是前进两步，后退一步。

在大西洋上，泰迪·舒伦指挥的U-564很快返航到布雷斯特军港。他们于8月19日又击沉2艘船，于30日击沉了1艘8 000吨的挪威货轮。他们之前辛苦补充来的鱼雷里再次出现了哑弹，使战绩打了折扣。

9月1日，舒伦坐在自己的舱室里，忽然听到柴油机停止了运作，整个潜艇诡异般的安静。他立刻冲到指挥室，所有的忧虑在看到大副那刻消失了。后者告诉他，全体艇员已到了甲板上准备祝贺他。"为什么？"舒伦问道，他赶紧爬上甲板。几乎全体艇员都站在那里，交头接耳地说着什么。大副拍了下手示意安静，大声喊道："为了表彰你所被证明的英雄行为，你已成为德国军队中获取骑士十字勋章加佩剑饰的第18人。阿道夫·希特勒。"然后，他继续宣读了另一份命令，舒伦被晋升为少校（Korvettenkapitaen）。

舒伦开心坏了。他的手下甚至用锡罐做了戒指给他，还在他帽子上别了佩剑饰和橡叶饰。大家回到艇里，发动机再次启动，舒伦在艇内广播上感谢了各位。他说，这艘艇的战绩都是大家取得的，他们一起突破了极限，取得了伟大的成绩。在他说此番话的时候，想起了邓尼茨对他的话，"舒伦，一定要把你的潜艇安全带回来。"

这也是他决心完成的，眼前还有最后一关，即安全穿越比斯开湾。他们以往都是全速通过，希望不要碰到敌人，但现在这么做太冒险了。敌机实在太多，舒伦认为，必须有舰载雷达提供预警。他们采取了夜里上浮，白天潜航的策略。

　　他们终于在 9 月 18 日抵达了布雷斯特，有军乐团和海军仪仗队在码头上欢迎他们，市长、军官、士兵和码头工人向他们挥手致意，怀里抱着鲜花。当舒伦登岸时，乐团开始演奏，他与众人握手，接受庆贺。潜艇部队在德国国防军里是小团队，但也是关系最紧密的团队。他们已经损失了太多王牌艇长，那么多的优秀潜艇艇员已沉睡海底。舒伦又熬过了一轮。他是潜艇部队的英雄，他活了下来。

　　他属于幸运者。

PART THREE / 盟军反击

第 28 章

准 备 完 毕

　　奥地利犹太人弗雷迪·科诺勒仍旧和他的伙伴们在巴黎的皮加勒区从事拉皮条的勾当。大部分时间里，生活过得惬意：他不缺朋友，不缺钱花，不缺自由。其他生活在巴黎的犹太人可不是这样的。德国陆军于 5 月将警察事务交给了帝国安保总局（Reichssicherheitshuaptamt），后者在此前并未过多参与到占领区的管理。负责这里的是卡尔·奥贝格（Karl Oberg）党卫队地区总队长（相当于少将），他住在拉内大街的一幢气派的别墅。安保局多达 2 000 人的工作人员和原有的宪兵共同在福熙大道的 9 幢独立楼房里工作。8 000 名全职法国警察也归奥贝格调遣。

　　整个法国被划分为 7 个警区。法国人将所有德国安全单位统称为盖世太保。他们没过多久就切身感受到了这些魔爪的恐怖。5 月底，法国犹太人被要求佩戴黄色犹太星标识。某天，当科诺勒带着一群德国军官前往普罗旺斯路时，迎面走来了 2 个佩戴着黄星的年轻人，他们见到德国人立刻躲到了街的对面。科诺勒写道："我感到了强烈的刺激，事实上，我是需要标明自己是犹太人的科诺勒，而不是现在这个靠陪伴德国人赚钱的家伙。"

　　大规模的逮捕行动在 7 月开始了，法国驱离犹太人从 3 月就陆续发生了。安保局犹太办公室主任特奥多·唐内克（Theodor Dannecker）上尉（党卫队一级突击队中队长）组织了 7 月 16 日和 17 日的巴黎大围捕，这也得到了法国维希警察头目雷内·布斯凯（Rene Bousquet）的配合。在皮埃尔·拉瓦尔的建议下，妇女和儿童也未被放过。之前，犹太人都安慰自己，男人被抓走是为了服劳役，而现在可不是只抓男人。更糟糕的是，法国警察也参与到抓捕中。最后，这次行动总计抓走了 3 031 名男性、5 802 名女性以及 4 051 名儿童，其中 6 900 人被集中关在一座体育场中，有长达 1 周时间未得到食物和饮水。随后，他们被逼上火车，被送往东边的奥斯维辛。

安德莉·吉利奥特雷仍住在巴黎，在警察总部工作。她对占领者的仇恨与日俱增。巴黎的生活和其他在纳粹占领下的欧洲城市一样悲惨。到处是士兵、万字旗和恐怖的盖世太保，即使是天生的乐观派也会被空气中弥漫的紧张氛围压抑得喘不过气来。物资短缺对生活的影响越来越大。城市里的人们几乎无法吃饱。巴黎有人这样记录购买食物的尝试。

7 点 30 分——去烘焙店。买面包。11 点会有饼干。
9 点——今天是买肉的日子，可屠夫说要到周六才会有。
9 点 30 分——去奶制品店。要到下午 5 点才会有奶酪。
10 点——去蔬菜店。要到下午 5 点才会有蔬菜。
11 点——回到烘焙店。饼干已经没有了。

工资被不断降低，且也买不到什么东西。汽车被征收了，德国要让法国流干最后一滴血。对大部分人来说，仅是活下去也变得非常困难，可有极少数人却仍在享乐。电影明星科琳·吕谢尔正在巴黎过着闲适的生活。她不时地会与德国军官一起出游，但由于灯火管制、餐厅关闭，也让她倍感压抑。她也无法躲开资源短缺问题。当汽车用光油时，她向一位德军将领求助，遭到了后者的断然拒绝，他们的关系也没以前那么亲密了。德国人现在变得非常紧张，她写道："恐惧的时刻来临了，他们谁也不敢说，但他们知道战争或许快输了。"她自己的健康也大不如前，染上了肺结核。她于夏天离开巴黎，前往阿尔卑斯山的梅杰夫（Megeve）休养。

安德莉·吉利奥特雷可没办法逃离，她还在竭尽所能地帮助在南方进行抵抗运动的兄弟阿兰。

法国此刻的抵抗运动仍然是各自为战，难以形成规模。停战2年后，有迹象表明抵抗运动正在蔓延。刚开始对维希政府的幻想也消失了，虽然人们普遍尊敬贝当元帅，但对拉瓦尔则非常不屑。后者于6月22日宣布了工人换战俘的政策，即每送3个志愿者前往德国工作，德军就释放3名战俘。德国人背后的如意算盘是，新进补充熟练技术工人，释放干农活的回去。实际执行起来，却并未让人开心，去德国的工人发现待遇不好，抱怨连天，而没被释放战俘的家庭将怒气都撒到了维希政府身上，而不是德国人。所以，拉瓦尔在自己国民面前灰头土脑。

拉瓦尔在他关于上述政策的宣传中提道："我希望德国可以获胜，如果不能，布尔什维克则会四处扎根。"因为担心共产主义的西扩，不少像保罗·维古鲁那样的年轻人志愿加入了法国军团，前往东线作战。

抵抗组织"战斗"的负责人亨利·弗勒奈（Henri Frenay）听到拉瓦尔的讲话后感到担心且愤怒。时年36岁的弗勒奈瘦削、英俊、一脸严肃，眉毛总是拧在那里，毫无疑问，这和他艰巨的事业有关。他之前在法国陆军担任上尉，虽然他是极右主义者，但他是反德的。1940年6月，他曾被俘，但成功逃出了战俘营前往南部。他最初支持贝当，误以为元帅会率领法国民众抵抗德国。他甚至还曾在维希政权的情报组织里工作了几个月。不过，他在1941年1月就离开了，对维希政权已丧失了幻想，决心组建自己的抵抗运动。

弗勒奈初期吸引抵抗分子的办法是进行开诚布公的谈话，让大家聊聊对德国和英国的看法，然后表明自己相信纳粹必败的信念。他会试探对方的反应，如果对方有兴趣，他就继续。他最后会暗示："人们正在隐蔽的地方集结，你愿意加入吗？"这样的方法并不绝对安全，但也不是鲁莽的危险。到1941年圣诞节，他不仅有了不少追随者，还有了15 000法郎的"战争基金"。几个月后，他用这笔钱将原来发源于被占领区的"法国飞翼"（les petites ailes de france）运动重新运作起来，将名字改为"战斗"。

弗勒奈的抵抗运动持续发展，在和"自由"（Liberte）组织合并后，弗勒奈事实上成为了被占领区域抵抗组织的总指挥。他一直寻求联合将组织的力量发展壮大。1942年初，他与让·莫林（Jean Moulin）会面后，决定投入戴高乐的旗帜。

在听到拉瓦尔的宣告后，弗勒奈连夜起草了2份命令，分别传达到各区指挥和《战斗》编辑部。他写道："多留1个工人在法国就等于少1个囚犯在德国人手里，法国男同胞们！法国女同胞们！和我们一起反抗厄运和奴役。战斗！为了你每天的面包；战斗！反抗掠夺和压迫；战斗！为了你的自由和孩子们的自由；战斗！为了解放，为了胜利；战斗！为了法兰西，战斗！"这份传单印了80 000份，被送往法国各地。

对于弗勒奈这样的抵抗分子来说，拉瓦尔的新政策以及鼓吹希望德国获胜的言论如鲠在喉。在拉瓦尔讲话的次日，回到伦敦的戴高乐就及时发表了反击宣言。

此时的戴高乐面临严峻的形式。英国远征军在未知会他的情况下于5月占领了维希法国控制的马达加斯加岛，还委派了前维希官员担任那里的总督。虽然自由法国军队在比尔哈凯姆的英勇抵抗为他的运动重塑信心，但他仍然感到自己被英国人排挤。他意识到，必须吸引更多的法国抵抗运动团结在他的旗帜下。当时，他并不为大部分法国人熟知，毕竟他只是位年轻的将军，而贝当则是法国人尽皆知的大英雄，受到广泛的尊敬。英国认可戴高乐的激情和潜力，但由他发起的自由法国运动还未作出什么显著成绩，不足以吸引那些为法国解放而战的人们。

渐渐地，不断有法国抵抗组织领袖来伦敦拜访他，这些活动也被开玩笑地用英国著名旅游公司"托马斯·库克旅行社"指代。首先来的是"北方自由"组织的克里斯蒂安·皮诺（Christian Pineau），他在1942年3月花了几周时间和戴高乐详谈。主要问题在于戴高乐对法国本土的抵抗运动了解不多，双方对法国未来的走向问题需要达成统一。他认为，20 世纪 30 年代的法国多党联合的政治路线和维希政权一样是法国的毒瘤。他告诉皮诺，必须有强权领袖出面领导强权国家。皮诺说，这样的观点会把不少抵抗组织吓跑，建议戴高乐不要如此强势。将军这样回应皮诺的担忧："告诉那些勇敢的人们，我绝不会背叛他们。"

下一个来拜访的是"自由"运动的艾曼纽·阿斯特尔·德·拉·维吉里（Emmanuel d'Astier de la Vigerie），他于 1942 年 4 月带来了很多不错的想法和方案，在协商一致后，被戴高乐派往美国进行游说活动。最后，连左翼记者皮埃尔·布罗索莱特（Piere Brossolette）也来了，这位前陆军上尉和亨利·弗勒奈一样最先在被占领区组织起抵抗运动。在这些谈话中碰撞出的思想火花让将军明白，必须尽快整合抵抗运动。他写道："抵抗运动不仅是获得自由的重要手段，还燃起了国家新生的希望。"

皮诺离开戴高乐的时候，认为自己的话并未对后者起到效果。但到 6 月，他欣喜地看到将军向法国人民许诺将会组织全民大选，且首次将女性也纳入了选民。

让·莫林也在努力地把各路抵抗组织整合到同一联盟下。他常在里昂和尼斯之间活动，经营一家售卖帝国时期和 20 世纪初绘画作品的小画廊，自己过着简朴的斯巴达式生活。大部分时间里，他会在安全地点或是公园里和"战斗"组织、"解放"组织以及"自由枪手"组织（le Franc Tireur）的成员碰头，后者是在维希法国地盘内最大的抵抗组织。他在 4 月成立了抵抗运动联合信息发布社，将抵抗信息传播到国内外。莫林在 7 月还成立了"将军研究处"（General d'Etudes），吸纳了一批研究政府在解放后如何运作的行政官员。这是聪明的做法：希望是永恒的。讨论战后的方向有助于给大家指出隧道后的光明，法兰西的未来值得大家去战斗。

莫林返回法国后，立刻前往马赛拜会弗勒奈，与后者同行的还有"战斗"组织的另一位领袖莫里斯·切韦斯（Maurice Chevance）。

他们站在安全屋厨房的水槽边，莫林拿出戴高乐的手书，号召大家团结抵抗。他还从火柴盒里拿出了微缩胶卷，用放大镜阅读。弗勒奈兴奋不已，在过去的 18 个月，他们都是孤军奋战，现在的他们和戴高乐的自由法国运动建立了直接联系。莫林给了他们一部能直接联接伦敦的无线电台以及大约 250 000 法郎的经费。莫林说，此后自己的代号是"马克斯"，而弗勒奈的代号为"沙瓦"。

弗勒奈完全赞同莫林所说的抵抗组织之间需要更紧密的团结和合作。但按照莫林给他传达的戴高乐命令来看，他率领"战斗"组织进行军事抵抗的同时需听命于在伦敦的将军。伦敦的军事指挥必须绝对服从吗？无论是弗勒奈还是切韦斯都对此表示怀疑，毕竟他们才是在前线的人，知道法国的第一手真实状况。伦敦也许能帮助他们确认目标，但弗勒奈认为，如果所有行动都由伦敦直接控制显然不适合当下的态势。问题的关键是信任，无论是戴高乐还是英国秘密情报组织都不希望抵抗者在训练不足、计划不周、散漫无纪律的情况下展开暴力活动。信任也是双向的。莫林还是希望将"战斗"组织归于戴高乐的单一领导下，因此必须要用胡萝卜加大棒的技巧，一边提供现金和电台，一边辅以温和威胁和控制。

与此同时，在埃及的西部沙漠，图克将军于 9 月回到了他的第 4 印度师，重新回到前线作战。他们被派去驻守阿拉曼防线，这是图克很不满意的地方，因为他训练的部队希望成为摩托化步兵。尽管如此，他还是奉命行动，他在训话中说道："整个陆军都在看着我们，自治领和美军部队也在盯着我们。让我们告诉意大利人，抵抗是徒劳的，让德国人在战斗中后悔遇到我们的怒火。"

图克把他的师部设在驻扎于沙漠中的后勤单位的边上，包括机动维修连、印度陆军军需部，以及皇家印度陆军服务军团的单位。师属信号团被拆为几个连配合下辖部队作战。每个步兵师都会由几个部分组成，为这样一个单位进行组织和补给工作可不是简单的小事。以师部为例，光饭食就要考虑到印度的不同部族、廓尔喀人和英国人的不同习惯,还有帐篷、数英里长的电话线、电话、纸张、无线电、桌子、椅子、地图、卡车、摩托车、新型美国吉普、高射炮,如此繁杂的后勤工作令人头麻,这还仅是一个师部。

曼加尔·辛格(Mangal Singh)下士隶属图克师部的1连C班。他从1939年8月就开始了中东作战,那时的第4印度师刚被调到埃及。曼加尔·辛格是在印度人踊跃参军的热潮中加入印度陆军的。他来自印度北方旁遮普邦(Punjab)的小村庄,父母都是农民,种植棉花,养些牛和山羊。他们住在泥屋里,既没有自来水,也没有电。尽管生活困顿,曼加尔·辛格仍然坚持每天步行3英里(4.8公里)去上学。

他17岁结婚,没过多久就参军了。当时,有朋友告诉他,征兵官要来他们附近的莫加镇,他意识到这或许是获取稳定收入的办法,或许还能带来一些机遇,因此决定报名。他没有把这事告诉新婚的妻子,也没有对家里的长辈透露,自己步行了6英里(9.6公里)前往莫加镇,开始了军旅生涯。他被通讯部队录取,当即领到了5个卢比,在宣誓参军后被送上了火车,运到了1 500英里(2 414公里)外的贾巴尔普尔(Jabalpur)。他甚至来不及和妻子以及父母告别,他们在次日才收到他匆忙间写下的告别信。

在通讯兵训练中心,他学习的是如何布设通讯线路。他很喜欢这个工作,且很快成为了教官。他很想和家人团聚,但现在能寄钱回去对家里的帮助更大。他在2年后才能得到回家的机会,直到那时才能首次看到自己的儿子。他的驻地换为了卡拉奇(Karachi),可以把妻子和儿子带在身边。又过了几年,他随同第4印度师被派驻海外。从那时起,再未见过自己的家人,8年婚姻中只和妻子团聚了2年。

从1940年6月开始,他跟随部队转战西部沙漠、东非和中东,布设通讯线路,抢修破损线路,确保师部的通讯畅通。他并非战斗人员,但在夜间匍匐着布设线路也是非常危险的活儿。曼加尔·辛格曾被步枪、飞机和大炮射击过,但幸运的是他还活着。

部队只要拉上前线,他们就需要忙碌起来。师部要和在前线的各旅建立通讯联系,辛格需要在炮弹和"斯图卡"的偶尔骚扰下确保通讯不被中断。

驻扎在防线上的部队也需要轮换，需要不断作训练和休整。阿尔伯特·马丁和第2步枪旅被撤往阿拉伯堡（Burg el Arab），那里挨着蒙哥马利和坎宁安的战术指挥部。他们经受强化训练，还能在海里游泳，温暖的海水在明媚的日光下闪闪发亮。蒙蒂已被下属所熟知，他经常去看望自己的士兵。马丁对此印象很深，他写道："蒙蒂视察给我们带来了深深的影响。我们喜欢他对隆美尔的抨击，以及他对自己战略的说明。"蒙蒂有着敏锐的军事直觉，这也让手下觉得很有信心。阿尔伯特·马丁在沙漠战里摸爬滚打了多年，知道什么是有效的什么是空想，因此很喜欢蒙蒂提出的观点——不再构筑更多的防御"盒子"，避免本方的机动性被限制；不再将部队分散使用；不再让坦克作骑兵式冲锋，部队将形成一股合力使用。这些表态让马丁感到振奋。他补充道："这听起来有些奇怪，但当蒙蒂给我们讲完话，大家都很期待即将来临的决战。"

蒙蒂将自己的战略向部队宣讲，让像马丁这样的士兵士气大增。当然，蒙蒂内心还是知道英国陆军的战斗力尚不能与德军匹敌。尽管他们在坦克和火炮上的优势日渐增长，但他认为本方的士兵训练不足，士气不振。当然，这主要来自于征兵方法，平民征兵的军队显然难以媲美职业军队的军事素质，加扎拉惨败和他刚来时看到的低落士气也影响了他的判断。不过，随着士气逐渐扭转，他不再对步兵部队特别担心：澳洲人、新西兰人、第7摩托旅和图克的第4印度师都久经战火考验，在有力的指挥官的率领下，他们在北非不惧任何对手。

在第8集团军内部，仍有些平庸的军官。蒙蒂将过去的一些错误战术废除后，开始清理军官层的问题。他表明，自己不是里奇那样软弱的角色，以后绝不允许有任何与他的争执和"低声抱怨"出现。他将自己在英国的得力助手以及他认为经得住考验的将领提拔起来：中将奥利弗·利斯爵士（Sir Oliver Leese）接掌第30军，布莱恩·霍洛克斯（Brian Horrocks）中将接掌第13军。这两人都有些按部就班，图克发现他们缺乏基本的战术知识，但他们的战斗意志坚定且能忠实

PART THREE / 盟军反击

执行蒙蒂的命令。这样是否正确还值得商榷，但在眼下，无疑是最正确的手段。

蒙哥马利现在最关心的还是装甲部队。他到 10 月中旬，就能拥有超过 1 000 辆的坦克，他的挑战在于是否能将各种骑兵、坦克团和义勇军装甲部队打造为使用统一战术的铁军。坦克团喜欢独立于步兵单打独斗，骑兵单位希望像原来在马背上作战一般冲锋，而类似谢尔伍德游骑兵的义勇军单位仍在摸索机械化战术的窍门。

蒙蒂认为最好的战略就是制订简单的计划，然后坚持贯彻。这样，从上到下每人都很清楚自己的职责。他们要不断演练，直到烂熟于心。无论是后勤还是一线部队都必须适用这样的准则。

斯坦利·克里斯托弗森所在的谢尔伍德游骑兵和整个第 8 装甲师被送到后方 30 英里（48 公里）处进行训练。他们搭建了一个模拟雷场，在夜间把灯放在穿孔的汽油罐里标出通道，部队不断演练如何沿着这样的道路通过雷场。为了让演练更逼真，在边上还会加上爆炸和焰火。

几周时间，第 8 集团军慢慢转变成了保养完善、高度自动化的机器。部队的新面貌也许还欠缺一些灵气，但规模还在不断变大，装备变得更完善，信心也更足，这正是亚历山大和蒙哥马利所希望的。

美军陆航第 66 战斗机中队飞行员戴尔·邓尼斯顿（Dale Deniston）少尉于 8 月 12 日在飞往巴勒斯坦的路上经过了西部沙漠，他看到了这支正在成长的大军。他写道："飞越英国第 8 集团军真是个难忘的体验。在我面前沙漠上展开的是数支部队，无数的坦克、装甲车、补给车、救护车、机枪、火炮，所有东西一览无余。"

邓尼斯顿是在 3 月完成受训的，并如愿地进入了战斗机部队，尤其是隶属第 57 战斗机大队的第 66 战斗机中队。邓尼斯顿前往纽约米切尔机场报到，那里有 75 架崭新的 P-40 战斗机在列队欢迎他们，所有飞机都是暗粉色涂装，他和伙伴们突然意识到这是沙漠迷彩。另外一条线索是，他在试飞时注意到罗德岛旁停着 1 艘大型航母。

邓尼斯顿很快和同伴登上了航母"游骑兵"号（USS Ranger）横

跨大西洋，前往西非。路上只经历了 1 次潜艇警报，在靠近非洲海岸时，他们驾机离舰。邓尼斯顿排在第 12 位等待起飞。"游骑兵"号的甲板有 700 英尺（213 米）长，但由于搭载了太多飞机，起飞距离被控制在了 400 英尺（122 米）以内。很多像邓尼斯顿一样的年轻飞行员从未尝试过这么短的距离。他写道："我打开襟翼，握住刹车，全力踩下油门，松开刹车，还没到甲板尽头就起飞了，立刻压下机头，防止翻身。"在惊险地起飞后，他加入了空中编队，前往皇家海岸，也就是现在的加纳。

这条塔克拉迪路线是"玛丽"·坎宁安空军少将于 20 世纪 20 年代带人发掘的路线，需要数次加油，横穿中非丛林，转北通过苏丹前往埃及。这非常适合增加飞行经验。他们的旅途并未在埃及止步，而是继续飞到了巴勒斯坦的贝特达拉斯（Beit Daras）。他们在那里进行适应化训练，并检查飞机。他们之后将加入沙漠空军，参与即将到来的大战。

第 57 战斗机大队是美军首个投入北非战场的战斗机部队，之前已有 B-24 轰炸机部队在埃及作战。哈普·阿诺德将军最初并不想将陆航部队送到中东。他与罗斯福和马歇尔达成了欧洲优先的战略，希望尽可能集中所有空军力量针对欧洲大陆作战。但英国人在中东不断提出的需求正占用他的大量人力、物力。当然，随着托布鲁克的陷落，埃及也处在危险之中，这时还只关心欧洲的胜利是不妥当的。

阿诺德面临一个难题：继续让英国皇家空军占用他的资源，还是他将自己的部队派去解决问题，用美军飞行员开美制飞机。他决定采取后一种方案，于 6 月 21 日给予波特尔空军上将确认。9 个大队共计 27 个中队将在中东作战。10 月前要完成 1 个重型轰炸机大队和 2 个战斗机大队的部署。到 8 月底，第 57 战斗机大队已完成训练，入驻埃及。在他们独立作战前，双方决定最好让美军飞行员先跟着沙漠空军积累一些实战经验。这个建议是"玛丽"·坎宁安提出的，这确实是个不错的想法。类似邓尼斯顿这样的年轻飞行员已有 300 个飞行小时的经验积累，比德军或者英军飞行员投入作战前的训练小时高一倍，但飞行小时并不等效于空中缠斗经验。熟练的飞行员不需要思考如何驾驶飞机，能专心致志地研究对手，因此美军飞行员应该有足够的优势去适应作战，所以让他们和富有作战经验的老手在一起切磋非常有价值。

邓尼斯顿被分配到南非皇家空军第 2 中队，在他的首次出击中带上了一个 50 加仑的副油箱。他在训练中经常练习缠斗，如何做精彩的机动动作，可这次任务基本用不上。他们在低空飞行了 2 小时，摸到了轴心国机场的上空。他写道："我们向他们开火，奇袭了他们，然后返航。任务很危险，带队的像个老虎。"他觉得这太刺激了，肾上腺素直冒。

在沙漠上空飞行的不适感也需要飞行员克服，他们必须知道如何提前识别远处的敌人，否则会非常危险。在老手的教导下，他们很快学会了沙漠战斗经验。仍旧担任第 112 中队指挥官的比利·德拉克不仅把自己对地攻击的绝学倾囊相授，还告诉手下如何对付总能占据高度优势的敌军战斗机。

皇家空军在不列颠之战时惯用的 3 机"V"字队形已经弃用。德拉克说："不列颠之战后，基本的队形改为 4 机编组，互相保持一定距离，长机和僚机两两配对。"这正是德军的一贯做法。"V"字形由于距离紧密，易于统一机动适合防御，但 4 机编队更适合进攻。德拉克说："这样，所有人都有清晰的视界以观察前面的情况。无论谁发现敌人都要首先通知编队长。"脱离编队的时机很重要，飞行员会有时需要突然离开编队，转弯或者俯冲，这个动作由编队长决定。德拉克说："窍门在于拖到最后一刻，这样 Me-109 的子弹就会从我们的边上穿过。"

与沙漠空军的其他人一样，德拉克也对美军的水平感到惊讶。他的中队里有来自美军第 65 和第 66 中队的飞行员，他发现他们的学习能力神速。他说："他们非常棒，我认为他们很尊敬我们。当然，这样的感觉是双向的。"

西线之战 / THE WAR IN THE WEST

当美军和英军正你超我赶时，德国空军和意大利皇家空军则是互不搭理的状态。隆美尔和轴心国空军司令冯·瓦尔道也没有配合，两人间充满了强烈的厌恶。隆美尔希望空军无所不能，而德国空军内部也问题重重。马尔塞尤还在不断击落英军战斗机，这虽然可喜，但同盟国的轰炸机才是更大的问题。

德国空军不仅在飞机产量上落后，还严重缺乏飞行员。由于燃料紧张，训练质量也得打折扣。由于需要给东线和地中海地区空运更多补给，德国空军还需要抽调轰炸机飞行员执行运输任务，这间接导致了轰炸机出勤率的下降。这种拆东墙补西墙的做法难以解决根本问题。保障空军单位出击的地勤人员也不断被抽调出来组建空军野战师，这实际上成为了戈林控制下的陆军单位。

在北非，地勤人员为缺少配件头疼，飞行员为缺少燃料烦恼，燃料问题紧张到了要减少轰炸机数量的程度。他们的机场跑道不是被皇家空军骚扰，就是被空中特勤团袭击，在巴尔赛（Barce）的某次突袭中，意军损失了16架飞机。

德国空军损失也不断增加，士气渐渐变得低落。马尔塞尤在第27战斗机联队的2名挚友在9月6日阵亡，他和其中的菲菲·施塔尔施密特（Fifi Sthalschmidt）尤为亲密。施塔尔施密特的飞机在3架"喷火"的追击下冒烟坠落，马尔塞尤非常沮丧。

尽管马尔塞尤曾在24小时里取得过17个战果，但他也感到煎熬，常常失眠，睡着了也会出现偶尔梦游，这是从9个月前他最喜欢的妹妹在德国被杀害时开始的。他虽然在北非不断取得战果，但他的战友们也在不断逝去，梦游的情况越来越严重。他在精神上和身体上支撑到了极限，他经常需要南非黑人朋友马蒂亚斯帮助他爬出飞机座舱。马蒂亚斯会把他当成孩子一样送到帐篷里并放上床。

马尔塞尤的骑士十字勋章上又贴了钻石饰，这样的最高荣誉已不是他关心的了。在施塔尔施密特阵亡后，他变得孤僻，一个人吃饭、烟抽不停。很明显，他已接近崩溃，需要好好休息一段时间，可德国空军仍非常需要他这样的王牌去打击敌机，没人能顶替他。再次，眼前的问题让人无法去长远计议。

9月26日，马尔塞尤再次出击，第27战斗机联队的9架Me-109奉命去为"斯图卡"护航。当天下午5点左右，当"斯图卡"开始俯冲轰炸时，马尔塞尤发现了前来拦截他们战斗机的6架"喷火"。通常，英机只针对"斯图卡"，这次的举动非常异常。

马尔塞尤立刻向他们上方飞去，突然以近乎垂直的角度杀下去，他的同伴并未能跟上。他与"喷火"几乎要面对面撞上了，他开火，敌机立刻四分五裂。这架"喷火"的僚机从旁边快速飞过，马尔塞尤一拉操纵杆，半个翻滚，以极小的角度调转方向，咬住了对手。他刚开火，对方就燃起了火焰，冒着浓烟栽了下去。

马尔塞尤再次爬升，避开了烟雾，忽然听到无线电里传来提醒，有"喷火"出现在他下方9点钟方向。他一个下拉，对方还在爬升，把自己的机腹暴露无遗。马尔塞尤立刻把握机会射击，对方坠向地面。已经击落3架了。这时，刚掉下去的那架"喷火"的僚机开始向他开火。面对飞来的炮弹，马尔塞尤翻滚、俯冲机身以躲避，最后爬升高度准备咬住对手。

在接下来的11分钟，马尔塞尤驾驶着他的"梅塞施米特"和娴熟的皇家空军飞行员驾驶的"喷火"展开了高水平的对决。双方加速对冲，距离地面的高度仅300英尺（91米），他们直到最后一刻才摆脱撞击路线，几乎擦身而过。这时，马尔塞尤的油箱报警灯已亮起，他需要击落对手，尽快摆脱战斗以返航。

马尔塞尤向太阳的方向飞去，希望这傍晚的阳光能让对手难以追踪他的踪迹。但"喷火"没有放弃，追了上来，还努力缩短了两者间的距离。忽然间，那架飞机冒出了火焰。此时，马尔塞尤完成了爬升，关闭发动机，侧滚下翻到对手的身后。他在100码（91米）的距离内开火，对手的机翼被打掉，机体坠向地面。这是马尔塞尤的第158个战果。

当马尔塞尤降落时，他几乎是在关闭发动机的瞬间躺在机舱里睡着了。他浑身湿透，双手不住地颤抖，完全爬不出来，需要马蒂亚斯的帮助。指挥官告诉他，终于能休假了，并会送他回国接受钻石饰的颁发，这让他愉快了一些。

3天后，9月30日，马尔塞尤驾驶1架崭新的Me-109G-2在敌军阵地上方执行护航任务，发动机出了问题，浓烟涌进了驾驶舱，他在无线电里吼道："我看不见了，什么都看不见。"

他的2位同伴向他靠拢，保护他回到本方上空，马尔塞尤用氧气面罩艰难地呼吸。地面指挥官埃杜·诺依曼命令他跳伞离机。

马尔塞尤对此表示认同："我现在必须跳了，无法忍受。"他打开驾驶舱盖后，在1 500英尺（457米）的高度跳伞，可上翘的尾翼稳定器撞到了他的背部，降落伞还没打开。几秒钟后，他重重地砸在了地上。

名噪一时的"非洲之星"就这样坠落了。

PART THREE / 盟军反击

第 29 章

恶性循环

英国和美国虽然在形式上不是严格的同盟,但负责"火炬"行动的总指挥艾森豪威尔将军一直将两军的联合当作头等大事。他不断要求下属们主动寻求合作。有些时候也很艰难,但他告诉下属不管碰到什么问题,他们都要克服,尤其是在合作的初期。艾森豪威尔正确地认识到,双方合作的基础必须牢固,必须从基础开始逐渐建立信任。刚得到晋升的马克·克拉克少将负责"火炬"行动的具体实施,他常常抱怨要融合手下的美军和英军太困难。艾克告诉他只有换人,必须找到能配合好的人选。

艾森豪威尔也清楚,英国公众对他和美军的舆论非常重要,他甚至还为此事请教了在牛津大学任教的美国学者。亚瑟·古德哈特(Arthur Goodhart)教授告诉他:"美国陆军和英国民众的关系是非常紧要的,因为这不仅影响战争的进展,还会决定盎格鲁－美国在未来的合作。"他告诉艾克,美国陆军要想在英国愉快地驻扎,必须让英国民众喜欢他们。

每个到达英国的美国军人都会收到新编撰的介绍传单。《大不列颠简介》里解释了英国的货币以及关于如何和这个不大却有些古怪的岛国及其民众相处的实用建议。里面写道:"英国也许看起来让你觉得有些陈旧、阴暗。英国民众会急切地向你解释这不是他们国家最好的状态。"简介里还说,很多地方看起来似乎需要补漆,但由于油漆

325

西线之战 / THE WAR IN THE WEST

厂都改造成了飞机生产厂而无法供货。里面还列罗了一堆能干、不能干的事情。他们不应该炫耀自己的军饷比英军多。"对他们好些，他们是你需要的伙伴。"千万不要像英国人所说的那样"出风头"。建议："不要告诉英国人是美国人打赢了上次大战，也不要提到战争债务或是英国的那些败仗。"最重要的是，"永远不要批评国王和王后。"

事实上，美军在英国很受欢迎。美军第1师的亨利·鲍尔斯正在英国受训，他完全遵照上面《大不列颠简介》里的建议执行。他的兄弟汤姆指出："我们来这里是有使命的。"他们很大方地分发自己带来的香烟和巧克力。亨利补充道："是的，你可以领到香烟和各种不同的糖果。"这些在英国都是紧俏货。

紧张气氛在高层更有可能爆发。英国人普遍认为美国人是喧闹、自大的，而美国人认为英国人压抑、孤傲且沉迷于历史。不过，大部分纠纷都是针对做事方法和个性的不同，并无本质矛盾。

美国人和英国人之间的纠纷无法避免，但双方展现得更多的还是彬彬有礼、互相敬重的友谊，反英分子和反美分子越来越少。在艾森豪威尔的不断努力下，任何公开的不合作行为都会被立刻制止。就像艾克对手下美军参谋说的那样："你可以骂一个人婊子养的，但不能骂一个英国佬是婊子养的，违规立刻开除。"

与之形成鲜明对比的是，德国丝毫不寻求与盟友的团结和互相敬重。甚至可以说，他们工作的基础是互相不信任。9月22日，齐亚诺伯爵与航空部副部长里诺·福吉尔（Rino Fougier）开了会，情况并不乐观，后者认为意大利的飞机生产"极为糟糕"。福吉尔说意大利和德国的产量总和也抵不过同盟国方面的20%。飞行员的数量也在快速下降。这意味着同盟国用不了多久就能掌握制空权，齐亚诺清楚这代表轴心国的机会越来越渺茫。齐亚诺要为意大利找个退路，因此他背着德国与英国和美国实施"谨慎策略"。"由于这种政策，德国人，尤其是里宾特洛甫非常仇恨我。"

德国对被占领区域的掠夺毫不留情，但他们对意大利势力范围内的巴尔干半岛和希腊的掠夺让意大利非常生气。比如，希腊需要每月支付相当于40亿德拉克马的占领费，按照德国人设置的汇率是8 000万帝国马克，大约相当于3 250万美元（相当于今天的5亿美元），且是每月！在当年3月，这个占领费下降到15亿德拉克马，另外还要从希腊央行强制借出无息贷款。即使如此，这也完全超出了希腊的极限承受力。南斯拉夫的情况也非常类似。希腊和南斯拉夫原本就不富裕，墨索里尼还曾为此向希特勒抱怨，结果被顶了回来。领袖发怒道："如果我们输掉了战争，一定是因为德国人的政治愚蠢。他们缺乏治理国家的基本概念和克制能力，他们将欧洲变为了一触即发的火山。"

几天后，齐亚诺回到罗马，参加由德国和日本使团出席的三国同盟酒会，他注意到当时的氛围特别沉重。卡瓦莱罗向日本大使宣称，轴心国军队在斯大林格勒取得了成功。大使自然以为这表示斯大林格勒已经被占领。这显然不是事实，胜利的谣言很快传遍了整个大厅，最后德国人站出来澄清战况，这让卡瓦莱罗颜面无存。

保卢斯的第6集团军已被斯大林格勒牢牢锁住，前往高加索的德军丧失了前进的动力，而他们距离"黄金国"巴库还有很远的距离。在南方集团军群的北部战线上，巴尔克少将的第2装甲师在过去的几周里不断抵御苏军的反攻，此刻被撤出前线，前往维罗涅什（Veronezh）休整。部队伤亡惨重。在他们所属的第2装甲集群和在斯大林格勒的保卢斯之间有着宽达600英里（966公里）的防线，负责防守这片区域的是匈牙利第2集团军、部分意军部队和罗马尼亚第3集团军，这些部队无论是在装备上还是士气以及斗志上都远不如德军。这种态势意味着德军主力位于斯大林格勒以南往高加索方向的突出部，只要苏军穿破这些轴心国小兄弟的防线，德军将会被切断退路，完全孤立。斯大林宣称绝不能失守斯大林格勒，因此苏军将主力尽数投入到这座城市。当时已是秋天，严冬即将来临。轴心国部队虽然占领了不少地方，但自己的损失也不小且获利不大。同时，他们对苏联红军的打击程度大不如前。

9月15日，哈尔德在日记里记录，自"巴巴罗萨"战役以来，德军阵亡人数已高达1 637 280人。9天后，他就被希特勒撤职。他在德国陆军总参谋长任上的最后一天写道："我已精疲力竭。他的神智也不那么敏锐了。我们必须分开。这是参谋部将理想信仰化的必要步骤，他决心将自己的意志彻底灌输到陆军中去。"

德国的科研人员仍在努力保持他们的战争能力，但他们似乎已输掉了这场生产竞赛。最大的挑战仍然是粮食的短缺。赫尔伯特·巴克仍在执行去年定下的"饥饿政策"，乌克兰和法国是主要的输出方，而波兰也将从之前的食品接收地变成德国的供给国。纳粹高层不再考虑被占领区域民众的生活问题。戈林说道："元首不断重申，我也再次强调，如果必须有人挨饿，一定不是德国人，可以是别国民众。"

他们希望用冷血的政策改善德国的食物状况。劳动力问题也很棘手，每天都有数千名战俘或者强制劳工来到德国的工业中心。但当地并没有足够的食物和房屋供给他们。如此庞大的劳工队伍也不可能一直用镣铐锁住，因此在德国的农村和森林里隐匿了为数众多的苏联战俘和西方人员。仅在1942年4月至8月，就逃走了42 714名外籍劳工，盖世太保负责对他们的追捕。庞大的工作量也意味着盖世太保需要占用本可去前线支援作战的宝贵人力资源，这是个恶性循环。

1942年秋，德国人遣返了上万名生病的劳工。由于疏于照顾，其中大部分劳工已丧失了劳动能力。宝贵的运能换来的是悲惨和死亡，很多人注定会死在路上。如此恶劣地对待工人显然不能换来高效的生产效率。纯种德国人都不一定能吃饱，更别说苏联战俘和其他那些"低等民族"了。德国糟糕待遇的消息传播得很快，难怪没有法国人愿意响应拉瓦尔的号召。

而此时的英国工厂里的年轻人却不愁吃穿。他们情绪高昂，知道自己生产出来的装备能帮助同胞、兄弟、爱人、朋友和家人在国外作战中取胜。

后方那堆积如山的问题也会影响西部沙漠这样的前线战场。驻守阿拉曼防线南翼的意军弗尔格师仍在散兵坑里坚守，但军心已涣散。

PART THREE / 盟军反击

路易吉·马尔凯塞不仅碰到了缺少食物的问题，还被周围成群的苍蝇给恶心坏了。不仅如此，饮水也成了问题。白天不如之前那般酷热，但仍足以让人口渴难耐。马尔凯塞看到有人哭了起来，那人承认太口渴了，刚才喝了自己的尿，喉咙肿了起来。

10月15日，天空中奇迹般的阴云密布，下起雨来，马尔凯塞赶紧抓起一块肥皂从掩体里冲了出去，开始擦身体。他的胸口盖着一层"汗和沙的混合物"，硬邦邦的肥皂很难使用，费了不少劲才让身上覆盖了些泡沫。可就在此时，雨停了。阻挡敌人发现他的雾气也渐渐散去，他不得不浑身黏糊地跑回掩体，比之前更难受了。

和马尔凯塞一样，朱塞佩·桑塔里诺（Giuseppe Santaniello）刚从南斯拉夫调到北非。22岁的桑塔里诺原是那不勒斯附近的一位律师，去年刚参军，满是光荣的梦想，基础训练很快就让他的幻想消失了。军营里偷盗横行，居住环境也很恶劣，厕所里屎尿横流。他写道："就算是折磨大师也想不到这样难熬的场景了。"领到的制服并不合身，这让他很生气。他写道："我们的希望和梦想很快破灭了，取而代之的现实是恶劣的住所并与罪犯们共处一室。"

在这场噩梦结束后，他成为了巴里师（Bari Division）第48炮兵团的一名炮手，驻扎在布林迪西（Brindisi）。他在那里总算住上了洁净的屋子，不过这里没有厕所，需要使用夜壶。他自嘲道："我们还要把文明传播到阿比西尼亚呢。"

7月，他被调往南斯拉夫。和其他意大利人一样，他发现巴尔干半岛是个折磨人的地狱，游击队随时会出现在任何角落，即使在笑脸下面的斗篷里也会藏着匕首。幸运的是，他并没有在那里久待，就被火车摇摇晃晃地送到了雅典。沿途的车站挤满了乞讨者，乞讨香烟、喝的，没人要钱，因为德国人征收无度，钱已失去了价值。桑塔里诺写道："山民们不再相信现在这个政府所发行的纸了，他们回到了易物时代，每人脸上的表情都充满了哀怨。"

他和战友们到达雅典的时间是8月初，等待了3个星期才终于上船前往北非。他看到当地人艰难求生，民众在挨饿，妇女被迫卖淫以求得餐食。桑塔里诺听说，至少有 4 000 个姑娘由于怀上了意军或者德军士兵的孩子而"毁"了。他嘲讽地写道："我想说，雅典之所以还能运转，完全靠的是女孩子的大腿。"

他们在月底上船，安全地穿越地中海，来到北非的托布鲁克。他于 9 月 20 日抵达阿拉曼，被分到了特伦托师（Trento）的第 21 炮兵团 9 连，驻守防线北端。和路易吉·马尔凯塞的情况不同，这边部队的士气非常好。他写道："士气高涨，我终于找到了正确的人。"几周后，他就没那么兴奋了。他的职责是前线观测员，需要长时间盯着对手阵地。很快，沙暴，皇家空军无尽的轰炸和扫射让他濒临崩溃。

在法国南部还未被占领的区域里，3 个主要的抵抗组织紧密联合起来。之前在 7 月，"战斗"组织已同意和"解放"以及"自由枪手"合作，大家原则上同意创建一支"秘密军"（Armee Secrete）。对军事力量的控制问题还没最终在戴高乐和伦敦之间分清楚，新的准军事组织到底由谁具体负责也是问题。不过，整体来说现状已按照亨利·弗勒奈的设想走了。

弗勒奈现在催促这 3 股力量融合，并要求新生的秘密军必须团结。在 7 月底的会议上，"自由手枪"的负责人让-皮埃尔·利维（Jean-Pierre Levy）表示赞同弗勒奈的意见，但"自由"的艾曼纽·阿斯特尔并不同意，他认为互相协作已经足够。不过，他同意秘密军应整合在一起，前提是指挥官应是独立于 3 个组织外的人选。这对弗勒奈来说是个沉重打击，他本认为自己是最合适的人选。他很快找到了预备役中将夏尔·德莱斯特兰（Charles Delestraint），这位反对维希的老将有足够的分量统领秘密军。弗勒奈希望自己在幕后仍能掌控全局。

8 月初，弗勒奈前往里昂北面的布雷斯堡（Bourg en Bresse），亲自拜见德莱斯特兰将军。当他来到德莱斯特兰那朴素的公寓时，发现光头的将军穿着背心正等着他。弗勒奈做了一番自我介绍，并表示追随戴高乐的旗帜。结果发现，德莱斯特兰在法国战败前还是戴高乐的上级。将军表示："我很欣赏他，脑子很快，战术灵活。"

弗勒奈说明了抵抗运动的情况，耐心地回答将军的问题，发现要想很快说清楚这两年的点点滴滴非常不易。他最后提出了自己来访的目的。他说："将军，秘密军必须成为一支装备完善、训练有素的战争工具。它会在我们的解放战役中扮演重要角色，因此其作战必须配合同盟国的战略计划。"指挥官必须要能应对戴高乐和同盟国领袖，他点明："将军，我想知道您是否能承担这项重任。"

在长时间的沉默后，德莱斯特兰站了起来，在屋子里来回踱步，告诉弗勒奈需要时间思考这个问题。如果他答应的话，也需要戴高乐的手书任命。弗勒奈当即表示，后者不是问题。他又说道："我必须提醒您，接受这个职位会带来生命危险，甚至是您在战场上不曾遇到过的极大危险。盖世太保可不会……"

德莱斯特兰打断了他的话。他说："先生，生命危险是职业军官命运的一部分。"

回到德国，汉斯·冯·卢克少校在9月初已康复得差不多了，被判定为"适合执行有限作战任务"，而且可以享受1周假期。他回到柏林看望自己的母亲，发现这座城市已饱受战争折磨。柏林人以乐观闻名，可他现在看到的只是一张张黯淡、消沉的脸庞。他写道："他们对现实的感受，没有任何幻想。"休假结束后，他被送到了补充兵站，等待返回原部队。他并没等多久，月中就启程前往罗马，然后在西西里岛搭乘布洛姆-福斯大型飞艇前往托布鲁克，他们最后停泊进了港口，旁边有艘半沉的英国货轮。他很快登上码头，呼吸到了那熟悉的有些燥热的沙漠空气。他很高兴自己回来了。

有车在等着，立刻将他送到隆美尔位于马特鲁的指挥部。

隆美尔对他说："我很高兴你回来了。"冯·卢克的继任者表现不错，但最近也病倒了。"他坚持到你回来，才能回国呢。"隆美尔说，自己也准备回德国休个短假，并拜见希特勒。随后，他把冯·卢克交给了参谋长高斯将军，后者之前在加扎拉战役中受伤，也是刚刚康复归队。高斯给冯·卢克介绍了现在的战局，表示后勤严重短缺。

隆美尔对于最高统帅部和希特勒的"懈怠行为"非常失望,意大利人对后勤保障工作也是三心二意。冯·卢克对这两位高级指挥官显现的那种倦怠感非常震惊。高斯告诉他,允诺的补给总是不能送到,阿拉姆哈勒法战役的失败正是因为缺乏补给以及英国皇家空军占据了完全的空中优势。

高斯还给他透露了隆美尔审讯新西兰师乔治·克里夫顿（George Clifton）旅长的情况,后者被俘后直接被送到了非洲军指挥部。克里夫顿告诉他,同盟国必将赢得最后胜利。隆美尔对此并不怀疑,他告诉克里夫顿同盟国将和德国一样面对来自于东方、来自于苏联的威胁。高斯说:"卢克,你现在明白隆美尔为什么如此失望了吧。"元帅将在觐见希特勒的时候坦率地说明这里的情况,如果装甲集团军继续像现在这样不能得到够的补给,北非将很快丢失。

高斯告诉他,之前那个侦察营仍隶属于第21装甲师,现驻扎在往南200英里（322公里）的西瓦绿洲（Siwa）,负责把守盖特拉洼地的南翼。次日,9月23日,冯·卢克搭上1架"斯图卡",经过1小时的飞行回到了自己的部队。

在法国,不仅抵抗运动分为不同潮流,情报工作也是由位于伦敦的不同单位控制的。这使让·莫林联合抵抗组织的工作变得困难,比如当他告诉对方自己是代表戴高乐的自由法国运动时,通常已有同一旗帜下的别的机构捷足先登了。8月,他给伦敦发去了怒气冲冲的电报。他写道:"我工作中最困难的问题全来自法国人,如果问题不能马上得以解决,我将遗憾地希望您能接受我的辞呈。简直混乱不堪。"

问题是,自由法国运动下设3套平行情报机构。其中2套于当年1月整合为中央军事行动局（Bureau Central de Renseignements et d'Action Militaire）,由代号为"帕西上校"的安德烈·德瓦夫林（Andre Dewavrin）少校负责。另外那个名为法国政治行动局（Service d'Action Politique en France）的组织由自由法国内政部负责。两者在法国国内都有独立的谍报体系,并行运作。

除此之外，英国秘密情报组织中负责国外活动的军情6处也在法国构筑自己的情报网。1940年夏，为了在纳粹占领的欧洲进行破坏活动而设置的特别行动处（SOE）同样存在，其由休·达尔顿（Hugh Dalton）负责的经济战争部管辖。

特别行动处在不同国家有不同的科负责，但在法国就设置了5个科。其中，DF科负责撤离，AMF科负责阿尔及尔，EU/P科负责留在法国的50万波兰人。由毛里斯·布克马斯特（Maurice Buckmaster）指挥的F科负责潜伏任务，初期的行动对戴高乐也是保密的，不过现在也开始与抵抗运动进行了合作。最后的RF科主要招募法国人，而不是使用英国特工，代表特别行动处进行与自由法国的对接工作。以上这些机构有着共同的目标，但他们之间也互相竞争，比如F科和RF科，特别行动处和中央军事行动局。

实际上，所有的战时情报机构在运行过程中都处在某种混乱的状态，德国的情报系统也是如此。创立特别行动处的初衷无疑没错，这并不是个纯粹的情报搜集机构，而是个制造恐怖行动的组织。显然，这是向爱尔兰共和军学习的结果，后者在曾经的爱尔兰独立运动里令人闻风丧胆。可现在的特别行动处还在调整中，2年的时间对于一个从零开始的潜伏组织来说太短了。网罗到潜在的谍报人员，对其进行培训，甚至是对教练的培训，这需要大量的时间。他们要让欧洲被占区民众明白，在纳粹铁蹄下不会有好日子过。特别行动处还要面临军情6处的竞争，对手不仅认为自己能力更强，还认为特别行动处的活动会连累自己的情报网络。

6月13日，罗斯福总统正式命令成立战略情报局（Office of Srategic Service），由他的老朋友比尔·多诺万（Bill Donovan）执掌。早在一年前，总统就让多诺万计划成立一个情报搜集组织。在美国负责破译密码和国内情报工作的是联邦调查局，势力范围触及南美洲，但他们尚无法和军情6处或者特别行动处媲美。1941年7月，多诺万被任命为情报协调官（Coordinator of Intelligence），由于他的自身组织还在建设中，主要情报仍来源于英国的情报机构。

1942年6月成立的战略情报局改变了这一切。其任务包括间谍、潜伏、破坏和宣传战，他们已经开始在维希北非和法国招募间谍，并建立了情报网。

到1942年秋，包括特别行动处在内的这些情报组织和抵抗运动开始研究未来的任务目标以及自己的能力范围。同盟国在法国的问题在于存在太多并行组织，尽管他们的初衷一致。现在，急需将大家协调起来，越早越好。

因此，戴高乐在9月于伦敦召开了由各主要抵抗组织领袖和他的情报主管帕西参加的峰会。亨利·弗勒奈从让·莫林那里拿到了邀请函，他和艾曼纽·阿斯特尔一起提前到了里维埃拉地区（Riviera），从那里被接应到伦敦。他和阿斯特尔于14日抵达马赛，根据英国广播电台播放节目里的暗号来到了缪港（Port Miou）旁的小海湾，准备登船。夜里，他们来到鹅卵石海滩边，按照指令挥舞手中的火把，1小时后才听到了逐渐靠近的划桨声，有人用英语喊道："你们好，先生们。"

喊话的是波兰人，当弗勒奈和阿斯特尔被小艇送上等待着他们的渔船后，立刻享受到了美味的咖啡和英国产的香烟。弗勒奈写道："老实说，这辈子也没享受到如此奢华的待遇！"纯正的咖啡如同琼浆玉液般爽口。

他们在法国海域内蛰伏了几天，登上了英国的战舰，被带到直布罗陀，从那里搭乘水上飞机前往布里斯托尔。最后抵达伦敦，由帕西上校恭迎，时间已到了9月26日。

莫林和利维在路上被耽搁了，因此弗勒奈有几天时间能逛逛伦敦，享受那里的美味佳酿，添置几套服装。他并未在那里看到德国空军造成的废墟，他本以为这座城市会满目疮痍。他惊讶地看到，商店里有充足的商品。他写道："来自法国的人会发现这里满是奢华，餐馆和舞厅塞满了人。"

戴高乐在他位于伦敦北部的乡村别墅邀请弗勒奈共进午餐，两人进行了坦诚的会谈。弗勒奈告诉了戴高乐自己拜访德莱斯特兰将军的情况，他认为让·莫林已成为了自由法国和抵抗运动之间的一道障碍，并且要求能获得更多的武器装备。

戴高乐对于最后一点的回应是:"我知道,我会合英国人对此磋商。"

弗勒奈对伦敦之行既不失望,也不宽慰。他并未觉得双方建立了友谊,只是戴高乐确实认真倾听了。

莫林最终未能赶来参会,各种麻烦找上了他:大雾、取消的航班、长途火车以及错过船期,但其他人仍在会上达成了一些共识。在法国,将成立协调委员会,由莫林担任主席。他们定期开会,并传达未来的工作方向。这有助于统一抵抗运动,并由伦敦紧密地控制。同时,大家还同意成立秘密军,由德莱斯特兰将军指挥。眼下严格禁止大规模的军事行动,除非是配合同盟国的进攻。近期来看,只能进行一些破坏活动,比如阻断交通设施、阻止德军获取物资等,但必须按照伦敦的指令行动。这和弗勒奈最初的设想距离很大,无论是秘密军还是其指挥官都被束缚住手脚。从这些迹象来看,抵抗运动还任重道远。

英国特别行动处和战略情报局同样在迅速扩大自己的影响力,这不仅包括法国,还延展到了斯堪的纳维亚半岛。他们在挪威和瑞典都有自己的特勤人员,24岁的贡纳·松斯特比就是其中一员。他的任务并不需要暗杀或者对抗德军部队,只要搜集情报并监视德军动向即可。他对此越来越得心应手。他说:"我有张普通、容易被遗忘的面容,我是那种别人不会注意的人。"他有好几张不同的身份证明,且每次在一个地方不会待太长时间,对新认识的人也不会透露真名。他办事很有条理,对细节一丝不苟。这些良好习惯使得他一直没出事。

8月底,他位于斯德哥尔摩的特别行动处上线汤姆·尼尔森(Tom Nielsen)要求他从挪威银行印刷厂取来面值为5、10、50和100克朗的印模。根据提供的名字和联系方式,他找到了那位在挪威银行印刷厂担任总监的接头人。伦敦告诉松斯特比,除了印模之外,还需要拿些印钞纸作为样本回去研究。这样做的风险无疑是巨大的,印刷厂那边的人需要有证据能表示计划来自伦敦。他们要求以英国广播电台主持人托拉尔夫·奥克斯维尔（Toralv Oksnevad）的亲笔信作证明，因为此君在挪威被视作"伦敦之音"。松斯特比立刻将这个情况汇报给了斯德哥尔摩，后者通过伦敦很快搞到了所要求的亲笔信。

印刷厂对此很满意，但如果想把纸币的印模借出来很难瞒过里面的一些关键人员。幸运的是，没人变节，但随着人数的增多，风险也随之增大。

一切进展还算顺利。松斯特比拿到印模和印钞纸后，于当晚乘坐出租车前往斯德哥尔摩。

行动按计划进行，可当车子开到奥斯陆以东20英里（32公里）时，车灯坏了，车子一不小心栽进了路边的壕沟。松斯特比慌乱起来，不知如何是好，这里距离边境仍有一段距离。这时，有辆6轮德国卡车从旁边经过，松斯特比和司机招手拦下，请他们帮忙。年轻的德军士兵非常热情地搭把手，花了差不多15分钟时间将出租车从沟里拉了上来。幸运的是车子还好，车灯又亮了，他们继续前进，来到了瑞典的边境城市孔斯温厄尔（Kongsvinger）。松斯特比在那里将印模交给了接头人，随后被送到斯德哥尔摩进行复制，并于次日送回。行动非常成功。

特别行动处正计划在挪威实施雄心勃勃的计划。早在1941年5月，伦敦的情报部门就获悉德国人正在挪威水力公司（Norsk Hydro）位于挪威南部维莫克（Vemork）的工厂加紧生产重水。到了夏天，负责这个重水工厂的科学家雷夫·特隆斯塔（Leif Tronstad）教授逃到瑞典，并很快被转送到伦敦。他被立刻被任命为挪威最高司令部4处的负责人，协调情报和破坏行动。在维莫克取代他职位的是乔马·布鲁恩（Jomar Brun）博士，结果他也瞒着德国人继续将情报传递给伦敦。

德国科学家奥托·哈恩（Otto Hahn）和弗里茨·斯特拉斯曼（Fritz Strassmann）于1938年成功发现了核裂变现象，核裂变能释放惊人的原子能。在战争爆发前，学界广泛认为根据核裂变制造威力巨大的炸弹不仅在理论上可行的，且有较大概率变为现实。丘吉尔在6月访问华盛顿时,就与罗斯福商讨了如何集中资源以加快原子弹的研究工作,双方认为这很难在短期内实现。同时,他们非常担心德国科学家能率先研制成功。丘吉尔写道:"无论科学家对此还有多少保留意见,他们内部的看法有多么分裂,所涉及的术语有多么难懂,我们绝不能在这个领域的竞争上失败。"

德国人确实有自己的原子能研究项目,且与纳粹在其他领域中的表现一致。实际上,德国有好几个原子物理项目在同时进行,互相竞争。阿尔伯特·施佩尔对于这种能改变战争进程的科学项目非常看重。他于罗斯福和丘吉尔会谈原子弹项目的同月,也即6月4日召集了德国的顶尖物理学家商讨此项目。与会人员包括埃尔哈特·米尔希元帅、后备军的弗里茨·弗洛姆将军、物理学家弗里茨·斯特拉斯曼、卡尔-弗里德里希·冯·魏茨泽克(Carl-Friedrich von Weizsaecker)和维尔纳·海森堡(Werner Heisenberg),后者是柏林重要的研究机构威廉皇帝物理学院的负责人,世界顶尖科学家。此外,还有物理学家库特·迪普纳(Kurt Diebner)博士。他是忠实的纳粹信徒,他相信德国此刻最需要原子武器,且坚信他们能在有限的时间内研制出来。

这些人都是非常聪明的,是德国的宝贵财富。不幸的是,他们原本可以拥有更多的顶尖物理学家,他们鉴于犹太人政策而被迫在战前出逃了。比如,奥托·弗里施(Otto Frisch)就逃到了美国并为同盟国服务。原子武器的研究不仅复杂、困难,还需要占用大量的人力,因此同盟国在该项目上投入了高达125 000人。必须集中国家的人力、物力,协调国家的方方面面才能获得最后成功。德国在原子研究上并未像希特勒那样分而治之,但由于不同的学派而自然分为了两大阵营。迪普纳博士在柏林附近的加图(Gatow)有自己的研究所,他原本是威廉皇帝物理学院的院长,由于太过明显的政治倾向而遭到排挤。接替他职位的海森堡教授,后者往来于柏林威廉皇帝物理学院的实验室和莱比锡的研究所之间。不用多说,海森堡和迪普纳之间并无好感。

在施佩尔的研讨会上,海森堡教授唱了主角。他在演讲里指出,生产原子弹在理论上是可行的,但德国至少需要2年时间才能研制出

1枚原子弹。根据当时的时间（1942年6月），似乎取得成功已是战后的事了。他同时强调，美国人面临着同样的困难，研究原子武器的进度不会先于德国人。他要求筹集数目惊人的资金以启动研究。

在会议结束后，施佩尔向希特勒建议，由戈林负责帝国研究委员会（Reich Research Council），并将资金投入到其他武器项目上。他对项目可能实现的成果抱有较大期待，但也认识到在资源分配上必须有取舍。他提醒元首，虽然无法在短期内将原子武器研究成功，但该项研究应该继续，由海森堡和迪普纳开始建造一些试验核反应堆。

科学家认为，重水（即氧化氘）是产生原子能的重要材料。因此，当同盟国发现德国在快速增加重水产量时，立刻警惕到他们或许正加快研究原子武器。他们虽然认为德国距离研制出原子弹还有很远的路，但绝不能掉以轻心，必须使用各种手段阻碍德国的研究进程。

考虑到这点，同盟国决定，必须摧毁维莫克的重水工厂，立刻制订行动计划。这座属于挪威水力公司的工厂位于内陆150英里（241公里）处，距离奥斯陆也是类似长度。通往那里只有一条公路，工厂建在一道峭壁的半途，再往上则通往哈当厄高原（Hardangervidda），那里有半年时间被冰雪覆盖。

最初的计划是炸毁上游山谷的水坝，后来发现这不仅难以实现，即便实现了也会伤及成千上万的无辜民众。直接轰炸也可能摧毁工厂里的氨水罐，同样会对附近的居民带来可怕的伤害。在经过激烈的争论后，最后同意，只能由特种部队实施突击。

挪威独立第1连正在苏格兰接受特别行动处的训练，其已改称为"林格连"以纪念马丁·林格。中尉晏斯–安顿·波尔松（Jens-Aton Poulsso）和其无线电员中尉克努·豪格兰（Knut Haugland）被召集到伦敦，领受了这项任务。他们将担任4人引导队，在空降到目标区域后，进行侦察并确定前往维莫克的路线，随后2架滑翔机将运送15名英国第1空降师的工兵降落到哈当厄高原上，引导队将后者带至维莫克，由后者负责摧毁工厂。这也是英国的首次滑翔机实战任务。侦察行动的代号为"松鸡"（Grouse），而滑翔机作战任务代号为"新手"

PART THREE / 盟军反击

（Freshman）。

波尔松在伦敦被任命为行动指挥官。身材魁梧的他是位经验丰富的登山者，来自于维莫克附近的留坎城（Rjukan）。他说："当我还小的时候，就非常喜欢打猎和捕鱼这类户外活动，我对这片区域了如指掌。"破坏重水工厂也不是他们的唯一任务，他们在执行任务之后会留在当地招募游击队员，负责维莫克所在的泰勒马克郡（Telemark）的抵抗活动。

波尔松被告知，摧毁重水工厂的任务非常重要，但他感觉这只是鼓舞他们更好地完成任务，自己并不需要做什么动员。他们已在英国待了太长时间，早想回挪威一展身手。现在，他们终于能回去施展拳脚了。波尔松并不关心任务的重要性是否被夸大，他感到终于有机会对付那些占领他祖国的敌人了。反击的时刻到来了。

第 30 章

点燃"火炬"

越过大西洋,横穿美国大陆来到加利福尼亚州的里士满,亨利·凯泽那崭新的造船厂正忙得热火朝天。位于这里的贝德福德2号船坞在8月里用24天造成了1艘自由轮。到了9月,凯泽的儿子埃德加在加州波特兰用更快的速度刷新了造船记录。他的副总经理阿尔伯特·鲍尔(Albert Bauer)找到了好办法能提高所有人的效率。他解释:"更多的人员和设备被投入到生产中,我们制订了更紧凑的生产计划。"这听起来很容易,事实也是如此,当"约瑟夫·提尔"号于9月23日完工时,仅花了10天时间。

罗斯福总统在视察了位于西雅图的波音工厂后,又飞来与凯泽、亨利、埃德加以及贝德福德会面,后者刚从里士满赶来。总统的轿车在船厂内兜了一圈,最后停在了可以俯瞰那银光闪闪的"约瑟夫·提尔"号的斜坡上。有20 000人前来观看"约瑟夫·提尔"号的下水仪式,抛掷香槟酒的荣誉落到了罗斯福的女儿安娜·伯蒂格(Anna Boettiger)的身上。她尝试了3次才砸碎酒瓶,人群里爆发出庆祝的欢呼声。

总统发表了讲话,表示对眼前这一切非常感慨:"我希望美利坚合众国的每一位男人、女人和孩童都能来这里观摩下水仪式,如此他们才能明白这对赢得战争的重要作用。"亨利·凯泽接下来走到麦克风前。他说,"'约瑟夫·提尔'号在几天后就能出海,它会将补给

PART THREE / 盟军反击

送到美军和盟军手中。"他告诉人们,"这无疑是个奇迹!一个由上帝和自由睿智的美国工人创造的奇迹!"在场人员对此绝对赞同。

10天建成的船舶只是9月生产成果中的一个缩影。在美国东部的底特律西部,18个月前还是一片荒地的地方已矗立起一座长达1英里(1.6公里)的巨大L形厂房。《时代》杂志称之为"人类有史以来最大的房间"。这就是维劳园(Willow run)工厂,负责该项目的是亨利·福特手下的生产主管查尔斯·索伦森(Charles Sorensen)。他主要负责公司和国防相关的订单,他一手缔造的这个厂区用以生产"联合"B-24重型轰炸机。努森于1940年底呼吁,汽车工业应参与到飞机生产中,福特也被征询了意见。老福特允许索伦森以及他的儿子埃德赛尔投入飞机的业务,但明确拒绝生产"飞行堡垒"。因此,索伦森选择前往圣迭戈考察"联合"的工厂。

他对那里的工厂并不满意,很快盘算清楚了生产计划,提出要么自己重新盖个厂区,要么置身事外。他和其他汽车公司不同,不愿意只做配角。索伦森很快发现他的胃口太大了。1辆福特车涉及15 000个不同的零件,而1架B-24会涉及488 193个零件。尽管如此,他带着团队进行破解,将B-24那差不多50万个零件组合为30 000个部件,进而集中成9个预配件。

虽然老福特、政府和新的工艺难题不断牵制着他前进的步伐,他还是在19个月里完成了世界上最大单体工厂的建设,开始了B-24的量产。这和10天自由轮一样是个工程史上的奇迹。

马克·克拉克少将在他9月2日的日记里写道:"那些阻碍'火炬'行动的人反而是在提醒我们,必须尽早启动该行动。我们仍在等待命令。必须加快计划、加快训练,加快进攻部队的集结。"

实际上,行动在次日就被批准执行。罗斯福总统建议在法属摩洛哥的卡萨布兰卡、阿尔及利亚的奥兰和阿尔及尔3个地方登陆。其中,美军负责卡萨布兰卡和奥兰,英军负责阿尔及尔。艾森豪威尔和克拉克再次被召集至唐宁街,和英国首相及其军事幕僚商讨罗斯福的建议,双方在 1 小时后达成一致。艾森豪威尔在口述了他的回复电报后，对下属说道："当进退维谷时，大家没有乱了阵脚，保持着默契。我知道大家都想尽快敲定计划，继续前进。"

进攻卡萨布兰卡的美军直接从本土出发，而进攻阿尔及尔和奥兰的军队将从英国出发。3 场登陆将尽可能地同时发起。在占领滩头后，同盟国将尽快向内地推进，目标是占领整个法属摩洛哥和阿尔及利亚西部。之后，将依托所占区域建立基地和机场，以便尽快占领突尼斯。"很棒！"罗斯福的回复只有一个词。"好的，全力以赴！"丘吉尔对此回应。

第 97 轰炸大队在 9 月 4 日的战争日志里这样写道："任务原本一早要启动，结果遇到 2 次推迟，最后于 1330 时（战争通用格式）发动，这让所有战斗机组都很恼火。"2 天后，劳尔夫·伯布里奇所在的"全美"号轰炸机以及另外 26 架 B-17 轰炸机轰炸了法国的"波泰"（Potez）飞机工厂，美军第 8 航空队在此战中首次损失了 2 架轰炸机。16 日，原本计划的第 2 次行动被取消了，第 3 次行动也很快被取消。3 天后的日志里写道："今天的行动由于天气原因取消了。"

美军第 8 航空队在整个 9 月只出击了 4 次，仍需努力才能达到理想的出勤率。哈普·阿诺德将军曾向施帕茨允诺，到 1 月时后者会拥有 500 架重型轰炸机，但如此多数量的战机根本无法同时升空作战。坐镇美国的阿诺德正面临激烈的批评，人们不理解为什么只发动了屈指可数的几次空袭。原因很多，训练需要、装备完好率和糟糕的天气，但阳光明媚的华盛顿只关心难看的统计数字，需要阿诺德尽快采取行动。英国的波特尔空军上将对美军坚持白昼轰炸感到难以理解，他认为这必然会导致难以接受的损失，难以对鲁尔以东地区形成威胁。不过，他仍然接受了对白昼轰炸的联合指挥权。美军轰炸机最初由英军和美军战斗机联合护航，随着第 8 航空队实力的增强，美军战斗机将独立承担护航任务，英军将在佯攻中出力。最终，美军将独立于英国皇家空军作战，后者变为提供部分协助。

根据这样的过渡计划，在皇家空军战斗机部队服役的美军战斗机飞行员将划归给美军第 8 航空军。在加拿大第 416 中队飞"飓风"的吉姆·古德森于 8 月底被调入第 133"雄鹰"中队，与他一起的还有瑞·福克斯和怀特，他们都不满意这样的安排，但也无可奈何。

他们乘坐火车来到剑桥以南的小站奥德莱尾（Audley End），然后搭顺风车前往埃塞克斯郡的德布登（Debden），结果发现第 133 中队还在更偏僻的大萨姆福德（Great Sampford），那里除了草地跑道之外只有一片矮木屋。古德森写道："大萨姆福德没什么好的，我们被扔在军官宿舍前面，那辆车子立刻开回了德布登基地去接当地民众，我们也怪不得别人。"

这个地方像是被荒废了一样。他们碰到了第 133 中队的唐·简特尔（Don Gentile），后者表示那里只有他一人。

古德森问："其他人呢？"

"你不知道吗？他们都没回来。"

简特尔解释说，他们中队刚搬到大萨姆福德。前一天，也就是 9 月 26 日，他们给 B-17 护航，但在回来的路上遭遇了德军战斗机的拦截，当时他们的燃油基本都耗完了。除了罗伊·比蒂（Roy Beaty）成功返回了英国并迫降在另一机场外，其他 11 架飞机或被击落或被迫降至法国被俘。这是可怕的一天，简特尔说："我想，你们可以随便挑选屋子了，都是空的。"

古德森选择和瑞·福克斯同屋。阵亡飞行员的遗物依然留在屋里。古德森打开衣橱，看到捆得整整齐齐的一扎信。旁边有一页新的信纸上只有几个字："亲爱的妈妈"。

福克斯说："我感觉自己似乎像个入室偷窃犯。"

毫无疑问，第 133 中队的士气已坠入谷底。9 月，损失了太多的飞行员，即使有补充来的新人也无法改变基地那令人压抑的气氛。古德森说："毫无斗志，团队没有激情，这样的战斗机中队无法在战争中存活。"

在这种背景下，"雄鹰"中队被划归美军第 4 战斗机大队，原来的指挥官里德·麦克科尔平（Red McColpin）被调回国，他的职位由唐·布莱克斯利（Don Blakeslee）接手。他和古德森一样，最初对加入"雄鹰"中队是排斥的，后接到派他去作飞行教官的命令，他又想留在战斗机部队，才不得已上任。古德森观察到："他是英国皇家空军传统的忠实拥趸，痛快喝酒、快乐生活，但绝不会影响起飞作战。"他上任的第1天就是如此践行的：在酒吧喝到很晚，次日一早6点起床，准备自己的飞行任务。

他让中队的全部16名飞行员同时起飞，这对于大萨姆福德这样的小型草地机场来说简直是疯了。古德森只偶尔见过4机编队挤在一起起飞，16机同时起飞只经历过2次且都是在大得多的机场。布莱克斯利对于这样的全中队起飞非常坚持。他轻松地告诉他们："大家在东边排好队形，当我给出信号，大家就以这样的队形起飞。"大家深吸了口气，布莱克斯利的命令打断了这片刻沉寂："出动！"

他们在滑动到出发位置时，天才蒙蒙亮。古德森在阵型后部，一边要加速起飞，一边要控制速度保持队形。最后在离树梢几英尺的地方成功起飞。

他听到布莱克斯利在耳机里吼道："跟紧了，让我们在那些家伙面前露一手。"

他们以完美的阵型从德布登上空500英尺（152米）的高度飞过。驻扎在那里的2个中队人员目睹了这一切。场面令人震撼：16架"喷火"的16台"梅林"发动机怒吼着从基地上空掠过。坐在飞机里的古德森却紧张地出了一身汗，他知道其他飞行员肯定也是冷汗直冒，他们必须非常小心以避免撞上邻机。他们在回场时的阵形更为紧密，古德森在降落时一下子明白了这近乎疯狂的演练确实有价值。他写道："团队里突然间激情澎湃，大家心里涌出了极大的自豪感。我们所有第133中队的飞行员在那天晚上去德布登军官餐厅时，无不昂首挺胸。"

当隆美尔于9月底拜见希特勒的时候，明确向元首提出装甲集团军的补给情况已到了万分危急的地步，要求必须使用空运和海运的一切运力将补给运过地中海。他说，自己的手下正面对英军最强的装甲部队。他对意大利人也是大肆抨击。他直截了当地表明，意军只能用于防守，只有德军才能用于进攻。他对重新发动进攻开出了一份条件清单：更多德军部队增援以及由德军高级军官负责整个地中海的运输工作。元首的回答令他满意：40辆新式的"虎"式坦克将送往北非，同时会送去更多的突击炮部队和补给。不过，这很难在短时间内实现。希特勒的大本营弥漫着乐观的气氛。戈林并不相信非洲军所面临的情况会如此糟糕。当隆美尔说英军装备40毫米机炮的"飓风"正消灭他的坦克时，帝国元帅表示诧异。他告诉隆美尔："不可能，这一定是骗人的，美国人最多只能生产过多的剃须刀片和冰箱。"

隆美尔回应道："帝国元帅阁下，我只希望，我们也能有这样的剃须刀片。"

隆美尔在离开前线前，已加强了战线的纵深布置，现在大约是一个营，也就是800人负责一英里（1.6公里）防线。他们不断埋设地雷，拉铁丝网，但每日补给仍在减少，不少士兵由于营养不良和劣质的食物而患病。非洲军在这种情况下不要说进攻，能守住就不错了。与此同时，他们还要忍受同盟国空军无刻不停地轰炸、扫射和骚扰。

高层军官在此时也发生了变动，这让情况变得更为不妙。高斯将军在隆美尔之后返回了德国，另一位重要参谋弗里德里希·冯·梅林津（Friedrich von Mellenthin）将军也离开了。作战参谋齐格弗里德·威斯特法尔染病，参谋长弗里茨·拜尔莱因在9月底回国休假。现在负责指挥非洲军的是威廉·利特·冯·托马（Wilhelm Ritter von Thoma）中将，而在隆美尔离开时负责装甲集团军的是格奥格·施托姆（Georg Stumme）将军，此君之前在东线由于指挥不力被解除军长职务后送上了军事法庭，被判5年监禁。戈林强烈推荐让他来北非戴罪立功，这得到了希特勒的批准。施托姆确实没有丝毫懈怠地投入到了新的工作，但他对补给困难也无计可施。

轴心国的船运状况变得更为恶化。大量补给堆积在意大利港口，他们既没有大型船厂，也没有材料来建造更多运输船舶，现存的船队也在迅速缩水。这意味着装卸工作需要耗费更多时间，效率不断降低。

意军水兵瓦尔特·马祖卡托正在护卫舰"卡利俄铂"号（Calliope）上给300吨的小船"克里特岛"号护航。"克里特岛"号于10月7日从托布鲁克前往班加西，"卡利俄铂"号防备着潜艇的偷袭。实际上，大部分轴心国商船是被英军潜艇击沉的，潜艇战果远高于飞机或者水面舰艇。晚上8点30分，他们的声呐发现，在德尔纳附近海岸有2艘潜艇的信号。"卡利俄铂"号立刻开始反潜作战，但在2小时后依然一无所获。晚上10点45分，敌机出现，并投下了照明弹。"克里特岛"面临着水下和天空的双重威胁，"卡利俄铂"号仅凭自身的火炮和鱼雷无法应对众多的敌人。

天终于亮了，他们没有在夜幕中被消灭。他们开始接近海岸，可就在早上7点，马祖卡托和战友们听到了剧烈的爆炸声。他们透过海面，看到"克里特岛"号被炸成两段。船首几乎是立刻沉没，船尾仍旧漂浮在海上，又苟延残喘了30分钟。"卡利俄铂"号开始打捞落水船员，他们大部分是希腊人，只有1人丧生。

随着又一艘船只沉入海底，凯瑟林元帅知道，马耳他岛才是问题的关键，大部分英军潜艇和鱼雷机都以这里为进攻基地，他决定对该岛发动新一轮的空袭。他并不准备在岛上登陆，但他希望能以此削弱马耳他岛作为进攻基地的作战能力。到10月的第2周，他在西西里岛集结了大约700架轴心国飞机，包括战斗经验丰富的第2飞行军。

进攻于10月11日打响，虽然凯瑟林命令进行2周的进攻，但最猛烈的战斗只进行了3天。"4天击落了82架！这就是马耳他岛对德国空军的回应！"《马耳他时报》在10月15日这样报道。该报纸在被围困的最艰难日子里仍然坚持报道，理应共享胜利的荣耀。2天前，马耳他岛上击落了第1 000架来袭的轴心国敌机，完成这个壮举的是加拿大王牌乔治·贝林（George Beurling），他的飞行天赋丝毫不输于亚辛·马尔塞尤。这座小岛承受了德国空军的残酷打击，自然也是付出了惨重代价。当凯瑟林叫停进攻时，轴心国损失了大约350架飞机，损失了其进攻能力的一半。英军在阿拉曼发动进攻，9艘满载着

41 409 吨补给的运输船被击沉，占到了出发船只的半数以上。曾经不可一世的德国空军已坠下神坛。

10月17日（周六）上午，马克·克拉克少将来到伦敦诺福克堂的同盟国联合指挥部，见到了艾森豪威尔的副参谋长阿尔·古恩瑟（Al Gruenther）准将，后者的上司是瓦尔特·贝德尔·史密斯（Walter Bedell Smith）少将，他们两人都是9月中刚上任的。

古恩瑟告诉他："我给你捎个信，刚出炉的。"

他把东西递给克拉克。这是马歇尔刚发给艾克的电文，他正准备读，桌上的电话响了，那是艾森豪威尔办公室的直线电话。

"上来，立刻上来。"他说，还没等听到任何回应就挂断了电话。

克拉克大概已知道了艾森豪威尔想要谈些什么。马歇尔的电文里提到了美国当时驻阿尔及尔外交官罗伯特·墨菲（Robert Murphy）的报告。墨菲和法国人交情很深，战前就待在巴黎，后来又去了在维希的美国使馆工作。他在短时间被罗斯福召回华盛顿后，又于1940年12月被派往阿尔及尔担任总领事。他实际上扮演着罗斯福的私人情报官。他任务完成得很出色，和维希法国的军政要人有着稳固的关系，甚至还促使了一项援助法案的签署，这让他地位更显尊贵，不仅成为了维希法国北非总督弗朗西斯·达尔朗（Francois Darlan）的座上宾，还和亨利·吉罗（Henri Giraud）将军往来密切。

9月，墨菲返回华盛顿向总统述职，然后前往伦敦拜访艾森豪威尔和克拉克，把北非法军的规模、状态和政治动向，包括民众的态度也做了透彻的分析。"火炬"行动的主要目的是让盟军有通道前往突尼斯，从而将轴心国军队从北非驱离。在维希法国属地的登陆只是借用一下踏板，无论是英国人还是美国人都不希望和前盟友开战。墨菲估计在法属摩洛哥仍会爆发强烈的抵抗，但阿尔及尔会有很多人支持同盟国的行动，他乐观地估计，登陆只会在个别地方遭遇抵抗，大部分地区将会不战而降。

在阿尔及尔的那些墨菲的同谋者们对即将到来的登陆行动的规模

完全接受，墨菲向艾森豪威尔和克拉克指出，亨利·吉罗将军曾在 8 月向他透露同盟国只要在法国本土登陆，法国陆军将全力配合。吉罗将军在 1940 年的职位可远比戴高乐高，他曾一度被俘，却神奇地逃了出来。他在回到维希势力范围后，立刻向贝当宣誓效忠。墨菲认为，戴高乐在维希法国那边几乎没有影响力，因此同盟国必须争取到维希法国的支持。希望就在眼前，他们只需在政治层面上取得一点突破。

他们在 9 月 16 日进行了以上会谈。1 个月后，墨菲传回消息，最好派名美军高级军官前往阿尔及利亚和法国在阿尔及尔的最高指挥官查尔斯·马斯特（Charles Mast）商谈同盟国的战略设想，此君和吉罗将军很亲密。这样的举动可表现出同盟国的诚意，同时能商讨法国朋友如何协助登陆的顺利进行，比如，不让海岸炮开火，利用无线电塔台发射信号帮助登陆舰队导航。当然，还有很多其他事务。维希政权从日本和德国那边已听说了美国计划进攻达喀尔和卡萨布兰卡。他们同时还知道轴心国即将对法属北非发动进攻。墨菲提醒说，德国间谍遍布北非。达尔朗将军表达了合作的意向，他可以带着法国舰队投诚，条件是他必须担任北非法军总司令，美国还要给予他巨额的经济援助。马斯特将军更关心吉罗将军的安危，要求同盟国用潜艇将他从法国南部接过来。墨菲认为，他们应该促使达尔朗和吉罗保持合作。他写道："马斯特表示，在吉罗的指挥下，我们能不发一枪地安然登陆。"

这项活动的风险是显然的，整个行动随时都有失败的风险。但从另一方面来看，"火炬"行动要想取得速胜，必须接受这样的冒险。

克拉克在走进艾森豪威尔办公室的时候说："我什么时候出发？"

艾克回答："也许，马上。"

他没错。克拉克在和丘吉尔以及英国战时内阁商量后，当晚就带着他的幕僚出发了，分别乘 2 架 B-17 前往直布罗陀。他们从那里将乘英国潜艇前往阿尔及利亚。

双方计划于 10 月 21 日（周三）会面。

与此同时，"松鸡"行动终于要在挪威发动了。之前，由于糟糕

PART THREE / 盟军反击

的天气或是机械故障已一推再推。8月18日,晏斯-安顿·波尔松带着他的3名下属登上了1架"哈利法克斯"四发轰炸机,准备空投到哈当厄高原上。他们带着伪造的身份证明材料和各种极地服装、设备,以及最新研发的瑞贝卡-尤瑞卡导引装置,能帮助轰炸机准确地找到波尔松之前标注的地点。

整个航程长达4小时,虽然时间到了夜里,但外面仍然明亮。轰炸机很快来到了哈当厄高原,下方广袤的雪原上遍布湖泊、河流。这里荒无人烟,只有一些驯鹿、狐狸和顽强的飞禽生存着。没人敢在冬季闯进来。当他们靠近空投区后,4个人站了起来,做最后的检查。他们先把枪械盒和补给从炸弹仓门扔出,然后波尔松和其他几人鱼贯而出。波尔松说:"我猜,大家从飞机下方的洞口跳出去的时候都很紧张,至少我是这样,但迎面而来的挪威大地又让我感到兴奋。"

在第8集团军还在沙漠中做最后准备的同时,参与"火炬"行动的部队正在英国或者美国忙着训练。鲍尔斯兄弟同在第1步兵师的第18团2营里。亨利想和兄弟在一起的愿望终于得到了实现。他现在在营直属连,而汤姆在G连迫击炮班。第18团下辖3个营,相当于英国1个旅的兵力,其所在的美军第1步兵师也被称作"大红一师",该师师徽也是个醒目的红色数字"1"。该师作为登陆部队的先锋,宾·埃文斯所在的第1游骑兵营也在其中。

他们现在驻扎在苏格兰,进行登陆演练。10月18日,艾森豪威尔将军乘坐长途火车北上现场检阅,这是一场夜间演习。他在次日上午又观察了一些练习。所有的士兵看起来都身手矫捷,所以他心里更担心的是缺乏经验的军官,新人对战场上的情况几乎一无所知。他向马歇尔将军汇报:"我们在这个层级的指挥水平是最欠缺的,只能靠时间和持续努力才能克服。"实际上,营级以上的军官也同样缺乏实战经验。

艾克回到伦敦时的心情并不好。由于苏格兰的天气格外阴冷、潮湿,他有些感冒头痛,对自己的海军副官哈利·布彻(Harry Butcher)说,自己正和一团混乱斗争。谁能责怪他呢？美国对现代战争的了解才刚刚起步，周围险象环生。其他国家的军队还有实战经验可参考，而美国陆军仍在迅速扩军阶段，同盟国的希望都寄托在他们身上。艾森豪威尔在几个月前还为"大锤"行动被取消而沮丧，现在，对西北非洲的作战行动终于能让他们展示自己了。

有很多问题需要考虑清楚：整体大战略、战术、筹备登陆艇和舰队、护航海军部队、空军架构、补给品、待命基地，把在英国和美国的训练效果转换到实战中去，各进攻部队的编组以及选择合适的指挥官。以前，从未有人组织过如此规模的行动。另外一个风险是，他们对西北非洲并不熟悉。很多参谋军官之前从未听说过卡萨布兰卡或者奥兰。他们也没有当地的精确地图，情报有限，只能根据大概的猜想去计划。目前，维希法国北非属地的政治情况盘根错节、异常复杂，稍有不慎就可能酿成混乱。正因为如此，艾森豪威尔才派马克·克拉克少将勇探虎穴。他们小组将决定整个行动的成败。这就是艾森豪威尔在10月第3周里真正头痛的事情。

在埃及，空军已加强了对敌军整个正面机场、补给线和阵地的轰炸强度。托米·埃尔姆赫斯特在10月21日给他妻子写信时提到："现在如果还没做的，已来不及补救了。"蒙哥马利也在给他手下的将官做最后的任务布置。

不过，蒙蒂和"玛丽"·坎宁安在当晚都心绪极佳。他们带着自己的核心幕僚共进晚餐，以增进双方合作的融洽程度。埃尔姆赫斯特也参加了晚餐，他提议大家讨论一些轻松的话题，以暂时忘掉各自的重任。当晚的主题是"年轻的 w'w 新婚军官是部队的诅咒"。谈话很快变成什么能造就成功的婚姻。埃尔姆赫斯特写道："这还是我们第一次看到蒙哥马利没有板着脸，原来他也有活泼的一面。"

次日，蒙哥马利决定战役于10月23日（再次日）夜里打响。他希望每名士兵都能清楚自己的任务。整天，战线上下都在开作战会议，明确各部队的具体职责。

在伦敦的丘吉尔焦急地等待着关于战役开始时间的消息。他在10月20日给亚历山大的邮件里写道："当你们开始时，以'ZIP'为号。"亚历山大一直用心保护着蒙哥马利，不让他被不耐烦的丘吉尔唠叨。首相终于不用再漫长等待了，战役即将打响，"火炬"行动也将在2周后发动。

这次同盟国决心一举将轴心国从北非赶出去。

西线之战 / THE WAR IN THE WEST

第 31 章

"捷足"行动

阿拉曼防线现在到处布满铁丝网和反坦克地雷。整个区域从海岸延伸到盖特拉洼地,绵延长达 40 英里(64 公里)。北部是砂砾和野草,南部则是一马平川,只有一些不显眼的小山丘。更南边是车辆难以通行的断崖,断崖之后又变成了广阔的平原。

蒙哥马利的作战计划是在轴心国防线的北翼和南翼分别打出突破口,北翼被定为主攻方向。虽然那里也是敌军防守最严密的地段,但蒙蒂认为在南翼发起的任何攻势最后终究要掉头向北,不如集中力量沿着 10 英里(16 公里)的正面强攻敌军要害。这次行动代号为"捷足"(Lightfoot)。第 30 军担任主攻任务,他们的目标是突破对方阵线 3~5 英里(4.8~8 公里),抵达代号为"草酸"(Oxalic)的目标线。突破口由 2 个 8 码(7 米)宽的通道构成,工兵将在夜里开拓出这 2 条通道。构成英军装甲主力的数百辆坦克、卡车和火炮将通过这窄得不可思议的通道冲过雷场,然后作战。英军坦克将对抗德军坦克的反扑,而蒙蒂将通过所谓的"碾磨"战术消灭德军步兵。

第 13 军负责南翼进攻,其下的第 7 装甲师负责向纵深突破。被称作"战斗法国人"(Fighting French)的法国部队会在最南侧进攻防守那里的意大利人。这就是"捷足"的全部计划。

作战的成功与否和"玛丽"·坎宁安的沙漠空军部队和其他中东空军的表现关系密切。从数字上来看,并不乐观,轴心国有 595 架战斗机，而沙漠空军只有506架。不过，同盟国拥有充足的燃料、弹药和前线修理厂，而轴心国什么都没有。

蒙哥马利调集了数量充足的炮兵。在战役爆发前，他拥有908门野战炮，而德国装甲集团军只有200门。英军准备以炮火宣告战役打响。他们用20分钟的时间集中清除敌军的炮兵阵地，皇家空军的航空摄像不断，敌人的阵地情况被掌握得清清楚楚。英军炮兵提供弹幕掩护，呼啸的炮弹砸到进攻的英军步兵的前方，每3分钟火线向前延伸100码（91米）。这场战役的形式仿佛让人回到了上次大战。

蒙蒂从不在乎战术上的创新。他尤其强调坚强的领导，强大的火力，对手下这支征募来的军队必须要谨小慎微。战斗分为三个步骤，首先是"突入"，然后是"肉搏"（即"碾磨"战术），最后是"突破"，装甲部队在最后出场解决问题。他提醒部下，这将是场苦战，也许会持续1周甚至更长的时间。轴心国的装甲集团军虽然很虚弱，但防守方通常会拥有更多优势，比如数百万颗地雷。纪律森严的德军部队不太可能一遇到重压就挥起白手绢。

德军和意军部队混编在一起。步兵掘壕据守，非洲军被分散到长长的战线中。第15装甲师一部和第164轻装师负责战线北翼，和他们一起的是意军特伦托摩托化师和利托里奥装甲师，后者是意军屈指可数的三个装甲师之一。在整个防线的中段，沿着东西向布设了一条狭长的雷场，大约有10英里（16公里）长。在南翼的部队则包括第21装甲师、公羊装甲师和弗尔格师，后者是意军两个空降师之一。

在特伦托师服役的炮兵朱塞佩·桑塔里诺在战线北翼的米提里亚岭布防。他在散兵坑里已待了好几个星期，除了偶尔开几炮，大部分时间只是无所事事地瞭望、等待，尽可能地节约弹药。在过去那周里，敌军飞机变得异常活跃，预示着似乎有什么事会发生。即使有这样的预兆，当战役爆发时，他们仍然感到震惊。

桑塔里诺在夜里10点的时候正躺在自己的掩体里仰望美丽的月亮，忽然间，整个大地被火焰笼罩。他写道："如同电闪雷鸣一般，我目光所及之处全都燃烧起来。随着一声呼啸，有炮弹在我们附近爆炸了。"

地面在不断的炮击下颤抖，桑塔里诺感到自己五脏俱焚。趴在他旁边的战友佩托里乔浑身颤抖，庆幸自己当天早上刚加固了掩体。桑塔里诺蜷缩成一团，想到即将来临的恶战，这才意识到刚才紧张到连口水都忘了下咽。他写道："我努力尝试了一下，还是无法控制自己的身体。"

战场对面的阿尔伯特·马丁看到开火时犹如电闪雷鸣一般，在听到爆炸声之前就先看到了火光。他从未听到过如此巨大的声响。第2步枪旅现在归第1装甲师指挥，隶属第10军序列。后者是根据蒙哥马利的计划新组建的编制。蒙蒂在战役开始前也非常紧张，烟抽个不停。特德·哈迪此刻正随着第6澳洲师在战线北翼。在过去那周时间，他每晚都要匍匐到敌军阵地前排雷。现在，他看到炮弹不断砸向敌军阵地，激起飞扬的沙尘。他承认："我觉得他们很可怜。"

随着炮弹发射的频率快慢，天空时而泛起不同的色彩。操纵那900门火炮的士兵里包括自由法国军队的让·马蒂厄·鲍里斯，他之前由于患病被送到医院治疗，这天刚伤愈归队。仅仅在40分钟后，数百架飞机越过他的头顶扑向敌军阵地。1个小时后，他已在操纵25磅炮轰击对面的意军阵地了。

意军士兵路易吉·马尔凯塞就在对面忍受法军炮弹。炮击一开始，他就决定转移到一座更为坚固的掩体里，结果当他刚冲入掩体时，一阵炮弹砸了上来，掩护洞口的帆布被弹片、碎石穿成了漏勺状。他写道："现在，什么也做不了，只能等待，外面犹如狂风暴雨般可怕。"

托米·埃尔姆赫斯特在他的空军司令部帐篷里正给妻子写信："战役在5分钟前开始了，即使在上风向这里依然能听到雷鸣般的炮声。"21日的天气虽然糟糕，空战却仍在继续。22日，同盟国的战机已穿巡在德军位于达巴（El Daba）的基地上空，主动找Me-109求战了。这个战术奏效了：德军战斗机飞行员疲于应付对手的挑衅。比利·德拉克的中队以及戴尔·丹尼斯顿所在的美军第66战斗机中队在飞越达巴时发现下方有 4 架 Me-109。他们俯冲下去一举将对手全歼，德拉克击落了其中 1 架。埃尔姆赫斯特写道："我看我们狠狠地教训了隆美尔一顿，他的空军已从天上消失了。"

15 分钟后，炮击戛然而止，就和开始时一样突然。在开罗的亚历山大给首相发去电报："'ZIP'于当地时间 2200 时开始。"

阿拉曼战役的首晚战斗充满了混乱，一切并未按照计划那般顺利进行。当然，夜间通过狭窄的通道进攻本身就极具风险。当阿尔伯特·马丁出发时，整个形势已经变得混乱不堪。在漫长的阿拉曼防线上，所有的英军装甲部队都在争抢那狭窄的通道，步兵师也混杂其中。即使是步兵也不能顺畅通过，更别说坦克、火炮牵引车或是卡车挤过这个比网球场还狭窄的通道会遇到多大的困难了。白色的绳索用来标注通道，在路的两边还竖起了很多杆子，上面吊着壳体雕刻着月亮、星星和太阳形状的汽油桶，里面点着油灯。马丁边走边想，是谁搞出了这些有创意的油桶，还能在这么短的时间里布置好，简直是奇迹。

问题是硝烟很快就覆盖了战场，无论是马丁还是其他人都看不见那些灯笼，更不要说别的东西了。沙土飘浮在空中，往人的眼睛和喉咙里钻。战争之雾弥漫开来。坦克和车辆不停地相互碰撞，敌军的火炮数量虽然少，但此时也开始了回击。

意军中尉桑塔里诺对此并不认同。他试图反击，但英军的炮弹并未停下，周围不断有人伤亡。空气中弥漫着烟尘，带着烧焦的气味。战场上只能看到微弱的光线，只有爆炸的火焰才能短暂照亮四周。桑塔里诺写道："第 3 门火炮的炮手已经没救了，他的背部被撕裂，脚也断了，身体从炮椅上滑落下来。"桑塔里诺大声传令，但他几乎听不到自己的声音。当他的士兵吼着表示听到命令时，他感觉他们的声音"遥远得像来自坟墓一般"。

前来进攻的是谢尔伍德游骑兵们，他们大部分已装备了新型的美制"谢尔曼"坦克。斯坦利·克里斯托弗森少校指挥的 A 中队担任先锋，他们装备的还是偏轻型的英制"十字军"坦克，速度更快，防护偏弱。克里斯托弗森手下的 1 辆坦克还没开到出击阵地就由于水箱漏水而被迫返回。在等待进攻开始的那段时间,他让手下给坦克加满了油,并用发动机上方挂着的小壶热水泡咖啡。他解释:"只要发动机启动一小会儿,水壶里的水就会被烧开。"

他们再度出发,直到凌晨 4 点才抵达敌军首个雷场的位置,他们从新西兰师区域里的通道经过。半路上,他们停在了狭长的米提里亚岭的北段。克里斯托弗森从自己的坦克上跳下来,走到队伍的前面查看情况,原来前面设置了个临时卡口。由于前面还有雷场未被清理干净,所以部队必须停下来。他往前打量,敌军阵地里不断冒出火炮开火时的火光,以及曳光弹穿过夜空留下的光影。

他们在那里等待了一小会,师部就发来了命令,不惜一切代价突击。克里斯托弗森命令中队前进,步兵躲在"十字军"坦克的后面,做好了踩雷的心理准备。让他欣慰的是,部队安然通过了雷场,无人受伤。接下来,迎接他们的是机枪和反坦克炮火力。他们别无选择,只能硬上,此时的任何迟疑都会堵住后面部队通过雷场的通道。他们往南前进了 200 码(183 米),就撞上了德军的反坦克阵地,双方交火距离仅 50 码(46 米)远。穿甲弹呼啸而来,瞬间就有 5 辆克里斯托弗森的"十字军"被击毁,燃烧的大火照亮了黎明前的黑暗。

"'爱德华',本车被击中 2 次。坦克着火了,全员弃车。"带头坦克的车长山姆·加勒特(Sam Garrett)通过无线电呼叫,但他其实弄错了代号。在克里斯托弗森还没来得及回应时,团长"闪电"·凯莱特("Flash" Kellett)上校就吼了回去:"赶紧撤离,你是'金',不是'爱德华'!"当加勒特他们逃离坦克时遭到了德军的机枪扫射,尽管有人受伤,他们中的 3 人仍然成功逃到了安全区。

克里斯托弗森写道:"这是我一生中最糟糕的时刻。我无法前进,后面挤满了重型坦克,我不能转身拦住他们,旁边是雷场……我们只能待在原地。"在他们的顽强战斗下,敌军也有 2 辆坦克被击毁。

当晨曦降临战场时,敌军的火力变得更猛了。意军炮手桑塔里诺看到英军坦克向他们的阵地扑来。在他们开火的同时,德军坦克也赶

PART THREE / 盟军反击

来增援。第15装甲师发动了反击。意军士兵欢呼:"Viva il Re!(国王万岁)Viva il Duce!(领袖万岁)"桑塔里诺写道:"战场上响彻着坦克履带、机枪和88毫米穿甲弹发出的各种声音。坦克在沙地里驰骋,犹如军舰在波涛中前进一般。"

不远处,谢尔伍德游骑兵B中队的4辆"格兰特"被击中起火,坦克组一般把这个情况称作"煮开",很快,又有3~4辆"十字军"遭殃了。地上躺满了德军、意军和英军的尸体,殷红的血液四处流淌,苍蝇毫无顾忌地享受着这场盛宴。

桑塔里诺在意军阵地上很难分辨谁是谁,只要有坦克腾起了火焰,他的手下就会欢庆。他在日记里写道:"对他们来说,只要是燃烧的坦克肯定是英国人的。"有1辆坦克被击中后,又往前开了一段才停了下来。桑塔里诺看到有人想从里面爬出来,他被大火困住了。他写道:"很快,只剩下一团黑黑的残骸了。"

后来,他看到有些意军步兵开始逃离阵地,他们声称自己的侧翼已洞开。有炮组指挥官要求撤退,说炮弹已接近用完。他的指挥官要求大家坚守阵地,还说要将撤退的人枪毙。

谢尔伍德游骑兵的A中队和B中队坚守阵地,以保障后面的部队能从雷场通道里后撤回去。虽然,白天更容易看清楚雷场通道,但也会让自己更直接地暴露在敌军火力面前,凯莱特上校命令部队退回米提里亚岭,所幸的是在撤退过程中未遭受太大伤亡。这真是艰难的一个晚上。

托米·埃尔姆赫斯特在沙漠空军司令部写道:"紧张地等待着前线的消息,有好有坏,陆军的计划从未有百分之百成功。"步兵成功到达了距离"草酸"目标线1 000~2 000码(914~1829米)的位置,但第10军在狭窄的通道里显然不能施展拳脚。谢尔伍德游骑兵的经历几乎在各个通道口上不断重复上演,由于时间的延误,没有足够的装甲部队在破晓前形成突破。

战场上呈现出胶着态势。仍被困在雷场中的阿尔伯特·马丁和他的步兵战友们只听到了零星的消息。他们以往的作战方式是发现敌军、交战、前进,而现在却不能动弹。他写道:"战役中,我们周围险象环生,不停的爆炸导致伤亡不断,但我们却找不到攻击目标。"他和战友们不明白为什么没有反攻。

尽管蒙哥马利试图利用烟雾、音箱和焰火隐藏自己的主攻方向,但轴心国指挥官并未被蒙骗。装甲集团军的情报官对英军的动向把握得很准,并成功预测了英军可能会利用10月的满月夜发动进攻。不过,即使这样,装甲集团军却仍有如此多的高级军官选择在这个时候休假,除了少数人因健康原因不得不离开,其他选择此时离开部队的军官实在令人费解。轴心国部队在那个早上陷入了某种程度的混乱,但这并不是英军造成的。

隆美尔的临时继任者施托姆(Stumme)将军在当天早上离开装甲集团军司令部,到面对澳军的前线地段视察雷场被突破的程度。他刚下车就遭到了冷枪袭击,他的司机在慌乱中开车加速逃离,却没注意到将军被车挂住了。施托姆突发心脏病,从车上掉下后死去。直到次日,人们才找到他的遗体。

非洲军军长李特·冯·托马(Ritter von Thoma)将军随即接过了指挥权。他立刻扭转了装甲集团军群龙无首的混乱状况。他此时面对的情况是部队极度缺油,即使还能调拨的燃料储备也远在班加西。有艘油轮预计在10月26日会停泊到托布鲁克,如出现意外,前线的局势将会再度陷入绝望。鉴于此,冯·托马决定不能将燃料浪费到反击策略上,应尽可能地利用现有阵地坚守以节约燃油消耗,减少战争的变数。

与此同时,蒙哥马利正尝试用自己获得的零散信息拼凑出整体战况。在最南翼,法国外籍军团发动的进攻失利,第7装甲师没能突破雷场,但成功牵制住了第21装甲师和"公羊"师。到傍晚,他获知步兵伤亡惨重,装甲部队的攻势也停滞了。他发布了新的命令。进展不错的澳洲师将继续消耗敌军的有生力量。新西兰人从米提里亚岭往南突破,第10军重新组织力量去打通通道,目标是突入后面的开阔

PART THREE / 盟军反击

沙漠地带。在南翼的第 7 装甲师被命令再次尝试突破。

澳洲师简直不敢相信，他们又打头阵了。这意味着特德·哈迪他们需要再次在黑夜里匍匐到两军之间去清除地雷。即使在不受干扰的情况下进行排雷也是件危险的任务，别说还要面对枪林弹雨的威胁。第 51 高地师也在努力前进，为第 1 装甲师开道，战斗中他们依然未放弃演奏风笛。阿尔伯特·马丁注视着他们，风笛那独特的乐声穿透了战场上的各种杂音，士兵们在音乐伴随下走入硝烟。

谢尔伍德游骑兵们再度出动，他们在当天下午打退了德军坦克的小规模反攻。当晚，斯坦利·克里斯托弗森爬上坦克时，一枚炮弹正好在他头顶爆炸。他立刻闭上眼睛，但鼻血流了出来，身上出现了多处伤口。他已算非常幸运了，他被医护兵简单包扎后送回了亚历山大养伤。

谢尔伍德游骑兵在整队出发没多久就被堵上了，从头到尾堵得严严实实，无法动弹。这时，出现了德军的"斯图卡"，对他们防护最薄弱的燃料和弹药运输队发起了进攻。20 辆卡车陷入了火海，这是德国空军难得的几次成功袭扰。工兵发现，德军的雷场布设得比他们预期的更密集和宽广，这又是个糟糕的夜晚。

10 月 25 日，凌晨 3 点 30 分，陆军司令部显然陷入了危机。很明显，第 10 军已丧失了进攻的势头，伤亡迅速增加。蒙哥马利要求他们不惜一切代价，全力推进。南面的第 13 军表现也不尽人意，只有澳大利亚人取得了不错的进展。因此，在弗莱贝格将军的建议下，蒙哥马利决定改变方案，将装甲力量和摩托化炮兵派去增援澳洲师以扩大战果。这是明智的举动：当晚，他们横扫了轴心国的阵地，在被称作 29 高地的山崖附近建立了突破口。

当沙漠战役进入高潮时，马克·克拉克少将正在前往阿尔及尔的惊险之路上。艾森豪威尔将军在伦敦有整整 3 天时间没听到任何新的消息，担心坏了。他终于在 10 月 24 日（周六）的午夜得知他朋友安全返回了直布罗陀。次日下午，克拉克走进了艾森豪威尔在伦敦郊区租住的小屋，看起来一切顺利。

克拉克讲述了这段传奇般的经历。他们搭乘英军潜艇"撒拉弗"号（HMS Seraph）顺利来到阿尔及尔外海，他们在那里等待了36个小时后才通过潜望镜看到岸边接头地点的安全屋发来的白光信号。按照维希法国将军马斯特的要求，克拉克带了4名负责作战计划、后勤、民事方面的参谋军官，其中包括克拉克的得力助手莱曼·莱姆尼泽（Lyman Lemnitzer）准将，后者担任作战处处长。

得到安全的信号后，克拉克他们一行人在3名英军突击队员的保护下乘坐折叠帆布船登陆。

马斯特将军带着他的参谋军官在那里等着他们，美国大使鲍勃·墨菲也在场。克拉克表明他们是带着互信来的，双方必须坦诚相待。克拉克承认，在这之后他就开始闪烁其词了，比如他一直未提到具体的行动时间，这让马斯特感觉"火炬"行动仍停留在设想阶段，并不是即将发生的事。马斯特把部队的具体部署以及海岸火炮的位置和盘托出。马斯特表示，最大的麻烦可能来自法国海军，他并不信任达尔朗并建议同盟国要当心后者。克拉克也强调，吉罗不可能担任盟军指挥官，但可以考虑授予他法属北非的总督职务，马斯特可以担任同盟国远征军的副总参谋长。马斯特对于这些提议非常满意，也同意英军参与到行动中来。

克拉克一行人于晚上10点登陆，他们一直畅谈到次日清晨。克拉克起身去厕所时，有消息说警察得到了当地阿拉伯人发现海滩上脚印的报告，正准备前来检查这里的房子。美国人和英国突击队员赶紧藏入地下室，克拉克听到警察进屋后，打开了手里的卡宾枪保险。屋主宽慰他们，不会有事。这时，有位英军突击队员开始咳嗽，克拉克将自己嘴里正在嚼着的口香糖塞给了对方，果然缓解了他的咳嗽。那人很快问道："你还有新的吗？"

"怎么了？"克拉克小声说。

"因为这块没味道了。"

他们很幸运，警察并未检查地下室。显然，他们应该离开了。当

PART THREE / 盟军反击

他们回到海滩时，发现海水正在涨潮。他们不管如何努力地划船，还是被冲回岸边。克拉克的裤子也被海浪冲走了。他们只能回到安全屋找主人先借了条裤子，躲到了附近的树林里，等待潮水平静。虽然有些当地人看到了他们，但并未出事。他们抓住机会赶紧划艇回去，潜艇也开到了离岸边只有半英里的地方接应他们。他们安全登艇后，顺利地回到了直布罗陀。

克拉克相信马斯特已站在了他们这边，不可能反水。因此，艾森豪威尔决定于 11 月 4 日公布在 4 天后进行的登陆作战。达尔朗的态度仍然存疑，但这个冒险是值得的。谜底很快就将揭晓。

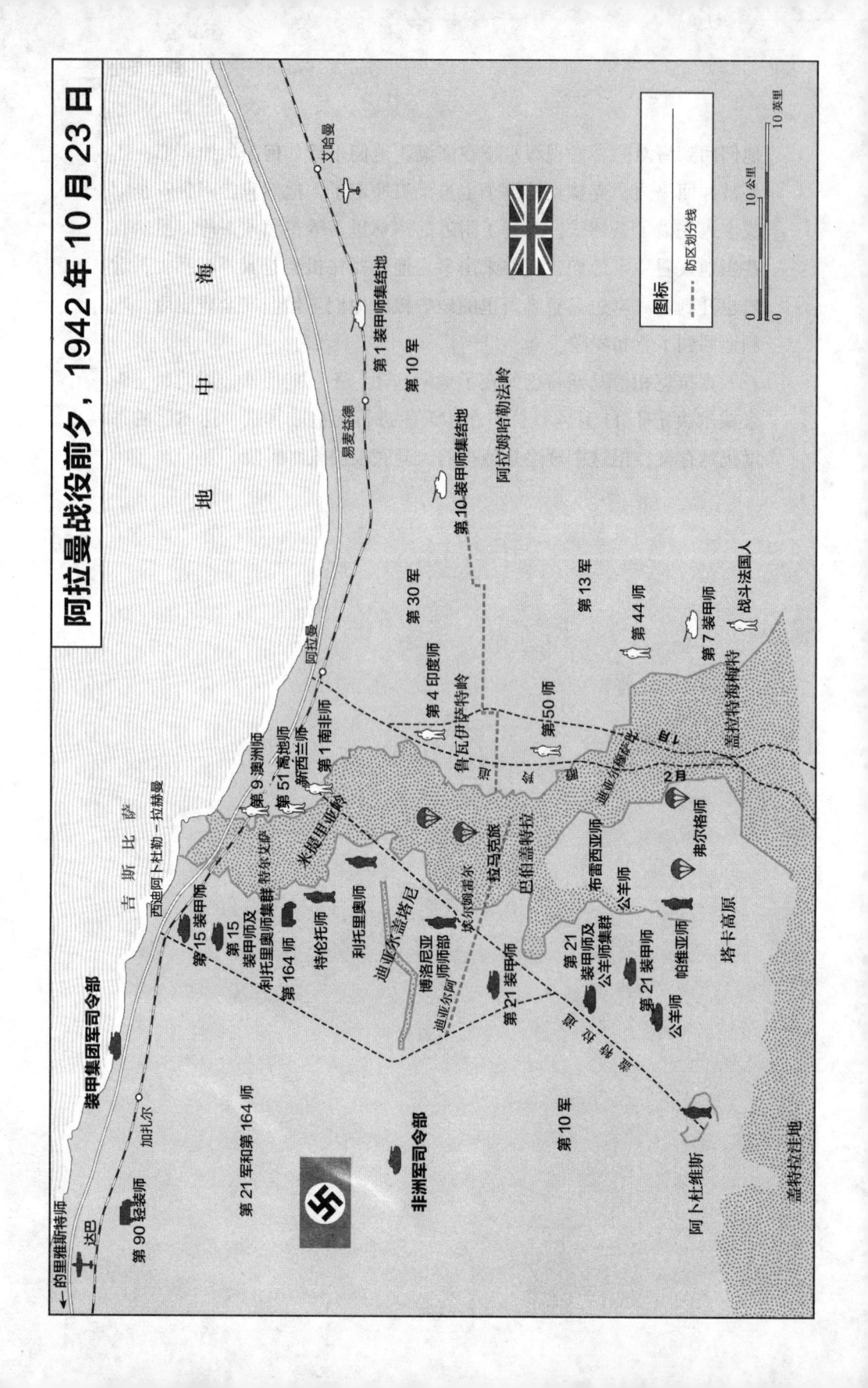

阿拉曼战役前夕，1942年10月23日

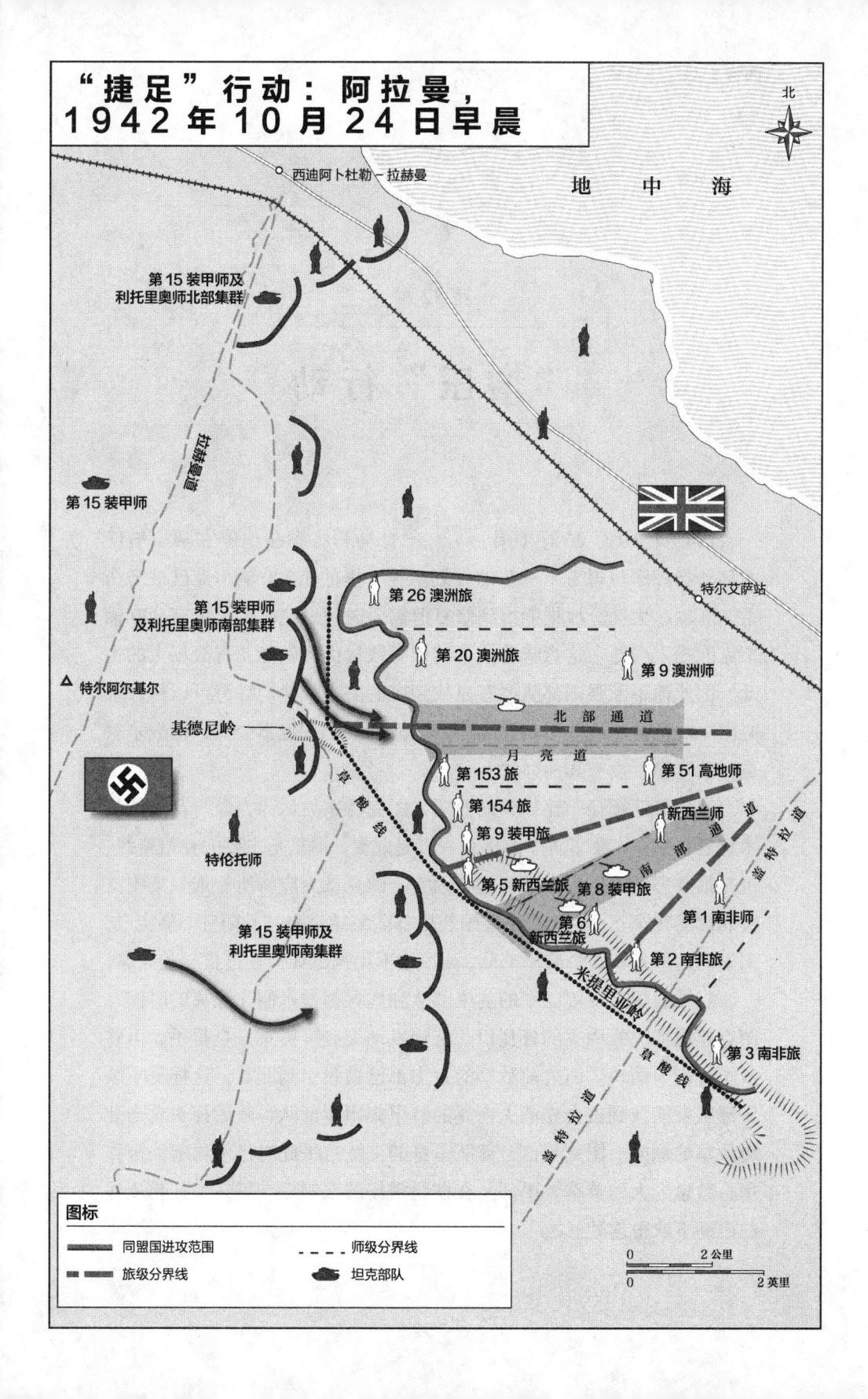

"捷足"行动：阿拉曼，1942年10月24日早晨

北

地中海

西迪阿卜杜勒-拉赫曼

第15装甲师及利托里奥师北部集群

拉赫曼道

第15装甲师

特尔艾萨站

第15装甲师及利托里奥师南部集群

第26澳洲旅

第20澳洲旅

第9澳洲师

特尔阿尔基尔

基德尼岭

北部通道

月亮道

第153旅

第51高地师

第154旅

新西兰师道

第9装甲旅

南部通道

特伦托师

第5新西兰旅

第8装甲旅

第1南非师

第6新西兰旅

第2南非旅

第15装甲师及利托里奥师南集群

米提里亚岭

盖特拉道

第3南非旅

图标

同盟国进攻范围	师级分界线
旅级分界线	坦克部队

0　　2公里
0　　2英里

第32章

"增压"行动

1942年10月26日（周一）。蒙哥马利将军在他停在阿拉伯堡的移动指挥车里思考下一步的计划。他手里的1 200辆坦克已被击伤了300辆，大部分战损能得到修复但需要时间。此时，他仍有900辆坦克能投入战斗。这意味着他单纯依靠数量优势就能获得战场上的主动。因此他不断强调部队要有血战到底的决心，他们终将可以粉碎轴心国军的抵抗。这并不是什么巧妙的战术，伤亡也不会低，但战争就是如此冷酷，没有其他办法。

或者另辟蹊径？比如弗朗西斯·图克将军就认为，蒙哥马利的战术计划很糟糕。敌军防守的重点一直是北翼，那里是主要的补给路线，也是最要害的地点。考虑到这个因素，图克认为应将所有炮兵集中支援北部的狭窄正面，逼迫轴心国装甲部队集结过来被动防守。事实上，那里的地形并不适合装甲部队，英军也不用顾虑如何通过雷场的问题。

当轴心国装甲集团军的装甲部队和炮兵都被牵制在北翼的时候，图克建议在战线中央的鲁瓦伊萨特岭发动突袭。英军一旦得手，可将敌军分割为两块。而之前敌军的主力都已被吸引到北翼，这样英军装甲部队就能找到机会先消灭南翼的装甲集团军部队，随后掉头攻击北翼敌军的侧面。图克相信，部队本身的训练水平此时已不再起关键作用，数量庞大的英军装甲部队在摆脱雷场的限制后，可在摩托化步兵的协助下取得速胜。

PART THREE / 盟军反击

鲁瓦伊萨特岭的地势比北部更平坦，且为石质路面而非沙地。有利于英军的是，轴心国军向西延伸布设的雷场现在能保护英军装甲部队的北翼，这让他们消灭南部敌军的时候没有后顾之忧。

图克和蒙蒂的想法的最大不同在于"捷足"行动里的火力分配。总共900门火炮里只有400门用在了北线的主攻方向，剩下的500门火炮还有300门用在了第13军在南翼发动的佯攻上。桑塔里诺等意军虽被打得很惨，但他们并未被歼灭，他们的火炮还能回击。英军用在北线的400门火炮的威力稍显不足，如能调整为750门会更有效。

部队使用的方式确实令人难以理解，战争艺术的核心是如何集中优势力量决战。加扎拉战役的失败原因之一是第8集团军的分散使用，但蒙哥马利的计划不但将火力沿着漫长的战线散开，在具体微观使用上也做不到集中。比如，北翼的400门火炮分配给了4个进攻师，各有100门。平均10英里（16公里）的战线上，每45码（41米）1门。事实上，如能计划得更周密一些，集中750门火炮在5英里（8公里）的突破口上，将足以给对手带来毁灭性打击。

在阿拉姆哈勒法战役中，蒙哥马利明智地将炮兵和空军形成了强大的合力。但到了10月，他似乎忘掉了集中力量这样的基本作战准则。英军炮兵的素质普遍较高，他们的训练水平和技术能力都是一流，保持了一战以来的一贯素质，但他们的作战潜能却未被完全发挥出来。

奥利弗·利特尔顿在几个月前提到的3.7英寸火炮依旧没被调到前线使用。轴心国的轰炸机已数月未光临过尼罗河三角洲的机场和军事设施了，巨量的高射炮摆在那里无所事事。哪怕是将开罗附近的200门高射炮调一半到前线也能发挥巨大作用。毕竟，对面的轴心国装甲集团军总计只有200门火炮。蒙哥马利已让第8集团军脱胎换骨，但在战术创新层面还未突破。

希特勒一听到英军进攻的消息，立刻给还在赛默林（Semmering）疗养的隆美尔打电话，询问他是否能返回埃及指挥作战。隆美尔并未完全康复，他立刻登机返回了北非。他于10月25日夜抵达前线，冯·托马和拜尔莱因给他详细汇报了战争局势。冯·托马表示，所有的预备队都用上了，第 15 装甲师当天就发动了反击。冯·托马说："他们受到了严重的损失，敌军火炮的威力太大，英国皇家空军的轰炸也很频繁。当天晚上，部队只剩 31 辆仍能作战的坦克，前线仅有少量燃料。"

虽然报告听起来很绝望，但隆美尔仍决心将敌军打退，重新稳住防线。北翼显然是双方争夺的焦点，因此他命令南翼所有的装甲部队全部北上。蒙哥马利也发布了同样的命令，他在指挥车上理清了思路，炮兵和空军足以消除对方反攻的势头，他决心打出全力一击。双方的动作表明，南翼的战斗已暂时平息了。英军第 7 装甲师、新西兰师以及第 10 军一半的装甲部队被抽离前线，进行总攻准备。

澳洲师在北翼作战很成功，因此奉命继续拓展战果。他们身后留下的空隙由第 51 高地师跟上填补。之前没有参战的南非师被用来填在新西兰人和苏格兰人之间。图克的第 4 印度师依旧处在防守态势，没有作战任务。所有部队的调动于 10 月 28 日早上完成。

第 1 装甲师仍旧尝试通过之前夺取的轴心国所称的 28 高地，这里被英军称为基德尼岭（Kidney Ridge）。第 2 步枪旅在这里的战斗中发挥了重要作用。

桑塔里诺中尉和他的战友们听说隆美尔回来了都很兴奋。他写道："大家对他的信任达到了顶点！为什么？因为我们能看到他在坦克里经过我们的炮兵阵地，出现在战斗的最前线。这难道不能让我们的其他将军们惭愧吗？"

情况危急万分，在桑塔里诺看来，最大的威胁来自英国皇家空军。无休无止的空袭让人崩溃，他感觉皇家空军无处不在。曾有一次，他以为自己听到了"梅塞施米特"战机的呼啸声，抬头一看是英军战斗机冲了下来投炸弹。

唯一能让大家提振士气的是"斯图卡"俯冲轰炸机在当晚终于出现在前线，轰炸了对方阵地。无数曳光弹朝它们射去，炸弹一枚枚被投下并爆炸。意军士兵对此兴高采烈，有些人甚至跳出了战壕，当"斯

PART THREE / 盟军反击

图卡"俯冲时，他们也张开手臂模仿飞行的动作。当机群返航时，意军士兵也在点数，让大家高兴的是这次进攻没有任何飞机被击落。

现在，失去了步兵保护的炮兵处在了危险中，他们要独自守住防线。桑塔里诺也要执勤警戒，他们知道对面的澳洲人随时可能发动进攻。晚上10点，有消息传来，这让他们感到为难。英军坦克似乎已突破了防线，德军坦克通过他们阵地前去拦截。现在，意军炮兵是该坚守阵地，还是撤回沙漠？他们的几个军官碰头商议后，决心留守阵地。桑塔里诺回到自己的散兵坑执行"可悲的守夜"。他写道："皇家空军总能得到胜利。"

10月26日下午，阿尔伯特·马丁和他的战友得到了新的命令，结束了排雷任务，他们将发动夜袭，夺取敌军在基德尼岭附近的两处工事。次日晨，2个装甲旅将以这里为基地，向西发动进攻，以夺取重要的西迪阿卜杜勒－拉赫曼道（Sidi Abd el Rahman track），这是通往轴心国后方阵地的重要补给通道。第2步枪旅的目标代号为"鹬"，皇家国王步枪团（King's Royal Rifle Corps）的目标为距离这个据点1英里（1.6公里）远的"丘鹬"。

计划在纸面上总是显得简单，但对马丁他们来说意味血战。敌军在夜晚的火力依旧猛烈，他们在进攻时遭遇了上百名敌军工兵，还消灭了一队坦克。晨曦来临，他们发现自己已深入轴心国阵地。实际上，他们闯入了敌军装甲部队的集结地，也是隆美尔为了准备反攻而抽调出来的部队集结地。

天亮后的交火更为激烈。英军装甲部队如约而至，但在15分钟内就有7辆"谢尔曼"被击毁，燃起了熊熊大火。步兵只能靠自己的6磅炮进行抵抗，他们缺乏观测指挥官指引火力，也缺乏军医治疗伤兵。他们派出装甲运输车求援，要么被击毁，要么无法冲出，敌军火力非常凶猛。

显然，步枪旅现在面对的是敌军主力。双方的炮弹你来我往，谁也不会认输。到处是坦克燃烧后的残骸，破碎的零件和乘员的尸骸散落在周围。浓密的黑烟混杂着双方施放的烟雾充满了战场。混杂着硝烟、烧焦的橡胶、沙尘和油料的气味让人难以呼吸。阿尔伯特·马丁写道:"从新兵的角度来看,这样的场景让人不知所措。"他并不知道当下的局势,只是感觉到德国非洲军至少投入了一半的兵力在对付他们。

敌军装甲部队确实在筹备反击,并在前线不断打击英军第 1 装甲师的坦克。英军步兵坚守的 6 磅反坦克炮阵地让他们惊讶,这破坏了他们原有的计划。德军必须得尽快拔出这根肉中刺。德军和意军的坦克开始向"鹬"发动冲击,但英军炮手沉着应战,很快击毁了 8 辆敌军坦克。英军步兵的损失很惨重,到了上午,英军阵地上只剩下 13 门火炮,有 6 辆输送车陷入大火。

之间,沉寂了一会儿。一群意军坦克于下午 1 点从西南方向发动进攻。英军步兵此时的弹药已经不足,只能将 1 门 6 磅炮拉到后方作防守。在他们击毁 6 辆敌军坦克后,汤姆斯中尉驾驶吉普横穿阵地,冲到被击毁的火炮边捡回了几枚炮弹,使这门火炮又发射了 3 轮。剩下的 3 辆意军坦克也被消灭了。

当天下午,英军装甲部队再次前压。这时,突然有一队德军坦克从"鹬"的北方出现。看到这一情况的阿尔伯特·马丁简直不敢相信自己的好运气。这简直是送上门的活靶子,9 辆敌军坦克被击毁,尽管本方又损失了 2 门 6 磅炮。到下午 5 点半,剩下的德军坦克开始撤退。

"鹬"之战并未结束,之后又有 15 辆坦克从东南方向袭来,阿尔伯特·马丁他们还有 3 门反坦克炮,每门只有 10 枚炮弹。英军步兵把德军坦克放到 200 码(183 米)的距离内才开火。3 辆坦克被立刻击中,动弹不得并燃起大火。马丁他们将那些逃出着火坦克的德军乘员逐个击毙,剩下的 9 辆坦克被迫后撤,他们在找到掩体后继续向英军阵地开炮。天很快黑了,晚上 10 点 30 分,英军的弹药已耗尽,他们看不到增援的希望,带着仅剩的 1 门 6 磅炮撤离了阵地。

战场上留下了 70 辆坦克和自行火炮的残骸,其中只有 7 辆是英军的。在"鹬"据点战死的英军非常少：阵亡14人，失踪1人。他们就躺在战场上，旁边是被炸毁的火炮和用完的弹药箱。轴心国部队在晚上将一些受损的坦克拖回去维修，到早上时还有32辆受损坦克留在阵地上，其中22辆是德军的。"鹬"之战表明了经验丰富、训练有素的部队可以起到多么大的作用。这也再次证明了，强火力火炮在沙漠战里的有效性。

地面上的英军得感谢皇家空军的帮助。第21装甲师在当天早上准备发动反击时，他们不断遭遇到皇家空军的地毯式轰炸。托米·埃尔姆赫斯特写道："我们2个轻型轰炸机联队表现出色，总计飞行了200个架次，在敌军装甲师集结反攻的时候狠狠打击了他们。"比利·德拉克和他的第12中队出动了一整天，在给轰炸机护航时还击落了1架意军的马基-202。他们完全掌握了制空权，能随心所欲地进行轰炸。他们那可怕的破坏力让像桑塔里诺这样的意军官兵闻风丧胆。后者在次日日记里写道："英国皇家空军总能获胜。"

27日夜，隆美尔策划的反攻显然失败了。更糟糕的是，失败的反攻耗费掉了宝贵的燃油和剩余的坦克。他们也取得了一些成功，比如在次日占领了"丘鹬"据点，消灭了第4皇家苏塞克斯团，俘获了342人。但澳洲部队仍沿着海岸坚定推进，一点一点地把轴心国装甲集团军群消耗掉。

蒙哥马利计划的作战并未按照他预料的那样发展，但作战过程确实如他预料的那样激烈，使用炮兵和空军缓慢地将敌军慢慢消耗掉。

10月29日早上，亚历山大将军带着中东国务大臣迪克·凯西拜访了蒙哥马利位于阿拉伯堡的战术指挥部。伦敦流传着蒙蒂已撤兵的谣言。亚历山大和他的这位陆军指挥官进行了单独谈话。后者正准备下一阶段的作战计划，代号"增压"行动，希望以此终结战斗。计划整体上与"捷足"类似：步兵在火炮的掩护下发动夜战，休整完毕的装甲部队跟上去完成突破。这次的通道有3英里（4.8公里）宽，雷场也没有之前的密集。更多火炮能被调集过来，这让图克将军非常欣慰。

这个目标更明确的计划显然是正确的，但亚历山大担心的是蒙蒂计划的突破口依然是澳洲部队所处的最北翼。亚历山大通过破译的情报知道，德军作为预备队的第 90 轻装师刚刚抵达这个区域。亚历山大并不喜欢越权指挥，也不想让蒙哥马利觉得自己干预了他的计划，因此让他的参谋长迪克·麦克科雷利（Dick McCreery）向蒙蒂的情报总监费雷迪·德冈甘透露了德军动向，希望以此让集团军指挥官认为修改方案出于他自主的想法。这招果然奏效了。蒙哥马利写道："我决定将原有通道的北面作为突破口。"亚历山大放心了，这是战役里最重要的决定。他在次日给丘吉尔写信，表明一切都在掌握中。

与此同时，为执行"火炬"行动发出的 3 支庞大舰队已在路上了。鲍威尔兄弟和宾·埃文斯都在首波进攻部队里，他们从英国出发，另有一些部队是从美国跨洋而来。

马克·克拉克少将自阿尔及尔回来后，就忙着落实行动计划。也有不少人对他冒险任务的详情非常感兴趣。10 月 29 日，他和艾森豪威尔觐见英王乔治六世，此行的目的也是为了向国王告别，因为他们即将飞往直布罗陀新总部指挥北非作战。国王对克拉克说："我知道你，你就是那个经历了奇幻旅程的人。顺便问一句，你在沙滩上没穿短裤时被晒黑了吗？"

克拉克也在安排如何将吉罗将军从法国南部安全带往非洲。后者虽然态度很配合，但要求必须由美国潜艇来接他。美国海军并没有舰只在地中海，最后双方折中同意让美国海军军官来临时指挥英军潜艇"撒拉弗"号，这正是之前运送克拉克往来阿尔及尔的那艘潜艇。

罗伯特·墨菲仍旧待在阿尔及尔传递情报。他还没能和达尔朗的代表见上面，但他获知达尔朗对维希法国报告说北非不会遭到袭击。这绝对是个好兆头。

变化总比计划快。11 月 1 日，墨菲表示吉罗和马斯特商量好了要到 11 月 20 日之后才能离开法国。墨菲向罗斯福建议，推迟"火炬"行动。这显然不可能，庞大的舰队已如箭在弦，无法收手了。墨菲被告知，"火炬"行动会按计划进行，让他随机应变，潜艇会在约定地点等待吉罗到来。次日（11月2日），克拉克和艾森豪威尔与丘吉尔共进午餐后，登上火车前往伯恩茅斯。当他们正要出发时，传来了好消息。吉罗会立刻登艇离开，并按计划在直布罗陀碰面。克拉克写道："我们在乐观的气氛中出发。"

回到沙漠，"增压"行动于11月1日发动，拉开序幕的依然是皇家空军。他们沿着拉赫曼道打击轴心国阵地，尤其是特尔阿尔基尔一带。大部分轴心国装甲部队都集结在这里。他们整整轰炸了7个小时，造成了6次巨大的爆炸以及不少的起火点。他们轰炸了非洲军的前线指挥部，摧毁了他们的电话通讯系统。弗里茨·拜尔莱因上校记得他们在那天下午被攻击了多达34次。他写道："天空被数百架英军战斗机笼罩，数不清的战斗轰炸机不停地扫射我们开在海岸公路上的补给车。"此时的轴心国军队大约还有90辆德军坦克以及100辆意军坦克。第8集团军有超过800辆坦克。

"增压"行动的炮火准备于11月2日凌晨1点05分打响。阿尔伯特·马丁所在的第2步枪旅再次承担了雷场的开道任务，这让他们很不开心。在"鹬"作战结束之后，他们认为自己应该能休整一下了。他们在那个周一上午的9点30分到达了特尔阿尔基尔北方的集结地，此时的他们已补充了崭新的运输车和6磅反坦克炮。

90分钟后，谢尔伍德游骑兵团及第8装甲旅的其他部队将能顺利地通过雷场，唯一的麻烦是烟雾太大，难以分辨自己所处的位置。斯坦利·克里斯托弗森少校已经康复，重新指挥A中队作战。他向旁边的炮兵问路，他们也不知道，只是给他端上来一杯"尚可接受"的热茶。

他们向前推进，经过那些战死英军和意军士兵的尸体，上面已盖了一层浮沙。他们和斯塔福德郡义勇军会合后短暂停顿，救护车前来接走伤员。被击毁的坦克残骸冒出的黑烟直冲天空。奇怪的黄色烟雾笼罩在战场上空。敌军坦克冲了出来，游骑兵们对之开火，击毁了2辆。

他们在那里待到当天下午，然后收到命令返回出发阵地补充弹药和燃料。A 中队在返回的路上遭遇炮击，2 辆"十字军"坦克被命中，2 人被在头顶爆炸的炮弹击毙，溅起的鲜血洒在了旁边坦克的炮塔上，必须要清洗一下。不管怎样，他们当天的战斗任务完成了。夜幕降临，他们开始扎营过夜。

"增压"行动如蒙哥马利计划的那般顺利，这一轮新的打击将轴心国装甲集团军打散了。桑塔里诺在日记里写道："死亡之日。"位于海岸边西迪阿卜杜勒—拉赫曼前线指挥部的隆美尔意识到形势已无法挽回，英军主力还未真正压到战线北翼。他于次日晨叫停了第 90 轻装师的反击行动，这让对面已孤军苦撑的澳大利亚人总算缓了口气。在被称为"茶碟"的区域，双方展开了残酷的近身肉搏，但战场上还是有人性闪光的地方，德军和澳军的军医在一座被称为"木屋"的老房子里互相配合，治疗两边的伤员。

非洲军被调往南翼，但新发起的 2 次反击均遭到了失败。117 辆德军和意军坦克被击毁，主要为同盟国轰炸机密集编队造成的损失。天黑了，整个战线的态势逐渐明朗，盟军的战役获胜了。图克将军当晚写道："蒙蒂已抓到了隆美尔。"

隆美尔也意识到了危险，下达了总退却的命令，否则部队有被分割消灭的危险。他明白，撤退命令很容易被最高统帅部误解，因此让他的副官伯恩特少尉带上说明材料前往希特勒位于狼穴的指挥部。隆美尔叮嘱他："将我们的情况向元首清楚地说明，表达我们已输掉了非洲战场。争取让装甲集团军获得完全的行动自由。"

与此同时，轴心国的撤退全面开始了。南翼的弗尔格师开始从阵地撤离。路易吉·马尔凯塞和他的战友们正在穿越沙漠后退，后面传来了劝降的广播，他们并未理睬，继续向杰布卡拉退去。桑塔里诺和其他炮兵于当晚 10 点接到撤退命令。他们所在的特伦托师收拾家当，准备连夜撤往富卡方向。卡车是凌晨 3 点来的，这比他们预期的要晚。桑塔里诺回头看了一眼那些他们从战役开始就坚守的阵地，喃喃道："你们这些沙子应该尝够了我们汗液的苦涩了吧，尝够了我们最好勇士的鲜血，见证了一场史诗般的战斗。"

PART THREE / 盟军反击

隆美尔在当天（周二，11月3日）上午给妻子写信："亲爱的露，战役情况对我们非常不妙。我们被优势敌人压垮……我在晚上睁眼躺着，绞尽脑汁想为我那可怜的部队找到摆脱困境的出路。我们正面对着的困难，也许是人类能忍受的极端了。死者是幸运的，他们不用再为此烦恼。"

早上9点，他沿着海岸公路开车前往前线指挥部。大批车辆堵在路上。10点，他接到冯·托马和拜尔莱因的报告，他们只剩下30辆坦克了，而英军在特尔阿尔基尔几乎将他们合围。他们希望非洲军能暂时拖住英军装甲部队，让意军有机会逃走。

英军第2步枪旅匆忙奉命发动对特尔阿尔基尔的夜袭。他们正从拉赫曼道往回机动时，遭遇了20架"斯图卡"的进攻，不过英军的反坦克型"飓风"也出现了。他们击落了2架德机，并逼迫其他"斯图卡"慌乱地扔下炸弹逃命，炸弹正好扔到了轴心国的阵地。

整个德军防线在接近中午的时候迅速崩溃，隆美尔也在此时接到了希特勒的回复。希特勒电报里说："在当前情况下，你必须死守，不得撤退一步，将每门炮和每个人都投入到战斗中去。尽管敌军现在拥有数量优势，但对方也快支撑到极限。历史不止一次地证明，狭路相逢勇者胜。你必须让部队明白，不胜利，毋宁死。"

功勋卓著的隆美尔称这简直是疯了。拜尔莱因写道："当我们看到这份命令时，感觉自己像被判了死刑，只能再活48个小时。"隆美尔说："我们被完全震惊了。"他们试图在原防线以西几英里的拉赫曼道上重新组织一条新防线，但那些已经西撤的部队如何能有效叫回？撤退一旦开始，就不是希特勒的命令能控制的了。

特伦托师加入了其他意军西撤的洪流。桑塔里诺在晚上也没停下撤退的步伐，同盟国空军的曳光弹和轰炸一直持续着。他在日记里写道："一切都混乱不堪，什么都不清楚，我们走走停停，一辆接一辆的卡车钻进了浓密的扬沙。"长长的车队在沙漠上形成了壮丽的情景。桑塔里诺并不知道部队在往哪里行走，他只知道逃得离敌人越远越好。

当天早上，弗里茨·拜尔莱因上校发现他的长官，也就是德国非洲军指挥官冯·托马将军第一次把所有的勋章和徽章都佩戴整齐，穿上了笔挺的军服。这让他一下感觉到了末日般的气氛。冯·托马告诉他："拜尔莱因，希特勒的命令就是疯人呓语。"他命令拜尔莱因率领指挥部后撤到达巴。他本人会留在特尔阿尔基尔，指挥非洲军的残存部队抵抗。

那天上午，战役进行到尾声，图克将军的印度师占领了德军阵地。当蒙哥马利得到消息表明南翼意军开始撤离阵地时，他立刻命令图克下辖的第5旅加入高地师，在特尔阿尔基尔以南的雷场打通一条装甲部队可以通过的道路。

行动进行得很顺利。部队在炮火后进攻，早上7点已穿过了雷场。战场上一度变得非常安静，只有些轻武器的声音。忽然间，英军阵地里变得嘈杂起来，声音一浪高过一浪。然后，英军坦克一下子从尘土中冲了出来，向北驶去。

上午11点，拜尔莱因得知非洲军已被全歼。他钻进小型装甲侦察车，向东驶去。忽然有炮弹擦过他的车壳，原来前面出现了几辆英军坦克，他立刻跳出车子，向特尔曼斯普拉（Tel el Mampsra）狂奔。那里充满了死亡的气息，燃烧的坦克、炸毁的高射炮，没有一点生气。他躺倒在地，向四周打望，看到有人直挺挺地站在200码（183米）外一辆燃烧的坦克旁，似乎从身边呼啸而过的炮弹不存在一般，那就是冯·托马将军。拜尔莱因看到"谢尔曼"坦克围拢过来，应该是谢尔伍德游骑兵和第1装甲师的坦克。他作了激烈的思想斗争，这时逃跑已成为懦夫行为，在如此猛烈的交火中移动如同自杀。

忽然间，交火停止了。冯·托马仍旧站在那里，手里提着一个帆布包。有辆"布伦"运输车向他驶去，身后跟着"谢尔曼"。英军向将军作出手势，然后将其俘虏。拜尔莱因趁这停歇的功夫拼命跑开。原来的车子已找不到了，他成功地搭上了另一辆车，向西撤去。在他指挥部的南面，可以看到大量车辆驶过掀起的扬尘。

阿拉曼战役结束了。

PART THREE / 盟军反击

第 33 章

披荆斩棘

阿尔伯特·施佩尔的仕途正春风得意。他在弗里茨·托特于 2 月意外身亡后，被忽然卷进了复杂的军火生产管理工作。显然，这位希特勒宠爱的年轻建筑师成功应对了挑战。秋季，军火产量获得了明显提升：他们获得了更多的坦克、弹药、大炮、潜艇和飞机。虽然整体而言，只有 30% 的增幅，但产量表上的箭头毫无疑问地指向德国所希望的方向。

实际上，施佩尔无法插手潜艇和飞机的生产，他的权限仅限于陆军范围内，占总体军火产量的 40% 左右。在施佩尔的军火部上还有个中央计划处。之前，托特和托马斯将军的一些举措都发挥了作用。另外，负责德国劳动力分配的弗里茨·邵克尔也优先满足施佩尔的要求，空军和海军只能在后面排队了。

一贯以来的印象是施佩尔凭一己之力重振了德国军火生产。实际上，施佩尔因为和希特勒的亲密关系，比德国海军和空军采购部的人拥有更多便利条件，这也是邵克尔对他有求必应的原因。他因此成为了宣传军火振兴的代表人物，所有荣誉扑面而来。纳粹在战前就熟知塑造一个军事强权的形象非常有用，哪怕需要掩盖很多不如意的真实情况。施佩尔现象也是如此。

施佩尔认为宣传军火生产的提升也是自身工作的一部分。去年冬季，前线的德军和后方的国民都感受到了某种程度的挫折，因此重振军工可以让军民再次对德国的前途充满信心,因此他变得乐意出现在公众面前。施佩尔和托特不同,他对未来并不悲观、沮丧,他有着毫不动摇的乐观主义,但这恰恰会鼓励元首继续一场没有胜算的战争。希特勒只听得到他想听的消息,而德国民众只能听到需要被听到的消息。

宣传是关键,施佩尔发现约瑟夫·戈培尔是他推动军工生产的积极合作者,他俩在希特勒的核心圈子里早已熟识。几乎是一夜间,坦克和炮弹工厂就在新闻纪录片《德国周报》里不断露面,年轻的军工部长将奖章别在工人胸前的画面广为流传。当年秋天,新的简化版的MG-42机枪开始列装,这种托马斯于去年12月呼吁要求的简洁装备成为了宣传亮点。宣传口号是,"最好的武器将带来胜利!"这种新的奇迹武器的射速能达到每分钟3 000发。虽然这种理论射速在实际中并无意义,但它的实际射速每分钟1 400发也轻松成为了世界第一,远超英国和美国的同类武器。当然,高射速带来的问题和优点同样明显,这里不再重复。

实际上,德国原本计划的短暂战争已被迫拖延到了第3年,由此带来的各种短缺问题无法解决。德国工业绝望地渴求各种资源,尽管施佩尔在大刀阔斧地推行节约和增效,但他们的生产细节仍然过于繁复。摆在面前的问题很多:缺乏空间,依赖于日益增长的强迫劳工以及改变缓慢的传统生产文化。

9月28日在英格兰东部的埃塞克斯郡的德布登举行了一场盛大的仪式,由美国志愿者组建的英国皇家空军第133"雄鹰"中队被正式转入美国陆军航空队的第4战斗机大队。皇家空军战斗机部队司令肖尔托·道格拉斯空军上将讲话:"非常遗憾,今天要和你们告别,能够指挥你们是我的荣幸。当我们在最需要的时候,你们义无反顾地前来帮助。"在这次正式交接过程后,他们的番号正式变为了美国陆航第336战斗机中队,转换过程分步骤完成。他们在10月里继续使用英军的"喷火"战机,然后将飞机的识别标志逐步换成美国陆航的白色五星。当他们三三两两回到伦敦休整时,会领取美军的卡其绿夹克和 A2 皮夹克，替换英军使用的蓝色夹克和羊皮夹克。

迪克斯·亚历山大和吉姆·古德森的"喷火"是最先换成美军识别标志的。他们中队还未正式被美国陆航派遣任务，因此古德森和亚历山大请求中队长唐·布莱克斯利允许他们配对前往法国进行"扫荡"。布莱克斯利觉得这主意不错，向美军第 8 航空队战斗机部队指挥官"蒙克"·亨特（"Monk" Hunter）准将申请批准。亨特也认为第 4 大队需要练练兵，提升一下士气，因此同意了。

10 月 29 日下午 2 点 25 分，古德森和亚历山大驾机起飞，先是朝着泰晤士河河口的方向飞，然后在浓密的乌云下飞越海峡。他们飞得很低，机身几乎碰到海上的浪涛，这样可使德军的雷达不能发现他们。亚历山大飞前面，古德森紧跟其后，他们按计划在格拉沃利纳（Gravelines）进入欧洲大陆上空，随后朝东转向飞到敦刻尔克。他们在运河上寻找猎物，攻击了一艘疑似的运煤船。他们经过奥斯坦德（Ostende），来到了布鲁日（Bruges）。这里不在轰炸机的活动范围内，但这不妨碍战斗机的扫射。他们很快发现了有列火车冒着蒸汽正准备开动，周围有高射炮保护，这让他们瞄准目标变得困难。在他们开火的同时，高射炮的炮弹也从他们身边划过。他们在射击完成后，向北撤离，从乡村公路上咆哮而过，吓得一个在路上骑车的人摔倒在地。他们飞上大海，朝基地飞去，最终于下午 4 点 10 分落地。

他们给情报官做了详尽的汇报，他们并未意识到这是进入第 4 大队后的首次任务，蜂拥而至的记者们都想听到劲爆的新闻。美国军队的《星条旗报》这样写道："今天拂晓，美军第 8 航空队的战斗机对法国北部和比利时的铁路、公路以及水运发动了勇敢的低空进攻，取得了显著战果。"

布莱克斯利对此很生气。他知道战斗机无法造成像样的破坏。他看到古德森的时候问道："好吧，第 8 航空队的另一半在哪儿呢？"

古德森和亚历山大都表示，他们很无辜。古德森说："我只是说有辆自行车损坏了。"

这可不是《星条旗报》宣称的显著战果，但第 4 战斗机大队开始成立并运转起来，完成了首个任务。

新近晋升为上尉的"加比"·加布雷斯基也在英国。当年夏天，他仍旧驻扎在夏威夷，接待了一批来访的美国海军战斗机飞行员，其中包括荣誉勋章获得者布彻·奥黑尔（Butch O'Hare）。在和他们的交谈中，加布雷斯基意识到美国海军已统治了太平洋战场，不会给美国陆航什么表现的机会了。这让他思考，如何才能获得参战机会。由于他自身是波兰后裔，因此也希望能去欧洲战场。尤其当他读到波兰人组成的那些战斗机中队在不列颠空战中的英勇表现后，特别想前往英国加入那些中队。这个想法有些遥远，但他认为值得争取。

出乎意外的是，他的中队长非常赞成这样的想法，并帮他提交了申请。几个月后，就在加布雷斯基准备放弃时，战争部下达了调令，他将去第8航空队司令部报道，在那里等待被安排到波兰人战斗机中队。在前去的路上，他在华盛顿休了一周假，然后跨过了大西洋。

让他不明白的是，他在华盛顿领到了一份平民护照，然后被送上了前往里斯本的扬基快船，从那里飞往爱尔兰，最后才到英国。他直奔位于伦敦西南部灌木丛公园的第8航空队司令部。令他惊讶的是，那里只有20多个工作人员，工作似乎还未完全理顺。没人知道他的情况，也不知道他要去波兰人中队的事情。好歹他们还是给了他一份酒店住宿证明，让他等消息。酒店又给了他一个"惊喜"。他的房间少了一面墙，因此只有三面墙和一张大的防水布。他从热情洋溢的夏威夷来到了10月的英格兰：寒冷而颓败的三墙酒店。

第8航空队司令部的人员仍然没有找到他去波兰人那里的调令，因此让他先担任转场飞行员，美制战机正源源不断地送到苏格兰的普勒特斯维克（Prestwick）。他要驾驭 P-38 双发战斗机、P-39、B-17 以及 B-24 等众多机型。他认为这是很有趣的一段经历，但这并非他来英国的初衷。加布雷斯基并未放弃，不管用什么手段，他一定要与波兰同胞一起战斗。

PART THREE / 盟军反击

海峡对面德国空军的齐格弗里德·贝特科已被晋升为上尉，仍然在西线坚持战斗。他所在的第2战斗机联队沿着海峡不停调动，现驻扎在瑟堡（Cherbourg），他并不喜欢那里。

整个夏天都在担心入侵中度过，不过，在同盟国迪耶普突袭失败后，警报等级也随之降低。贝特科已在痛苦中挣扎了一段时间，尽管他还在不断击落敌机，但他对飞行的热爱已变为了惧怕，他的神经时刻紧绷着。他在日记里这样写道："我对海峡和'喷火'充满恐惧，我无法再率队进攻，哪怕是一小股敌机也会让我紧张。我也怕手下发现我内心的慌张。大海是主要的问题。在陆地上空的防御作战还好，但我一想到海面就会无法控制自己。"那是他在5月写的，之后他继续起飞作战，率领手下执行了一次次任务。就在写下那次日记的几周后，他在一次出击中击落了2架"喷火"。他曾被短暂派到巴黎参加一些培训，然后在迪耶普突袭中出动过几次，在秋季继续率领自己的中队作战。贝特科的处境是德国空军前线指挥官的典型代表。他自1940年5月起就一直随着第2战斗机联队在前线作战。如果换作英军或者美军飞行员的话，这是难以想象的。

9月，贝特科到已对战争深恶痛绝，不断祈祷碰上坏天气，对大海的恐惧也与日俱增。他在9月6日写道："我今天要去大队开会，要告诉大队长我无法再继续率领自己的中队了，这需要足够的热情和勇气。我无法再忍受看到海面，更不能听到'喷火'这个词。"他的这个问题被一路呈报给战斗机部队司令官阿道夫·加兰德将军，他终于在9月被调到法国南部，担任新手的教官。他终于能缓口气了。

海因茨·科诺克少尉也在西线作战，他曾随第1战斗机联队前往挪威驻扎，不过他所在的大队在6月已移驻德国威廉港的耶佛（Jever），成为第12航空军测试部队的试飞员。他在那里接触到了新研发出来的"Y"超短波无线电系统。这种设备可以大幅改善远距离通讯效果，使得飞行员和地面控制员便利交流。德国空军终于开始构筑英国在战前就完成的空防体系：集中起来的地面控制中心通过综合无线电拦截、雷达和地面观察哨的信息探明敌军的进攻意图。这些信息再分发给高射炮部队和战斗机地面控制员。

和英国体系一样，控制中心建立在防轰炸掩体里，由女性工作人员在巨大的地图桌上移动敌机位置。科诺克详细参观了控制中心，他写道："任何时候，只要一看地图，就能清楚全局势的变化。"他被震撼到了。如果德国空军知道英国皇家空军在1940年就有这样的体系，也许他们就不会那么自信地发起不列颠空战了。

对于夜间防空来说，"天床"系统看起来效果不错。更新更有效的"维尔茨堡"地面雷达系统也投入了使用，几乎所有的夜间战斗机飞行员都会使用"明石"雷达。由于德国人还未掌握谐震磁控管的技术，"明石"的性能比不上英、美的同类设备。英军使用的Mk Ⅷ型对空拦截雷达的探测距离达到了5.5英里（8.6公里），高度集中的探测波能避免被地面反射干扰。此外，这种设备没有最近距离的限制。英军正研发的MK Ⅸ型，以及美国由此衍生的SCR-720型雷达可以在正50度和负20度之间扫描，波束和Mk Ⅷ型一样，非常集中。

而德军的"明石"系统只能在200码（183米）到2英里（3.2公里）的距离范围内使用，设备还需要配置复杂且巨大的天线，阻碍飞行速度的提升。英军和美军的雷达可以配置在飞机皮内，没有这类麻烦。

尽管如此，"明石"也并非一无是处。在6月到9月间，被击落的531架英国皇家空军轰炸机里，有349架是被夜间战斗机部队击落的。

也有新的机型被投入使用。10月初，海因茨·科诺克测试了新型的"梅塞施米特"-109G型"古斯塔夫"战斗机。这正是引起大火，让亚辛·马尔塞尤丧命的那型战斗机，但科诺克在10月2日的日记里对此大加赞赏，称其"远优于'喷火'"。科诺克正是在那天听到了马尔塞尤的死讯，也了解了事故的情况。中午12点15分，他们收到警报：1架英军的"蚊"式出现在奥登堡地区。他们很快出击，汉斯-格德·文内克斯（Hans-Gerd Wenneckers）上士担任他的僚机。在迅速爬升的过程中，科诺克注意到文内克斯落在了后面。当他爬到12 000英尺（3 658米）时，已完全看不到后者了。科诺克通过无线电喊话，但没有回应，忽然他看到地面上有个正燃烧的飞机残骸。他猜想，那一定是文内克斯了。

科诺克没有找到那架"蚊"式，在转了几圈后，他返回耶佛机场。飞机降落后，他惊讶地看到文内克斯正在那里，被他吃惊的样子逗得大笑不止。上士飞行员解释，他那架"古斯塔夫"莫名其妙地着火了，正如马尔塞尤那架飞机的故障一样。显然，这型飞机是有缺陷的。另一架第1战斗机联队第4中队的"古斯塔夫"也出现了类似问题。科诺克写道："我有些焦虑地看了看自己的飞机。"

1940年时的Me-109E（埃米尔）无疑是当时最精良的战机。它具有3项胜过别人的绝技：爬升快、俯冲快，能支持55秒的射击弹药量，这样的火力强度是当时的单发战斗机之冠。

到了1942年，这种飞机的设计开始显得过时。陷入机身的驾驶舱以及舱盖上的复杂钢梁使飞行员的视野受限。随着"埃米尔"表现不佳，改进的"弗里德里希"登场了，对机翼作了重新设计，拥有更好的气动外形，同时换装戴姆勒-奔驰-601增压发动机。不过，动力只能勉强达到1 300马力。虽说性能优于"埃米尔"，但还不够优秀。因此，必须要将更强劲的戴姆勒-奔驰-605发动机装上飞机，到达1 455马力的动力。从"弗里德里希"开始，所有的火力都配置到发动机所在的中轴线上：2挺机枪放在了活塞盖中间，机炮也在这个区域，这样可使火力透过螺旋桨转动的桨叶射出。不过，这也使这个区域变得非常拥挤。此外，DB-605比DB-601重250公斤，且低速性能不理想。"古斯塔夫"直飞的加速性非常不错，并能爬升到40 000英尺（12 192米）的高度，这是以损失灵活机动性能为代价的设计。

不时出现的起火故障也令人头疼。"古斯塔夫"与"埃米尔"相比，几乎在所有方面都变得复杂，也更难制造。比如，从原来的滚珠轴承改为滑动轴承虽然看起来是小事，但会给生产带来麻烦，这也是德国人一直存在的问题：过度精密加工。看来，他们一直未取得实用性和精密设计的理想平衡。这样的变化会带来更大的摩擦力，从而引起快速过热。如果润滑油足够优质，这不会有什么问题，但性能不佳的合成润滑油会导致轴承和旁边的金属升温，致使发动机里的油燃烧起来。

这样，发动机就着火了。

Me-109这种飞机在"埃米尔"型和"弗里德里希"型上达到了极限，毕竟其是20世纪30年代初期的设计，到"古斯塔夫"型继续改进的空间已非常小了。显然，德国空军需要一种全新的主力战斗机，但作为接班人的FW-190也存在问题，甚至需要米尔希空军元帅亲自过问，并把这个问题作为德国空军的头号任务来抓。面对英国和美国节节攀升的飞机产量，时间一刻也不能浪费，德国空军无法等待飞机回到设计室从头再来。

因此，"古斯塔夫"型的生产必须量产。米尔希明白，这是他们唯一可以大规模量产的机型，用来取代Me-110的Me-210双发战斗机和He-177四发重型轰炸机以节约时间、精力和资金。从现在开始，所有的精力都要集中在几个经过验证的型号上。因此轰炸机只剩下1934年研发成功的He-111和Ju-88，后者的型号被更换为Ju-188。米尔希后来承认，这样做是想让敌人感觉我们有了新型战机。

米尔希推动飞机产量的战役还有别的对手，比如，邵克尔偏向于帮助施佩尔负责的陆军军需生产，因此米尔希的工厂总感觉人手不足。此外，在原材料的获取上也捉襟见肘。这非常令人沮丧，尤其是纳粹的军工生产里的浪费很普遍，即使是在需要追求经济和高效的情况下仍然无法避免。米尔希甚至要派一些巡视员去检查德国各地的船厂是否还有多余的物资。巡视员于8月底报告，在威廉港、基尔和汉堡都发现了大量的闲置钢材。当他们找船厂工人了解时，得知这些物资已在那里堆放几年了。

在经过一番努力后，德国飞机产量到1942年11月已获得了明显提升。随着生产效率的增加，成本也随之降了下来，产量得到提升。1941年下半年，德国月均生产870架飞机。到了1942年下半年，月均产量已跃升为1 341架，生产指标图上的箭头仍在不断指向上方。

问题已经埋下，产量的提升是以质量下降为代价的。

在大海上，盟军的登陆舰队正向北非驶去，其中一支来自3 000

英里（4 828公里）外的美国，两支来自1 000英里（1 609公里）外的英国。他们总共有300艘商船和300艘战舰，是历史上最庞大的舰队，也是规模最大的登陆战。实施"火炬"计划是在2个月前确定的，现在，三支舰队已奇迹般地航行在海上。仅是制订相关命令并发布就非常繁浩了，更不要说还需要在两国间做精密的协同。

海军舰队的指挥官是坎宁安海军上将，他已离开了皇家海军地中海舰队司令官的职位。这次能率领如此强大的舰队也算是个奖励，不过，他心里很清楚自己必须万分小心，避免酿成大祸。

他于11月1日抵达直布罗陀，将司令部设立在巨岩（Rock）下的隧道里，工兵刚完成了这项了不起的工程。地图室的墙上挂着地图，这可被用来监控三支舰队的动向。最近几周，德军潜艇在大西洋的活动变得活跃起来，这对庞大的盟军舰队产生了巨大威胁。英军和美军的轰炸机不断地轰炸德国潜艇基地，加强了在比斯开湾的反潜巡逻。护航舰队严密地保卫着运输船队，他们不能有任何的掉以轻心。10月30日，8艘商船在经过加那利群岛时被击沉。虽然他们和"火炬"行动没有关系，但那里距离来自美国的西部特遣舰队的路线仅偏南100英里（161公里）。

天气是另一个令人头疼的因素，尤其是西部特遣舰队登陆法属摩洛哥的位置并非在地中海那侧，11月的大西洋可是惊涛骇浪。11月3日，天气变得非常糟糕，4日更是出现了典型的大西洋风暴，这是作战计划制订者最担心的情况。

"让钟声响起来！"亚历山大将军于11月6日给丘吉尔发去电报。"现在，俘获了20 000名战俘、350辆坦克、400门火炮，数千挺机枪。我们的先锋机动部队已抵达了马特鲁港以南。第8集团军在前进。"尽管气势如虹，坏天气在这时却光临了西部沙漠，对追击溃散敌军能起到极大成果的空军来说只能在11月6日这天蛰伏在机场上。地面上的第8集团军先锋也被迫放慢了步伐。阿尔伯特·马丁说道："我们被冻死了，只能蜷缩在潮湿的沙地里，无法前进。"他们回到了自己的卡车上。在海岸公路上，谢尔伍德游骑兵们也被迫停下了步伐，他们的后勤部队一直想要跟上坦克的步伐，可现在也被堵在了路上。斯坦利·克里斯托弗森写道："雨下了一夜，我们睡在坦克里。这一晚太糟糕了。"

轴心国装甲集团军由于跑在前面，且主要使用海岸线旁的硬质公路，因此秋雨对他们的阻碍远不如第 8 集团军那样严重。蒙哥马利原本准备在追击过程中彻底粉碎隆美尔的残兵败将，但并未如愿，正如第 8 集团军之前在托布鲁克之败后逃脱一样。但和第 8 集团军不一样的是，轴心国此刻在后方并无可供依赖的防线，只能一路逃回他们位于的黎波里的补给基地，那条路漫长且遥远。

阿道夫·拉姆（Adolf Lamm）发现轴心国装甲集团军已变得混乱不堪。担任坦克无线电员的拉姆下士这年 32 岁，他于 10 月刚从雅典飞往托布鲁克。他们在来的路上就遭到了同盟国飞机的攻击，吓出一身冷汗，所幸逃脱了。他们刚到托布鲁克，就被派到阿拉曼防线上的达巴。

拉姆刚到前线就赶上了防线崩溃，大军如潮水般地后撤。还没来得及和乘员组熟悉的他也加入了西撤的人群，感觉是兵败如山倒。没人告诉拉姆应该去哪里，应该做什么。他跟着第 15 装甲师残部撤退，完全不知道自己的位置。他手里既没有地图，也没有在北非的战斗经验，沙漠中的处处地方太相似。他无法从无线电里接受到新的指令，因为没人给他命令的对照表，也没有波段说明。车长也同样茫然，只能跟着其他人一起走。

并不是所有人都能逃走。11 月 6 日（周五），马尔凯塞清楚英国人已经跑到他们屁股后面了。他们没有卡车，只能徒步穿越沙漠。中午，他们坐在一片岩石地里进行短暂休息，马尔凯塞决定将剩下的一点食物吃掉，也就是他背囊里的一罐肉。他用刺刀把罐头撬开来后却发现食物已经坏了。但饿坏了的他顾不了太多，依然将肉一扫而空。太咸了，他喝光了水，折腾一番后仍然饥肠辘辘。

他们重新上路，发现敌人的炮声已消失，天空万里无云。他写道：

"我们这群人已变成了散开的一条线。"在3点左右,英军的布伦机枪车从北边包抄过来。他们知道这意味着什么,他们没有飞机和火炮的支援,被包围了。有军官命令他们销毁自己的武器和身份证明,他们含着泪照办了。英军用机枪朝他们头顶开了几梭子,然后开过来,意军就站在原地等待。马尔凯塞写道:"在沙漠中,没有了枪声,一片死寂将我们笼罩。"

同一天,汉斯·冯·卢克带着他的第21装甲师侦察营仍在对付英军巡逻部队的骚扰。他于11月3日离开西瓦去协助意军第20军,但仅凭他手里的那些装甲车和小口径反坦克炮并不能起到多大作用。图克的印度师和英军装甲部队轻松粉碎了意军的抵抗。冯·卢克看到意军那些薄皮坦克被击中燃烧,写道:"眼睁睁地看着'公羊'师、'特里斯特'师和'利托里奥'师怀着必死的勇气和敌人战斗让人心碎。"冯·卢克仍然能通过无线电和隆美尔的指挥部保持联系,他随后被派往西瓦的西南部巡逻,防止英军从那里过来包抄。

他们也遭受了秋雨寒风的袭击,令他们开心的是11月7日碰上了赫尔曼·拉姆克将军的伞兵旅,现在只剩下了700人。冯·卢克写道:"拉姆克那精疲力竭的士兵走出沙漠的场景让我永远难忘。为了节省体力,他们只携带了轻武器和饮用水,其他东西全扔了。但他们的士气非常高昂。"

拉姆克要求被带去隆美尔那里,但指挥官于次日上午直接飞来见了他和冯·卢克。他告诉两人,现在海岸公路那边的情况很糟透:英军战斗机和轰炸机不断扫射、轰炸,到处都是燃烧的车辆,士兵们只得徒步撤退。隆美尔说:"由于希特勒那命令死守的疯狂命令,我们损失了关键的一天时间,这造成了无法弥补的损失。"他解释,昔兰尼加已经守不住了,他决定在往西800英里(1287公里)的黎波里亚边境上的梅尔萨布雷加(Mersa el Brega)设置一道防线。他现在最担心的是,南翼会被英军包抄,因此派人增援冯·卢克。

冯·卢克发现隆美尔依旧思路清晰,但也难掩失望的情绪。他写道:"隆美尔所自豪的非洲军团变成了这样,昔日辛苦取得的战绩在几天之内就被全部夺走，这真让人沮丧。"

虽然希特勒的命令无疑造成了不必要的伤亡，但阿拉曼之败的根源在于隆美尔逼迫他的上司同意压迫埃及边境的作战计划，这已超过了他作战能力的极限。这个责任必须要由隆美尔来承担。

坏天气也同时光临了英格兰南部，艾森豪威尔和克拉克推迟到11月5日才离开伯恩茅斯（Bournemouth），搭乘B–17前往直布罗陀。当晚，东部特遣舰队开始穿越直布罗陀海峡，所有船只保持严格的无线电静默和灯光管制。11月5日下午7点30分至7日凌晨4点，整个东部和中部特遣队都顺利进入了地中海。这是一支史无前例的大舰队：总共有107 453人搭乘107艘兵船，另有350艘战舰护航。

尽管有如此多的战舰保驾护航，行动司令部仍于7日凌晨5点35分获知西部特遣舰队的"托马斯·斯通"号（Thomas Stone）被鱼雷击中。这艘船载有1 400人。很快，又有新消息传来，这艘船仍能漂浮，"托马斯·斯通"号被拖着继续前进，人员可以继续待在船上。她最后成功地将士兵送上了岸，只是时间稍晚了一些。

艾森豪威尔和他的幕僚仍担心会有新的状况：西班牙人会作何反应；吉罗是否能配合。"撒拉弗"号潜艇负责接吉罗，但后来只发出了一条电报："任务开始，无线电故障。"在巨岩指挥部里的艾克召集大家开会，讨论吉罗如果不配合，该如何应对。坎宁安安慰道："他已经没有了退路，一定会按照我们的要求做。"

11月7日，破译的情报显示，德军发现了盟军的编队，东部特遣舰队也发现有德国空军侦察机在跟踪他们。令他们惊喜的是，德军虽然发现了庞大的舰队，但并未料到这是针对西北非洲的登陆行动，而是错误地认为这又是一次给马耳他岛运送补给的大编队。

大西洋上的天气逐渐好转，好消息不断传来：吉罗被安全接到了，正在前来的路上。1架"卡塔琳娜"水上飞机被派去接吉罗，于下午4点将他送到了直布罗陀。艾森豪威尔于下午5点20分发出了作战开始的指令。电报里这样写道："警告令，H时被定为11月8日。

对于东部和中部，为凌晨1点。对于西部，为凌晨4点30分。"

11月7日（周六）晚。盟军位于直布罗陀的指挥部里，艾森豪威尔和克拉克终于能直面吉罗将军会谈了。艾森豪威尔向对方介绍了同盟国的计划，并为他准备了一份告北非法国同胞宣言，希望将军能签署这份文件，号召他们配合同盟国的登陆。

吉罗笔直地坐在那里。他说："我想先申明一点，按照我的理解，在我踏上北非的时候就应担任所有盟军的指挥官，成为同盟国在北非的统帅了，对吧！"

克拉克轻轻地嘟囔了一声，他和艾森豪威尔都被震惊了。吉罗要么是傲慢之至，要么是愚蠢到顶，或者两者兼有。一个仍然属于亲轴心国阵营的维希将军竟指望自己能成为英、美、法联合武装力量的总指挥。克拉克深吸了一口气，然后解释吉罗不会被任命为最高统帅。

吉罗反问道："那法国民众会如何看我？吉罗的尊严何在？我的家人怎么办？"

显然，无论是克拉克还是艾森豪威尔都不关心这些问题。克拉克耐心地劝说，他会成为北非法军总司令，这是极限。

吉罗回答："那行，我要回法国了。"

克拉克表示："噢，那可不行。潜艇无法回去，你暂时不能回法国。"

显然，吉罗持着作壁上观的态度，等着看盟军登陆行动出丑。之前，费尽千辛万苦才将他从法国接来，看来是白费了功夫。双方还在商量，但吉罗的态度很坚决。晚上11点，克拉克对他说："老先生，我希望你知道，从现在开始，没人管你了。"

坦白地说，吉罗应该明白实际情况。亨利·弗勒奈抵抗组织的成员曾在夏天去过将军在里昂的宅邸。弗勒奈对此写道："毫无疑问，他对德国抱有深深的仇视，但同时，他对元帅也绝对忠诚。糟糕的是，他还自恃过高。"将军对抵抗组织一无所知，他接触抵抗组织的动机也是想看看是否能从中得利，并不是希望解放被压迫的法国民众。

当会谈还在继续的同时，1支特遣舰队已接近了目标区域。中央特遣舰队的微型潜艇已来到了阿尔及尔外的海边小城奥兰和阿尔泽（Arzew）。士兵们在黑暗中背上背包和武器，划船上岸。第 18 团的鲍尔斯兄弟和游骑兵团的埃文斯随着部队来到"Z"区，准备攻占阿尔泽。夜空下的城市闪着微光，没有人阻挡登陆部队。看来，登陆行动的保密工作做得非常不错。

1942 年 11 月 8 日（周日），本次大战中首次成规模的英、美联合军事行动就此打响。

PART THREE / 盟军反击

第 34 章

登 陆 开 始

瓦尔特·瓦利蒙特将军花了2天时间（10月31日至11月1日）乘坐火车从乌克兰回到了东普鲁士，他刚整理妥当一份最高统帅部的报告——《1942年秋的整体局势评估》。他的作战处的结论是，德国国防军及其轴心国小伙伴正在丧失苏联战场的主动权。他们失去了在高加索地区的进攻势头，未获得巴库的油田，未夺取斯大林格勒。同时，自己的损失高得吓人。

这份评估报告还仔细考察了西方同盟国最有可能发动入侵的地点。一段时间以来，瓦利蒙特一直担心法属北非会成为同盟国进攻欧洲堡垒的理想跳板。从西班牙和瑞士，里斯本和布达佩斯搜集到的众多情报都指向第二战场即将启动，其中西北非洲是最有可能的地点。由于没有确凿的证据，这些信息被忽视了。实际上，尽管瓦利蒙特花了很多时间整理这份报告，约德尔和凯特尔看完之后都束之高阁，希特勒更不可能看到了。

几天后，瓦利蒙特就遭到了解职。在拉斯腾堡大本营2区，他的作战参谋们接收到隆美尔于11月2日发出的首封电报。电报说，他必须撤退，否则将被歼灭。值班参谋并不知道希特勒已严令隆美尔死守，因此并未意识到这是隆美尔对元首的抗命。当这个事情被希特勒发现后，值班参谋立刻遭到了免职，降级为士兵并送到惩戒营，相当于被判了死刑。

瓦利蒙特竭力想保住这个不幸的人，结果自己也受到了牵连。虽然瓦利蒙特在过去的3年里一直是约德尔的得力助手，但后者坚持对希特勒的绝对忠诚，"对我们来说，元首的愿望就是最大法则。"这时，希特勒的军事副官鲁道夫·施蒙特伸出了援手，他说服元首这样的解职不公平。值班参谋的惩罚被减轻，瓦利蒙特也被要求归队。心情还未平复的瓦利蒙特表示自己需要考虑一下，他其实一直在找机会能换个岗位工作。

随着瓦利蒙特的解职，他的报告自然无人问津，希特勒只能听到应声虫凯特尔和约德尔的局势报告。意军情报局（Servizio Informazioni Militari，缩写为SIM）警告西北非洲将受到攻击，但这个消息依然遭到了忽视。希特勒再次用自己狭窄的世界观和战略判断猜想同盟国的意图，此刻，他最担心的是挪威和西北欧，他在这年早些时候要求沿着挪威北部的极圈到西班牙边境构筑大西洋壁垒。即使同盟国在地中海有些打算，他也觉得更可能是利比亚，甚至是西西里岛。同盟国的庞大船队确实被发现了，戈林于11月6日将这个消息告诉了在罗马的凯瑟林，并说明了希特勒的判断。凯瑟林反对将西北非洲从受攻击清单里划掉，坚持不分白天黑夜地进攻同盟国舰队。但实际上，根本没有可供调用的海军或者空军，意大利皇家空军和德国空军都在全力掩护隆美尔的撤退行动，且表现还不算理想。

11月7日，希特勒个人下达命令，要求加强的黎波里和班加西的防御，增兵克里特岛，可这个岛是明显远离同盟国的攻击范围。元首的战略判断有些匪夷所思。

3支特遣舰队在1942年11月8日（周日）凌晨按计划准时开始了登陆，在西北非的3个地点展开作战。首先是中部特遣舰队的游骑兵们进攻阿尔泽港，他们必须迅速占领那里，才能顺利地卸下后续的重型装备。维希法军有2个火炮阵地可将火力覆盖至码头，必须马上解决他们。其中1个位于山顶的北堡（Fort du Nord），另外1个在山脚的拉庞德堡（Fort de la Pointe），位于港口的东北角。

PART THREE / 盟军反击

威廉·达比上校决定兵分两路，赫尔曼·达默（Herman Dammer）少校带 2 连负责占领港口和拉庞德堡，达比带着剩下的人去后山攻克北堡，宾·埃文斯也在队伍里。

达默的部队于凌晨 1 点 30 分进入港口，在没有遇到抵抗的情况下登上了码头，打响了战役的首枪。警笛声响了起来，游骑兵们在这时已冲到了拉庞德堡的门口，迅速占据了火炮阵地。城堡里的法军士兵还在睡梦中，包括指挥官一共 42 人被俘，后者当时正和情妇躺在温暖的被窝。

达比那队游骑兵乘坐 2 艘登陆艇上岸。埃文斯之前已仔细研究过北堡的沙盘模型，通过航空照片了解了周围的情形。当他们加速向岸边航行时，他心里感到阵阵激动："我们为此做了大量训练，有些迫不及待了。"

凌晨 1 点 30 分，他们登上陆地，在 90 分钟后，他们爬上了北堡，悄悄设好重型迫击炮阵地，并清除北堡周边的铁丝网。法国守军开始向他们射击，他们也用迫击炮反击，法军很快陷入混乱。游骑兵们将守军的大炮都绑上爆炸装置，然后发射绿色信号弹，告知还在海面上等着的第 1 步兵师师长特瑞·艾伦（Terry Allen）少将已搞定了北堡炮兵阵地。很快，2 支游骑兵队伍会合了，他们干净利索地夺取了堡垒和港口。

指挥西部特遣舰队登陆部队的是乔治·巴顿（George Patton）少将。8 日凌晨 2 点，他在乘坐的"奥古斯塔"号（Augusta）上已经起床，按照平常一丝不苟的风格穿着军装走到甲板上。巴顿一直渴望着这一刻的到来，他相信自己是伟大军事成就的缔造者，这里就是他的舞台。在此之前，他取得过一连串的辉煌纪录，1916 年他就在一次突袭中干掉了 3 名潘丘·维拉（Pancho Villa）的墨西哥土匪，1917 年他被派往法国成为了美国装甲部队的首批军官。在后来的战斗中，他的腹股沟受了重伤，直至那次大战停战也未完全康复。

战后，他仍旧留在美国陆军，从军就是他的生活，而不是一份职业。

20世纪20—30年代,他不断思索未来战争的形态。和图克一样,他也写了多份卓有远见的材料,包括预测日军可能对珍珠港发动偷袭。与巴顿追求发展潮流的努力形成鲜明对比的是美国陆军的停滞不前,尤其是装甲部队的装备严重落后。这对巴顿来说是一段非常难熬的日子。

巴顿是个个性鲜明,充满矛盾的人。身材高大、眼神锐利,却有着尖锐的嗓子,蛮横的态度。他马术精湛,击剑也是好手,得过1912年斯德哥尔摩奥运会的第5名。他很浪漫,是个好丈夫,好父亲,非常虔诚,一面极度自恋一面又有些不自信。作为指挥官,他非常严格,绝不妥协,同时又富有感召力。

现在,他站在甲板上看着卡萨布兰卡的灯光,感到一场伟大的旅程即将开启。他在给士兵的通告里写道:"整个世界都在注视着我们,美国的心脏为我们而跳动,上帝与我们同在。我们的胜利将决定人类是被奴役还是获得自由,我们必将胜利。"他要求他们谨记平时的训练,用"速度和力量"去作战,不要考虑撤退的事情。他加了一句:"美国人决不投降。"

仍在"巨石"那里的艾森豪威尔、克拉克和坎宁安正焦急地等待着前线的消息。凌晨2点38分,有电报传来东部特遣舰队进展顺利,已在阿尔及尔附近的3处滩头站稳了。半小时后,东部特遣舰队完成了对重要目标西迪弗鲁赫(Sidi Ferruch)的占领。

阿尔泽港的抵抗还在继续。"火炬"行动有着非常奇妙的遭遇,在某些地方碰到了顽强的抵抗,而有些地方则一片混乱,当然大部分地方没有抵抗。阿尔及尔这边就发生了激烈的战斗,参与进攻的劳尔夫·沙普斯中士和第135步兵师3营的弟兄们搭乘着英军"布鲁克"号(Broke)驱逐舰靠岸,法军海岸炮对他们开火,英军"马尔科姆"号(Malcolm)驱逐舰被重创。"布鲁克"号撞上了港口的阻拦网,但拥挤在甲板上的沙普斯他们并没感觉。法军炮弹也开始落到船上,沙普斯回忆:"我们开始紧张起来,吓得屁滚尿流。""布鲁克"号成功靠上了码头,士兵们赶紧下船。这时,天边露出晨曦,法军轻武

PART THREE / 盟军反击

器的火力也变得更猛烈了。

士兵们转移到附近堆着木头和草垛的堤岸边，开始掘壕固守，指望在城市西边登陆的部队可以过来解救他们，凭借他们自身的力量难以进行突破。可是西边的部队登陆地点比预计的更偏远，因此要长途跋涉才能赶来。"布鲁克"号正向她的名字那样不断地被炮弹砸中，她响起了撤退的汽笛声。沙普斯和战友们不愿意在这么猛烈的炮火下再跑回船上。法军坦克出现了，美军士兵虽然装备了一些巴祖卡火箭筒，但距离太远，无法对坦克构成有效威胁。伤亡迅速增加，救护兵梅尔·里恩在照顾受伤军官时被击毙。

营长埃德温·斯文森（Edwin Swenson）中校显然认为此时已无法再按照巴顿说的决不投降那样继续战斗，他决定摇起白旗。沙普斯写道："法国人对我们不错，我们把武器都扔到指定地点后，一起去小酒馆喝了些葡萄酒。"

他们被俘的状态并未持续多久。马斯特将军成功地在市内发动了政变，将维希政权的核心分子关押起来，包括维希陆军在北非的总司令阿尔方斯·朱安（Alphonse Juin）。

"巨岩"指挥部里收到了更多的好消息。巴顿指挥的西部特遣队已顺利登陆，未发生激烈的战斗。7点45分，第34"红牛"师师长里德"博士"（"Doc" Ryder）发来电报说，部队已占领了阿尔及尔附近最为重要的白楼机场（Maison Blanche）。

奥兰港的战斗虽然持续时间不长，但进程很残酷。马斯特将军的抵抗活动在这里没有取得多大效果，这个港口无论从规模上，还是从防御水平上来说都要优于阿尔泽那种小港口。英国皇家海军的"沃尔尼"号（Walney）和"哈特兰"号（Hartland）战舰也给予了炮火支援，这让法国人想起了1940年7月英国人背信弃义地消灭法国舰队的苦涩往事。两船抵近港口开火，法军火炮也对其进行了猛烈直射。在这场血战中，有364名美军和200名英军伤亡。

在奥兰以西的地区，鲍尔斯兄弟随着第18团2营作为第2波次登陆部队上岸了，他们未碰到任何麻烦。1营突入到内陆7英里（11

公里）处的圣克劳德村。

当天，还进行了一次针对拉塞尼亚机场（La Senia）的空降作战。美军和英军的空降兵都是刚起步，他们见识了德军在1940年5月间开创这种新的作战方式的巨大威力。可他们并不知道到空降作战过程中会损耗大量的空运工具。飞行员也是新手居多，他们的战斗经验并不丰富。

这样做的危险在11月8日暴露无遗。从英格兰南部起飞的39架飞机有7架未能到达阿尔及利亚，其中1架将伞兵投在了直布罗陀，2架投在了法属摩洛哥，4架投在了西属摩洛哥。此外，12架运输机将空降兵投在了距离目标24小时步行距离的地方，16架投在了塞卜卡拉盐湖（Sebkra），距离奥兰还有一段距离，最后4架虽然将伞兵投在了阿尔及利亚，但距离目标仍然偏远，刚降落就被俘虏了。

尽管有这个不顺心的插曲，但坐镇直布罗陀的克拉克和艾森豪威尔已非常满意了，他们原以为会遇上激烈的对抗。考虑到整体情况的全面占优，空降兵的失败已不算什么问题了。当晚，阿尔及尔已被同盟国掌握，沙普斯和他的战友已被释放。艾森豪威尔告诉克拉克，他准备次日飞过去，在那里建立指挥部。他们又和吉罗将军进行了一次面对面的会谈，对方态度明显变得配合起来。他此刻已愿意担任北非法军司令官，还提出可立刻飞过去平息法军反抗的风险。由于登陆行动非常顺利，吉罗的用处已经不大了。

巴顿在那天上午给他的妻子比阿特丽丝（Beatrice）写信："亲爱的B，我们今天的进展非常顺利。我们的海军从8点开始与对方交战，一直进行到现在。"巴顿开始担心，自己也许没有战斗的机会了，他显然多虑了。萨菲（Safi）的法军从凌晨4点55分开炮反击，马西达（Mahida）那边的战斗也持续了很久。在菲达拉（Fedala）那边的登陆也碰上了偏离预定地点的问题。在卡萨布兰卡外海，美军"马萨诸塞"号（Massachusetts）战舰与法军"让·巴特"号（Jean Bart）战列巡洋舰爆发炮战。虽然法国海军从1940年起就几乎停泊不动，但其15

英寸火炮的威力可不是开玩笑的，美国海军必须确保消除他们的威胁。上午7点15分，7艘法国驱逐舰冲出港口，可当他们看到庞大的登陆舰队时，急忙调头试图回去找援军。半小时后，1艘巡洋舰带着2艘大型驱逐舰再次上前挑战美军舰队，这就是前面巴顿给他妻子信里提到的那场海战。

在"奥古斯塔"号上的巴顿将军将自己的东西收拾好，并放上了登陆艇，这里面包括他心爱的珍珠柄手枪。这时，战舰忽然往前机动，并开火攻击法军，引起的冲击波将挂在吊架上的登陆艇震得直摇晃，将军的那些东西几乎都落入水中，所幸那把手枪还在。敌军的炮弹落到了"奥古斯塔"号的附近，激起的浪花飞溅到巴顿将军的身上。海战持续到上午11点才结束，法军舰只撤回了卡萨布兰卡港。他们的海岸炮部队仍在向登陆舰队射击。幸运的是，桥头堡已牢牢建立了。当天下午，战斗全部结束。巴顿将军于下午1点20分上岸，他的手枪安全地系在腰间。

到了下午晚些时候，法军的海岸炮已全部停火，从直布罗陀起飞的美军2个"喷火"中队降落在拉塞纳机场。虽然阿尔及尔已夺下，城里还有些零星的枪声。位于阿尔泽西南方向的第18团围住了圣克劳德。次日上午，第18团的3个营发动了新一轮进攻，但守军非常顽强。9日下午，2营和3营绕开该镇，直接前往奥兰。

政治局势也在这段时间飞速变化。前晚，罗伯特·墨菲还报告，达尔朗海军上将希望可以和谈，并愿意和艾森豪威尔当面交谈。坎宁安海军上将对艾克这样建议："只要可以得到法国海军，去亲达尔朗的屁股都行。"

克拉克和吉罗在"喷火"的护航下，分别从低空飞越地中海，来到阿尔及利亚。由于糟糕的天气，克拉克直到下午才抵达。他搭乘的是1架昵称为"红色格雷姆林"的B-17轰炸机，他决定带上飞行眼镜和钢盔，将脑袋探出无线电区域上的舷窗，亲眼见证飞到非洲大陆的时刻。他们最后于下午5点落地，一群德军的Ju-88正从空中经过，前去轰炸港口，高射炮立刻开火。当克拉克从飞机里爬出来的时候，听到了炸弹的爆炸声。这时，"喷火"战斗机升空追击德机。克拉克写道："很多美国人和英国人奔向跑道，为'喷火'助威。"他看到有架"容克"冒着黑烟栽了下来，撞上了机场塔楼，掉落的炸弹距离"红色格雷姆林"只有几百米远。

克拉克赶着进城，给他安排的住处是圣乔治酒店。周围弥漫着可疑的氛围，他见到了里德师长，后者表示："终于看到你了，我已尽可能地拖住他们了。"罗伯特·墨菲也来了，他需要的坦克还没运到，空军力量应该够了。克拉克很快了解到，无论是达尔朗还是其他法军军官都不想见到吉罗，后者的价值非常有限。克拉克清楚地认识到达尔朗海军上将才是维希法国在北非最有权势的人。

双方在次日，也就是11月10日才开始正式会谈。会议进行得漫长且艰难。克拉克感到达尔朗有些紧张，还没拿定主意该投靠哪边。他担心投向同盟国一边会引发德军占领法国剩余的国土，这个责任太重大。不过快到中午时，他终于下定了决心，命令所有北非法军停火。

维希政权很快宣布撤除达尔朗北非总司令的职务，这让达尔朗马上从之前立场上动摇了。克拉克对他坚定地说："你不能这么干。"然后把他软禁起来。阿尔及利亚的和平陷入了紧张。法属摩洛哥的战斗还在继续，那里的查尔斯·诺格（Charles Nogues）将军被贝当任命为达尔朗的继任者。艾森豪威尔于10日给巴顿发去电报："唯一坚硬的核桃在你手里。赶紧碾碎它，要什么尽管说。"

有了艾森豪威尔的命令在手，巴顿准备大干一场。萨菲卸下来的"谢尔曼"坦克包围了卡萨布兰卡的南侧，步兵控制了城市北侧。海面上还有美军战舰和航母虎视眈眈。他准备在次日早晨将该城变为瓦砾。他在当晚的日记里写道："上帝偏爱勇者，胜利属于猛士。"

巴顿住在菲达拉的酒店，11月11日凌晨4点20分消息传来，利奥泰港（Lyautey）的机场被攻克。诺格将军派信使表明，已命令部队全面停火。巴顿的参谋希望他取消对卡萨布兰卡的进攻命令，但他不同意，他必须亲眼看到法国海军确实停火了才行。

　　法国人立刻开始了内部沟通。美国海军的俯冲轰炸机已经起飞，美军战舰的火炮已做好了开火准备。早晨6点40分，法国海军投降了。很快，美军部队迈入卡萨布兰卡。巴顿写道："不错的生日礼物。"当天他正好57岁生日。

　　这也标志着登陆行动的完美落幕，法属北非回到了同盟国这边。战斗本身还是有不少瑕疵，但从后勤和计划的水平来看，同盟国已达到了一流水平。在如此短的时间跨越如此长的距离，历史上从未有任何大军做到过。在3个多月的时间里，制订出了完善的计划，调动了多达700艘船只，70 000名士兵以及超过1 000架飞机。毫无疑问，一定有需要总结的经验教训，但作为两个刚建立同盟的独立国家来说，这是了不起的成就。这种协同的水平、部队的规模、物资的强大足以警告轴心国，毁灭性的打击即将来临。

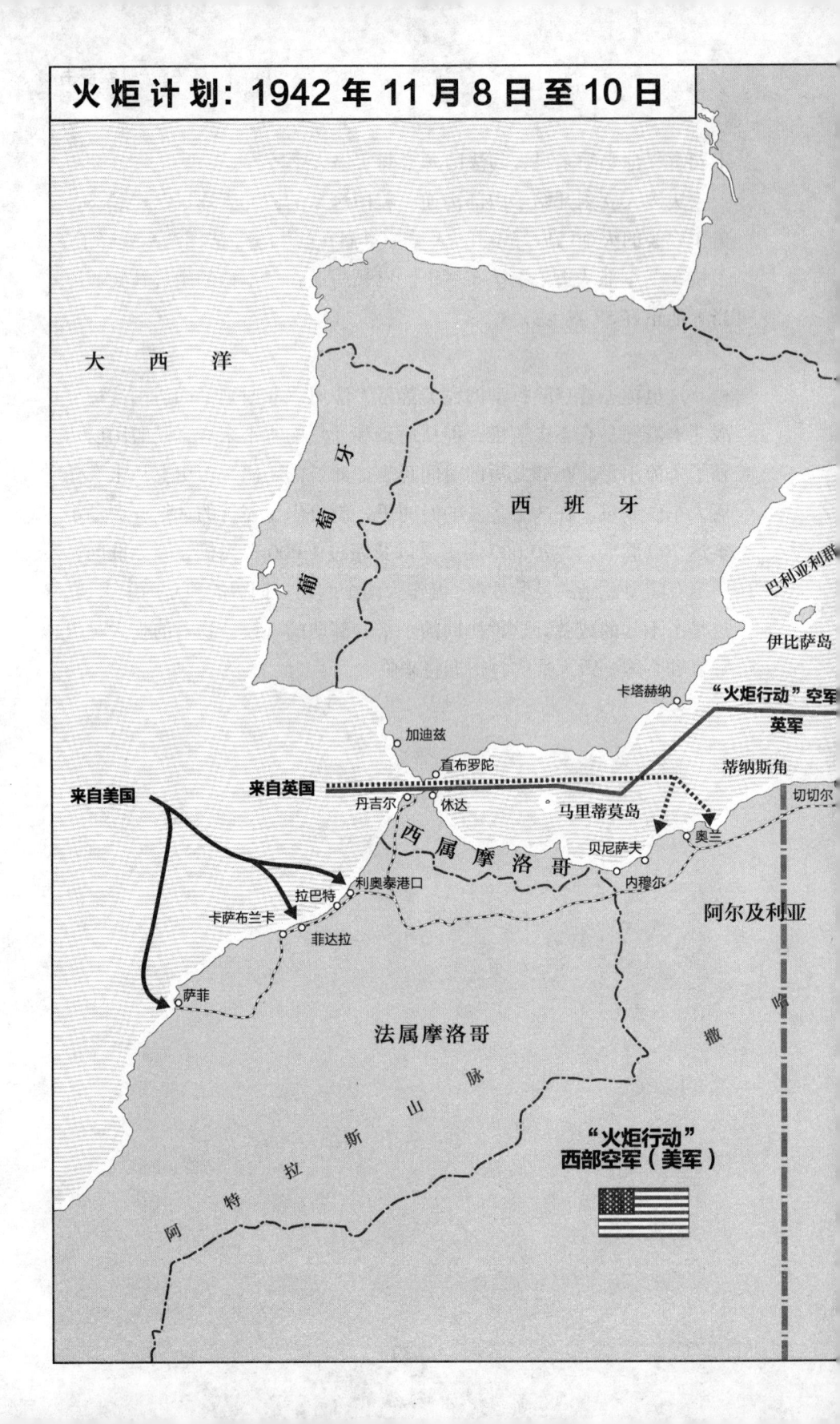

火炬计划：1942年11月8日至10日

地图

国家与地区： 法国、意大利、突尼斯、的黎波里塔尼亚

海域： 地中海、第勒尼安海

城市与地点：
- 米兰、都灵、热那亚、拉斯佩齐亚、土伦
- 利翁湾、科西嘉、博尼法乔海峡、马达莱纳
- 罗马、那不勒斯、塔兰托
- 比萨岛、梅诺卡岛、马略卡岛
- 斯巴蒂文托角、帕勒莫、墨西拿、特拉帕尼、奥古斯塔
- 布吉、菲利普维尔、泰拜尔盖、布恩、比塞大、邦角
- 吉杰勒、拉卡尔、突尼斯
- 康斯坦丁、塞蒂夫、苏塞
- 马耳他、兰佩杜萨
- 斯法克斯、克肯纳群岛
- 加贝斯湾、加贝、马雷特
- 的黎波里、祖阿拉、胡姆斯、米苏拉塔

标注线：
- 空中巡逻线 从11月7日起
- NCXF 分界线
- 空中巡逻线 从11月7日起
- 地中海和雷凡特空军分界线 1943年2月20日

图例：
"火炬行动" 东部空军（英军）

0　　　200 公里
0　　　200 英里

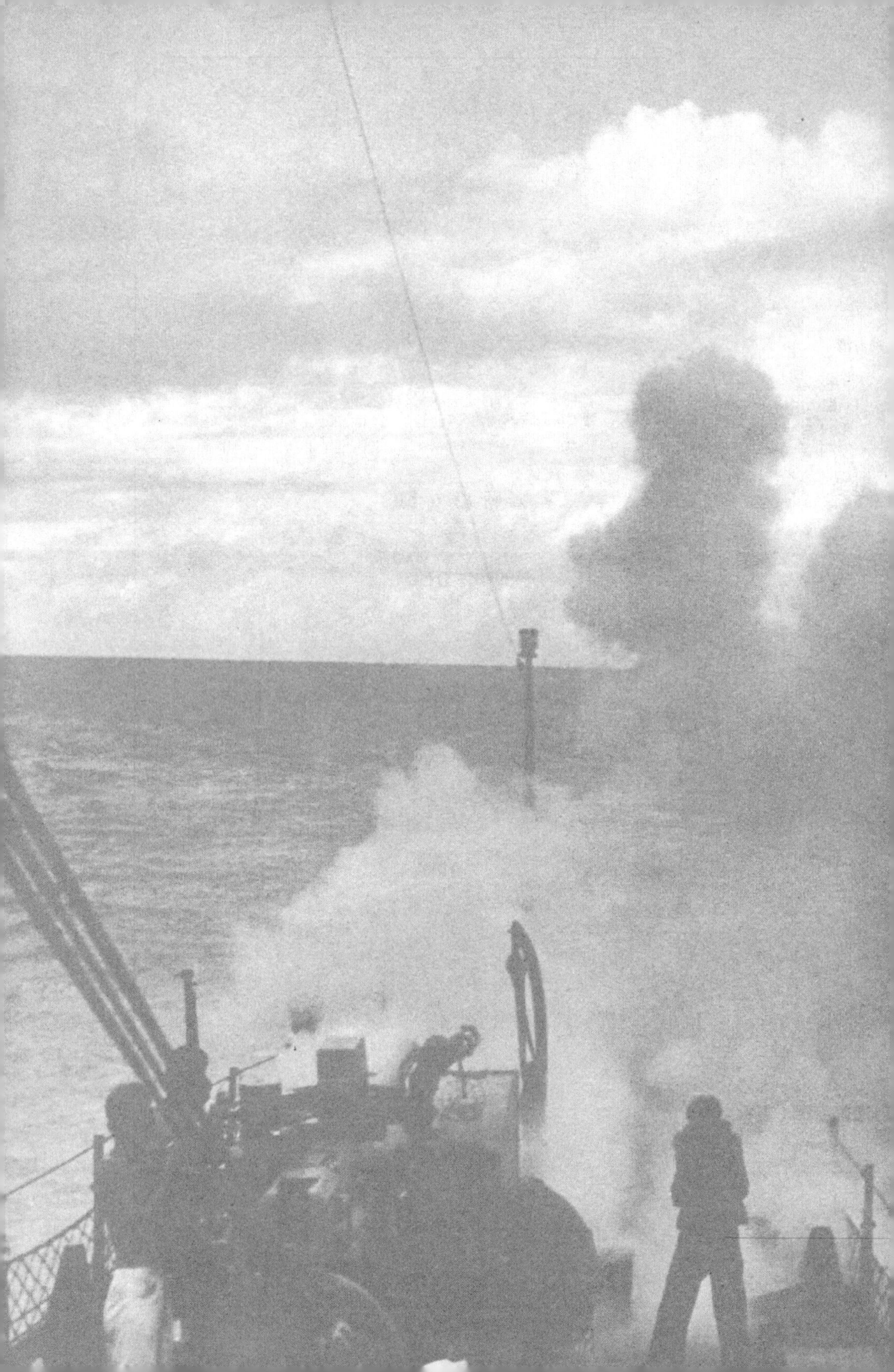

第四部分

粉碎群狼

PART FOUR:
CRUSHING THE WOLFPACKS

第 35 章

暗黑之月

德国潜艇于 1942 年 6 月在大西洋上击沉的同盟国船舶高达 636 926 吨，其中大部分是从美洲开来的。这是德国潜艇所取得的单月最高战绩。事实上，他们只有 3 个月超过了 500 000 吨，这是邓尼茨最初计划让英国屈服所每月必须达成的吨位数。

这个数字是邓尼茨根据战前的数据预测的，这个假设建立在英国的大部分食物依赖于进口。可实际情况是，英国的食物进口大幅缩减了，数百万英亩的土地被开垦出来，他们在 1942 年的收获季取得了 8 000 万吨的好成绩，1941 年仅有 5 300 万吨。与之形成对比的是，德国那时的收获量低于 1935—1939 年的水平。

尽管英国在 1942 年经历了大幅增产，但那年的天气并不特别有利。6 月天气还不错，但到了 8 月则变得阴雨绵绵，光照不足，9 月的天气仍不见好转。威尔特郡的农民斯特里特由于大腿静脉炎发作，现在只能躺在病床上。接手家里农活的是他的女儿帕梅拉，后者本来在医院担任护士工作，不得不请假回来帮忙。她在 9 月 9 日的日记里写道："大麦已收了 6 垛，非常棒！很多志愿者来帮忙收割。"天气虽然不如意，但更多人来搭把手起了大作用。

无论如何，英国并没碰到德国那样的食物危机，减少食物进口空出来的海运仓位能装载更多的战争物资。邓尼茨之前已意识到，50 万吨的击沉目标值实际上不一定能给英国带来灾难，更合理的目标应设置在 80 万吨。

7月，邓尼茨决定将潜艇部队的攻击重点转移到大西洋中部。随着美国终于引入了商船编队体系，再将潜艇千里迢迢地派到美洲沿岸已没有多少意义。德国海军负责破译密码的 B 处成功攻破了英国编队体系的密码，因此能引导狼群提前布阵等待对手撞入自己的埋伏圈。而且，对潜艇方有利的是，同盟国的陆基飞机难以覆盖大西洋中部。

此时，之前短暂的"欢乐时光"终结了。邓尼茨此时虽然得到了他所希望的潜艇数量，但老手损失殆尽。像艾里希·托普和泰迪·舒伦这样活下来的老手太过宝贝，必须用来教导那些新手艇长，不能再随便冒险送到一线去作战了。这种情况也是战前规模不够大的后遗症，当装备数量赶上来时，经验和人力却拖了后腿。1939 年潜艇部队所拥有的 3 000 人现在几乎未剩下多少了。

同时，技术进步简直是日新月异。德军于 7 月被击沉了 11 艘潜艇，8 月是 10 艘，9 月是 11 艘，10 月达到了 16 艘。泰迪·舒伦在完成了最后一次战斗巡航任务后，被命令前往柏林接受希特勒给他的骑士十字勋章颁发佩剑饰。当舒伦等待颁奖时，正好看到隆美尔元帅从希特勒位于总理府的办公室里走出。

舒伦的性格很坦率，他并不会趋炎附势。元首当时想听听他的想法，因此问到潜艇是否能击沉更多的敌军舰船。舒伦并未掩饰实情："我确信，敌人在飞机上配备了雷达。这意味着他们能在很远的地方发现我们，这种情况下，要想赶上商船编队则非常困难。此外，我们目前主要依赖夜间上浮进攻的作战模式，对敌人的打击也很受限制。"希特勒对此感到惊讶。他想知道，潜艇是否有足够的自卫能力。舒伦解释，目前潜艇上的火炮性能并不理想，不仅火炮容易卡壳，潜艇本身作为发射平台在大海里也晃个不停，很难瞄准飞机这样的高速目标。他们继续讨论了 20 分钟，舒伦在离开时确信，元首对海军的了解实在太少。他后来评价道："元首觉得潜艇很神秘，因此在过去，潜艇部队的需求未能得到足够的重视。但另一方面，纳粹党和国家机关也未过多地干涉我们，这也不算什么坏事。"舒伦的判断是准确的，因此，潜艇部队在战争爆发时的实力储备严重不足。希特勒从未真正了解海权的意义，他选择重点发展水面主力舰的策略无疑是感觉大舰巨炮才能彰显海军的强大。潜艇看起来是太微不足道。但潜艇才是他在战争首年击溃英国的唯一希望。如果他在1939年，甚至1940年时能拥有目前的潜艇数量，战争的进程将会截然不同。到了1942年秋，一切都太晚了。

舒伦把敌军机载雷达的事情也对邓尼茨做过汇报。他和同僚们渐渐发现，英国人已在他们不知不觉间研发出了空腔磁控管技术。由于德国间谍并未能渗透到英国内部，所以他们只能通过无线电监听、空中侦察和密码破译来了解对方的动态。这些侦察形式没能发现空腔磁控管技术的运用，当然，同盟国还有很多秘密是德国人一直没能掌握的，甚至包括德军密码被破译这事。

小型化的机载雷达只是同盟国取得的诸多技术突破中的一项。除了ASW雷达和哈夫－达夫系统，美国人也正钻研地磁异常探测器（Magnetic Anomaly Detectors，缩写为MAD）。这种设备能捕捉到地磁由于大型金属物体而发生改变的信号，如此，潜艇的动态就很容易在空中被发现。美国人还在研发空射自导航鱼雷以及空射声呐浮标。这些不需要回收的声呐被投入海中后，能精确地探明德军潜艇的位置，将相应的无线电脉冲信号返回给飞机。除此之外，英国人还给飞机安装了火箭弹，其穿甲弹头能轻易击穿潜艇的耐压壳。这些技术将很快成熟，并可投入实战。如此多的先进设备体现了同盟国对大西洋上的海运有多么重视。

有些新式装备已列装了部队，比如英军的"刺猬"（Hedeghog）。这种武器能突然释放24枚15公斤重的小型近距炸弹，这对潜艇极具威胁性。以前，ASDIC设备的声呐距离护卫舰本身有一定距离，如果潜艇已摸到自身下方，很难被发现。很多时候，护卫舰只能根据潜艇大概的方位盲目地投掷深水炸弹。"刺猬"系统能更精准地攻击潜艇，虽然它在使用上需要较高的技巧，但经过训练可以轻松弥补。

唐纳德·麦金泰尔指挥官负责B2护卫大队在大西洋上执行任务，

PART FOUR / 粉碎狼群

凭借这些改进后的武器，他们自身和商船所面对的风险大大降低。他在1942年秋护送的大西洋船队几乎未受到损失。他渐渐意识到，德国潜艇在发动进攻时，潜艇自身也会暴露在巨大的危险下。从同盟国的角度来看，现在的情况好多了。护航舰队现在常常会面临白天黑夜都无所事事的状态，反而出现了士气不振的新问题。他写道："无聊和孤独才是真正难以解决的麻烦。"

随着冬季的来临，海军面临的最大危险又变成了狂暴的灰色大西洋。他们需要对抗大风、暴雨和怒海。麦金泰尔的"金星"号有一次需在夜间与伴随他们的油轮进行燃料补给作业。结果在复杂的操作中，有船员从甲板上落水。警报被立刻拉响，但在巨浪中难以放下救生筏。麦金泰尔命令，用探照灯锁定落水者，然后将军舰慢慢靠上去。军官戴维·西利（David Seeley）的腰上套着救生圈，顺着缆绳爬下去救人。西利成功地抓到了那人，可在往上拉过程中，落水士兵从他手臂中滑落，消失于大海。

维尔·怀特－博伊克特海军少校在此期间也在大西洋上执行护航任务，他于当年夏天作为"冬青"号驱逐舰（HMS Ilex）舰长前往南卡罗来纳州的查尔斯顿（Charleston）接船。在船员掌握这艘新船的操纵技能后，怀特－博伊克特率船前往特立尼达（Trinidad）补充燃料，然后加入了一支已到达大西洋中部的商船编队，这是从英国开往巴西的。

怀特－博伊克特对手下的军官非常满意，而他们也正好是战争期间军官来源多样化的典型例子，"他的大副来自常备军，年纪轻轻却'精明能干'。他的领航员来自皇家海军志愿者后备役，在参军前是名化学老师，人品很'可靠'。这人还养了条红色塞特小猎犬，怀特－博伊克特允许他将狗带着给船员取乐。他的二副刚满20岁，被送入达特茅斯学院深造。临时顶替的二副也来自皇家海军志愿者后备役，被征召前在伦敦庞德街经营着一家珠宝店。"怀特－博伊克特写道："不错的伙计，他把密码相关的事务处理得井井有条。"

可新船的首次护航任务并不顺利。有名普通船员的肺部发生了感染，船上的军医尽了全力治疗，但发现必须立刻动手术。军医对麻醉

西线之战 / THE WAR IN THE WEST

量掌握得并不到位,虽然将病人麻倒了,但远未达到最佳效果。病人在手术过程中苏醒,惊骇下乱动,将手术台上的器具打翻在地。他们花了45分钟才将所有器具重新消毒完毕,让军医完成手术。令人遗憾的是,病人还是在次日死去。即使没有德军潜艇的威胁,海上的生活依然艰辛、危险。

当同盟国庞大的登陆舰队驶入地中海时,希特勒于11月8日中午离开了狼穴,前往慕尼黑。他要在那里对忠实老党员发表一年一度的"啤酒馆暴动"纪念演讲。希特勒首先飞到柏林,然后登上了"美洲"号专列。当列车开到图林根时作了停留,参谋们向他汇报了同盟国的登陆行动,这完全出乎他的意料。他首先将空军臭骂了一顿,批评他们缺乏准备,却绝口不提自己一厢情愿地不相信西北非会遭袭击。他最后决定,必须保卫突尼斯,需要迅速增派部队。

冯·里宾特洛甫在中途搭上元首的列车,劝说其同意自己通过斯德哥尔摩的苏联大使馆与斯大林媾和。希特勒直截了当地拒绝了。局势的变化让他在慕尼黑的讲话变得更为狂热。他告诉听众:"从现在开始,将不会有任何和谈。"整个演讲中充斥着他翻来覆去的那些观点。除了最后完全的胜利,没有别的可能,胜利必将来临。斯大林格勒很快就能拿下,只剩下几个缩小的包围圈还在抵抗。德军在北非虽然进行了撤退,但这并不影响大局,让出来的只是沙漠,他们将重振旗鼓,重新东进。说辞和现实简直有天壤之别。

瓦利蒙特将军从家中广播里听到了同盟国登陆的消息,很快,最高统帅部打来电话命令他前往维希法国协调西北非的防御计划。他立刻赶往慕尼黑,找到元首列车,却发现那里空无一人。他正在琢磨这事时,碰到了约德尔,后者告诉他不必去找法国人了,希特勒断定法国人靠不住。约德尔要求他立刻返回原来的岗位。瓦利蒙特写道:"在这种危急关头,我只能服从。"

瓦利蒙特在火车上被分配了个小房间,然后根据手里所能获得的信息起草了作战方案,一边要在突尼斯附近构建桥头堡,一边需要占领法国剩余地区。无需多言，如此多的行动势必会加剧德军捉襟见肘的情况。

在罗马的齐亚诺伯爵于11月8日凌晨5点30分被电话吵醒，这是里宾特洛甫打来告诉他同盟国登陆的消息。齐亚诺感到对方很紧张。他不停地追问齐亚诺，意大利的打算。齐亚诺写道："我必须承认，当时毫无准备，我在半梦半醒之间回答得不算令人满意。"

齐亚诺起床打理好自己，前去拜见领袖，后者"状态不错"。然后，他又去见了军事情报局的负责人塞萨雷·阿梅（Cesare Ame）。阿梅称得上是意大利高层里对局势最为清醒的人，他有良好的大局观，并从不逃避现实。他对齐亚诺说，同盟国将能一路向东杀去，占领利比亚，攻入突尼斯。一旦北非落入同盟国手中，意大利将不可避免地成为他们的下一个目标。齐亚诺写道："阿梅说，陆军的士气低落至极。"

次日，齐亚诺被召集到慕尼黑，希特勒在那里告诉他，德国即将占领法国并在突尼斯建立桥头堡的计划。他们一起从慕尼黑出发，来到贝希特斯加登，元首希望在那里能从容地思考未来的战略问题。这也意味着大批参谋人员将一起随行，在小镇边上已建起了第二总理府。主要的会议于11月10日至11日举行。皮埃尔·拉瓦尔也被邀请参加，但占领法国的消息瞒着他没说。他在回程路上，终于获知了此事，但那时占领行动已经开始了。齐亚诺为拉瓦尔的悲惨处境感到同情。

虽然有人向希特勒提议，彻底放弃北非，但元首不接受这样的提案。他对地中海非常介意，总担心同盟国会从丘吉尔所说的柔软下腹部开刀，那里不仅靠近普洛耶什蒂油田，还能威胁帝国南部。这是他之前进军巴尔干、希腊和克里特岛的原因。因为同样的原因，他于1941年2月派隆美尔去北非支援意大利人。这些分兵都是在德国准备发动重要战役时发生的，对德军人力和物力来说都是不能忽视的牵制。当然，从某种角度来说，这些超过德国能力的过多资源需求迟早会发生。

在大部分情况下，当参战的某一方意识到无法获胜后，战争就会很快结束。希特勒在去年 12 月就拒绝接受这个现实，而在目前的危机中，他同样不放弃。一旦决定要继续挣扎，那么增兵突尼斯就成为了必须的行动。从地理上来看，突尼斯和比塞大（Bizerte）都在西西里岛南端的对面，两者之间的距离隔着大海只有 100 英里（161 公里）。轴心国如想增援北非，突尼斯无疑是最方便的地点。希特勒希望借助这一行动阻止意大利的崩溃，否则影响将是毁灭性的。突尼斯在他看来将是"德国在南方战线的基石"，因此这里需要不惜一切代价死守，必须派出强力援军。现在，东线已进入了冬季，虽然斯大林格勒的战斗仍在继续，但整体还算稳定，此时从东线抽兵显然比夏季容易。

负责迅速筹备新防线的是凯瑟林元帅，他立刻行动起来。轰炸机部队奉命进驻撒丁岛和西西里岛，他们从那里能轰炸同盟国新近占领的阿尔及利亚诸港口。除此之外，他还派人去和法国驻突尼斯政府接洽，同时还带去了他的伞兵团，总部警卫营以及几架 Me-109 和"斯图卡"。他们降落在突尼斯边境旁的欧韦奈机场（Al Aouina），当地法军并未抵抗，其指挥官慌忙逃往阿尔及尔，声称德军有 40 多架飞机入侵。2 天后，德军伞兵占领了北部海岸旁的比塞大机场。

在同盟国登陆北非 2 周内，轴心国派遣了 11 000 名士兵来到突尼斯，这些部队主要从西西里岛和法国抽调而来，不仅包括伞兵，还有一些装甲掷弹兵单位，也就是机械化步兵和装甲部队。由久经战阵的"公羊"师残余部队组成的意军特勤旅也从的黎波里抽调过来。11月 14 日，之前在阿拉姆哈勒法战役中受伤的内林将军也康复归队，他接手了这里的指挥权。不过，这次又碰到了特殊情况，他的飞行员迫降了飞机，所幸他没有受伤。11 月 24 日，第 10 装甲师抵达突尼斯，随同他们一起到来的还有几辆崭新的"虎"式坦克。这次部队的迅速调集表明只要希特勒重视，加之补给线缩短，轴心国的后勤部门还是有很强的再生能力。更重要的是，凯瑟林比隆美尔更有作战执行层面的大局观，他对意大利同僚的态度也更耐心，这些都在此刻显现出了作用。

PART FOUR / 粉碎狼群

回顾1940年的法军指挥层，就是失败于踟蹰不决，被反应迅速的德军陆军和空军完胜。几年过去了，法军依然没有任何改善。吉罗的态度反反复复，达尔朗也是忽冷忽热。在突尼斯，欧韦奈机场的指挥官一看到德军就拔腿逃跑。法国总督让-皮埃尔·艾斯特瓦（Jean-Pierre Esteva）也未能采取什么果断的行动，不知如何面对阿尔及尔和维希传来的不同命令，竟然希望能维持中立。驻扎在突尼斯北部的突尼斯师指挥官乔治·巴尔（Georges Barre）将军迅速率领部队撤离了突尼斯平原，躲进了迈贾兹巴卜（Medjez el Bab）和贝贾（Beja）之间的山区。

同盟国劝说法属突尼斯抵抗轴心国入侵的努力算是白费了，达尔朗等人的暧昧态度使局势变得复杂。他先是拒绝命令停泊在土伦和突尼斯的法军舰队出海投奔同盟国，之后又说要等诺格将军从法属摩洛哥过来才能配合。终于在11月13日，艾森豪威尔、坎宁安和诺格都来到了阿尔及尔，双方才达成协议。在有些紧张的氛围下，达尔朗宣布他将担任法属北非的行政首脑，诺格仍任法属摩洛哥总督。吉罗将担任法国部队总司令，他将动员部队对抗轴心国。艾森豪威尔和坎宁安在安排妥当后返回直布罗陀，而以高超技巧统筹了登陆行动和谈判的克拉克已被晋升为中将，他被留下召开媒体沟通会。他告诉记者："过去的4天，非常不容易。我们不停地需要向后张望，而不是只盯着突尼斯前线。现在，我们可以大胆开进了。"

不过，和达尔朗的交易并不顺利，无论是英国媒体还是美国媒体都对此展开了大批判。哥伦比亚广播电台的艾德·穆罗质问："我们是要消灭纳粹分子还是要和他们共眠？"达尔朗是个出名的反犹分子，对轴心国也是暗送秋波。当同盟国那边正在艰难地消化内部矛盾时，轴心国仍在马不停蹄地加强突尼斯桥头堡的建设，这次他们的补给线更简短。阿尔及尔到突尼斯的距离是560英里（901公里），卡萨布兰卡距离突尼斯是1 500英里（2 414公里）。坎宁安海军上将强烈要求在比塞大登陆，但继续深入地中海地区500英里（805公里）进行跨海作战风险太大。如想较容易地粉碎轴心国在突尼斯的桥头堡或许在几天前发起更合适，现在时间有点晚了。同盟国的所有装备都需要从遥远的地方运来，阿尔及利亚的港口仍不停地忙着装卸作业。盟军将面临一场硬仗，这将比之前维希法国那三心二意的抵抗困难很多。

由于达尔朗协议已经达成，克拉克表明，同盟国将全速推进北非的战事。登陆行动的主力虽然是美军，但到了地面作战的阶段，总指挥将由英军中将肯尼斯·安德森（Kenneth Anderson）担任，此君是新成立的英军第 1 集团军指挥官，是和克拉克一起于 11 月 9 日飞临阿尔及尔的。巴顿的部队大部分仍待在法属摩洛哥，而美军第 2 军下辖的第 34 "红牛"师和"大红一师"都被划归英军第 1 集团军指挥。安德森将军把刚到阿尔及利亚的第 1 集团军的情况描述为，"并不完美，需要随着后续部队的到来以增强自己的实力。"因此，最初发动突尼斯的部队主要是英军伞兵、突击队和刚到达的英军第 78 师。

无人怀疑空中力量的重要性，因此必须尽快占领有利的机场和港口才能发挥同盟国的空中优势，这对争夺突尼斯的竞赛至关重要。同盟国的空军力量还堆积在直布罗陀，大型航母变成了运输工具。空军中队正迅速部署到北非。

在阿尔及尔附近白楼机场的空军包括皇家空军第 225 中队，他们主要负责战术侦察任务的执行。这意味着，他们需要在低空飞行并拍照。当然，如果在巡逻过程中看到有价值的目标也能发起攻击。他们装备的是新型的"飓风"战斗机，不仅防护皮实，还是低空作战的理想火力平台。中队里的大部分战机是直接从直布罗陀飞到白楼机场的。不过，有 4 架先执行了保护"达科他"飞往奥朗的任务，然后转飞回来，这其中就包括 21 岁的新西兰人肯·内尔（Ken Neill）。

内尔是农民的儿子，在南岛（South Island）的大农场长大，那里距离风云变幻的欧洲很遥远。但大战的爆发还是将他这样居住在与世隔绝的新西兰荒凉农场里的普通人卷了进来。他承认："我并不是那种急着要上战场的人，但我明白自己对这场战争义不容辞。"他父亲是参加过上次大战的老兵。在父亲的支持下，他准备在自己年满 19 岁时参加新西兰皇家空军，虽然他从未看到过飞机起飞的样子。

他在新西兰接受了初步训练，然后通过漫长的海路来到英国，在那里完成作战训练，最终被分配到第 225 中队。内尔开心极了，他终于能驾驶战斗机翱翔天空了。他所在的中队正在改飞美制的"野马"战斗机，他非常喜欢这种新机型。可他们刚完成换装，部队就被调派到海外执行任务，他们又需要换装"飓风"。部队首先前往格拉斯哥等船出海，在那里的一座大厅里他们听了情况简报。内尔说："英军的王牌飞行员都来了，都是之前耳熟能详的大英雄。"这样的场景让人精神振奋。

海路走了很久，他们在直布罗陀待了几天，等待起飞前往北非。他顺利驾机越过地中海，来到奥兰以南的拉塞尼亚机场（La Senia）。天色渐暗，来不及继续转场前往白楼机场。拉塞尼亚机场的设备很简陋，飞行员们只能在机场附近的一个木工房里凑合过夜。他们发现，这里到处都是超大的老鼠，为了避免睡着时被老鼠啃掉耳朵，内尔只得睡在一具棺材里以自我保护，他在非洲的第一个夜晚真够奇妙。他补充道："不过，我们很快就发现，北非有太多比大老鼠更可怕的东西。"

同盟国很快夺取了更多的机场。英军空降兵于 16 日占领了突尼斯西北部的苏克阿巴机场（Souk el Arba）。美军空降兵也来到了前线，他们在经历了 11 月 8 日初战的混乱后，重整旗鼓，顺利攻克了阿尔及利亚南部边境上的尤克勒斯拜恩机场（Yoks les Bains）。部队作战能力没有问题，关键在于运输机的管理水平。17 日，他们占领了突尼斯南部的加夫萨机场（Gafsa）。这些重要的行动都取得了圆满的成功。突尼斯边境线上的布恩机场（Bone）靠近海岸线，是这里唯一的水泥跑道。第 225 中队于 17 日进驻这里。这时候的北非天气很不好，风雨交加，冬天又冷又潮。

新近抵达的第 78 师赶往突尼斯北部，他们兵分成 3 路前往比塞大港、迈贾兹巴卜和贝贾。他们于 17 日在比塞大公路与德军伞兵交火。德军被击退，双方都遭受了严重损失。英军伞兵于次日消灭了德军在西迪纳斯尔（Sidi Nsir）附近的装甲侦察部队。法军巴尔将军的部队也与德军发生了交火，这还是自 1940 年停火后的首次。

同盟国的进展也称不上势如破竹。到 11 月 21 日，他们距离突尼斯港还有 25 英里（40 公里），而距离比塞大则有 50 英里（80 公里）。整个战斗的进展情况要看德国空军派出了多少空中支援，才能决定地面战斗的成败。

突尼斯的地形不利于进攻。其南部插入撒哈拉沙漠，北部是典型的地中海地貌。沿着北部海岸线是茂密的橡树林，往内陆走变成了连绵的丘陵，山谷里分布着橄榄树、麦田和葡萄园。早在 2 000 年前，这里的山谷就包揽了古罗马的大部分麦子供应。法国殖民者占据了大部分沿海城镇，而往南的内陆主要住着阿拉伯人。两条山脉横亘在这个国家：大多塞尔山（Grande Dorsale）从东北往西南方向延伸，东多塞尔山（Eastern Dorsale）在内陆为南北方向并和东部的海岸线持平。在东多塞尔山和大海之间是没有遮挡的平地。毫无疑问，多山谷的北部和两座绵延的大山都对防御方有利。

安德森将军准备发动对突尼斯港和比塞大港的最后一击，但糟糕的天气和迅速加强的轴心国陆、空军使他的计划没能顺利实现。同盟国一定会后悔之前的大意疏忽，错失良机。

1942 年 11 月，对轴心国来说是相当黑暗的月份。他们被"火炬"行动打了个措手不及。在高加索地区，他们虽然成功抵达了奥尔忠尼启则（Ordzhonikidze），眼看就要打开格鲁吉亚和高加索南部油田的大门，但很快被苏军发动的大规模反击逼退。苏联红军还于 11 月 19 日发动了"天王星"战役（Uranus），让德军整个东线非常吃紧。苏军最高指挥部在 9 月就发现，虽然保卢斯将军的第 6 集团军战斗力很强，但其由仆从国军队组成的侧翼却很薄弱。北侧的罗马尼亚第 3 集团军在冬季来临后自顾不暇，南侧的罗马尼亚第 4 集团军也脆弱不堪。

德军糟糕的情报系统再次掉链子。苏军顺利在斯大林格勒的南北两侧集结了大量部队，并未被德军发现。当这些部队在大雪里如幽灵般杀出时，仿佛是 1940 年鼎盛时德军的重现，他们将轴心国打了个措手不及。两支苏军铁拳在粉碎了两侧罗马尼亚集团军之后，仅花了

4 天时间，就在斯大林格勒以西 35 英里（56 公里）处完成了合围。德军整个第 6 集团军和部分第 4 装甲集团军被困在这个包围圈内，合计有 25 万~27.5 万人。次日，11 月 24 日，第 4 罗马尼亚集团军被全歼，第 3 罗马尼亚集团军后撤到 50 英里（80 公里）后的奇尔河（River Chir），这使 B 集团军群和仍在高加索地区的 A 集团军群之间留下了一个巨大的缺口。

  作为陆军总司令的希特勒此时在干什么呢？艾里希·冯·曼施坦因陆军元帅作为顿河集团军群的司令官认为，第 6 集团军必须立即逃出包围圈。后勤部门努力尝试用空运补给的方式让被困部队撑到曼施坦因可以帮他们解围的时间。保卢斯估计，被围困部队每天需要 750 吨的补给。戈林命令他的部队去完成每天 500 吨补给的运输计划。而他的手下回复，最多只能做到 350 吨，且还是天气良好的情况下。实际上，戈林这时只有 298 架运输机可供调遣，每天只能运进去 100 吨补给。元首不顾这些情况，命令保卢斯将军必须死守，不得突围。灾难即将来临。

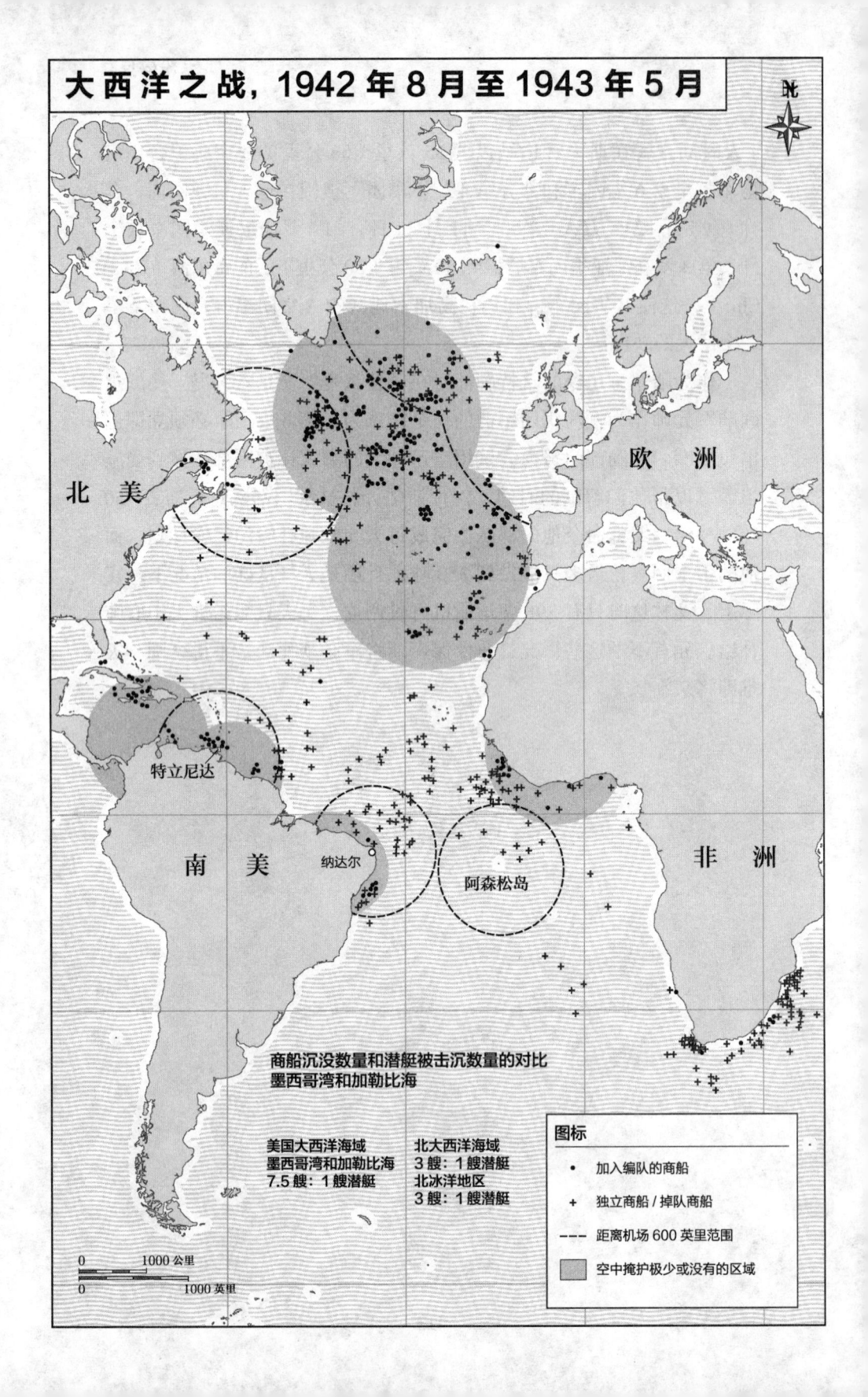

大西洋之战，1942年8月至1943年5月

北美　欧洲　南美　非洲

特立尼达
纳达尔
阿森松岛

商船沉没数量和潜艇被击沉数量的对比
墨西哥湾和加勒比海

美国大西洋海域
墨西哥湾和加勒比海
7.5艘：1艘潜艇

北大西洋海域
3艘：1艘潜艇

北冰洋地区
3艘：1艘潜艇

图标
- 加入编队的商船
+ 独立商船/掉队商船
--- 距离机场600英里范围
▨ 空中掩护极少或没有的区域

0　1000公里
0　1000英里

第36章

小遇挫折

在加利福尼亚州里士满船厂的2号船渠，克莱·贝德福德对自己被凯泽的儿子埃德加超过有些不爽。因此，他给手下的工人发了一份告示："俄勒冈有什么我们没有的东西吗？"他向大家征集里士满如何能重夺造船速度之王的想法。结果，他收到了超过250封如何加快造船的建议。他们给自己设立了新目标：比"10天建造奇迹"节省一半的时间——"5天速成船"。

11月7日，开始了建造工作，所有的部件都已预装配好，工人轮班不停地干。24小时后，龙骨已摆放完毕，船壳也已焊接好。48小时后，发动机安装到位，上层甲板完工。到第3天结束时，驾驶舱和桅杆均已完成，整个船看起来已初见雏形。

第4天用在铺设线路上，完成最后的焊接收尾和喷漆。到了11月12日下午3点27分，这艘自由轮"罗伯特·E. 皮尔里"号（Robert E. Peary）已能下水，用美国卓越的极地探险家命名。整个建造耗时4天15小时26分钟。

这种工业奇迹对同盟国在当月的损失是种宽慰。当月总计有128艘商船沉没，其中117艘被潜艇击沉，总吨位高达802 160吨，这也是邓尼茨的手下首次达到梦幻般的800 000吨目标值。这是惊人的战果，但大部分都来自于单独行驶或者是落单的船只。损失的区域集中在大西洋东南部和加勒比海海域，那里仍有不少船只未加入商船编队航行。

其中，在空军巡逻无法覆盖的中大西洋被击沉了39艘，这引起了对战争物资供给运输的忧虑，那可不能出一点闪失。

击沉商船数量的激增有赖于几个因素。首先是技术，德军新研发了一种被称为"梅托克斯"（Metox）的雷达接收器。虽然尚在初级阶段，但它能捕获飞机发出的米波级雷达信号，及时给潜艇预警。因此到了秋天，潜艇又能安然地浮出水面行动了。新型的Ju-88c型远程战斗机也投入使用，重新夺回了比斯开湾上的制空权，因此潜艇能安全进出基地了。"梅托克斯"同样能捕捉到船只发出的米波级雷达信号。英军护卫舰早已不用米波级这种落后的装备，但加拿大海军仍在使用，而他们在中大西洋承担了35%的护航任务。

自加拿大皇家海军加入大西洋之战以来，其舰船和人员就一直在高负荷运转。到了1942年秋，这个问题由于大量英、美战舰被抽调去"火炬"登陆行动，加拿大海军需要在大西洋上承担更多的日常护航任务。只有21岁的迪克·皮尔斯（Dick Pearce）中尉担任"阿尔维达"号（Arvida）的舰长。他和舰员身上的压力是巨大的，他说："我在'阿尔维达'号上经历了不少船只被击沉，打捞幸存者的工作，数不胜数，简直糟透了。"

曾有一度，"阿尔维达"号拥有打捞最多幸存者的记录，可谁想要这样的"荣耀"呢。"阿尔维达"号属于C4护航大队，在9月10日给ON-127编队护航时曾遭遇大股狼群的袭击。尽管他们有ASDIC系统的支持，但仍然无法全时间段地监控整片海域，U-96竟然能在白昼时一举击沉3艘商船。护航部队疯狂般寻找这片海域里潜艇的踪迹，可只有1艘军舰上配备了"哈夫-达夫"装置，还出了故障。战斗在接下来的4天变得激烈。14日凌晨2点，"渥太华"号（Ottawa）驱逐舰被U-91命中，发生剧烈爆炸，橘黄色的火焰照亮了夜空。空中弥漫着烟尘和爆炸碎片，就像是个发臭的鸡蛋一般。"渥太华"号立刻开始下沉。"阿尔维达"号赶过去救人，可他们没注意到错过了一群落水者。当站在舰桥上的迪克·皮尔斯他们听到呼救声时，已经来不及停船了，他们只得绕个圈子转回来。可这时，不少浮在水面上的人已经因冰冷的海水和沉船泄露出的燃油死去。"阿尔维达"号的船员带着缆绳下到浮着燃油的海面去救人。最后,"阿尔维达"号和"瑟兰丁"号(Celandine)只救起了62名"渥太华"号的幸存者。之前被击沉的"帝国石油"号(Empire Oil)更是只有7人幸存。皮尔斯说道:"这样的惨剧让大家非常难过。"他们将自己的衣服和舱室都让给了幸存者使用。当"阿尔维达"号终于抵港时,他们船上共载有超过150人,而船体设计载员只有85人。ON-127编队在这次糟糕的航行中总计损失了7艘商船。

丰富的经验和优良的装备非常重要,正是凭借这两个条件,唐纳德·麦金泰尔在1942年整个秋天的护航任务中未出现任何损失。对于压力很大的加拿大人来说,显然需要更多的"哈夫-达夫"装置,使用新型的雷达非常重要。由于护航航母和其他战舰依旧被"火炬"行动牵制,变化难以在10月或11月到来。

同盟国的造船业可以弥补这些损失,尤其是以惊人速度下水的"自由轮",其下水速度远超沉没速度。不过,船员的招募成了新问题。寒冷的冬季不仅给潜艇造成了麻烦,对那些在海上航行的船员来说也是巨大的挑战。恐怖的北极船运随着夏季的结束恢复了。尽管这条航线上80%的编队未遭受过任何袭击,但自然界里的危险仍然压抑着海员们的士气。随着大量商船在中大西洋被潜艇击沉,船员们更加担惊受怕起来,不知自己何时会遭到袭击,是否会孤单地死去。

必须要有所改变了。西路指挥部迎来了新的司令官。无人怀疑前任海军上将珀西·诺布尔爵士从1940年就任以来所取得的成就,但就像道丁空军上将在不列颠之战后卸任战斗机司令部长官一样,是时候补充新鲜血液和新想法了。海军上将马克斯·霍顿爵士(Sir Max Horton)就是在这样的背景下上任,他是个经验丰富的潜艇指挥官,能从德军潜艇艇长的角度来考虑反制措施。精力充沛的他非常清楚,必须作出变革,将大西洋之战迅速扳回正确的轨道。邓尼茨现在可以保持90艘潜艇在外巡游,之前的技术壁垒被部分攻克了,冬季还是潜艇较佳的猎杀季节。霍顿敏锐地意识到,皇家海军和加拿大海军之

西线之战 / THE WAR IN THE WEST

间的训练和装备差距是防线中的薄弱环节。大西洋之战的结局不会有疑问，同盟国庞大的生产能力以及技术和情报优势决定了他们能掌握住主动。但目前，确实面临到新挑战，且这种挑战还可能将危机效应传导至其他战场。这可不能放任不管，必须迅速解决。

11月8日，亨利·弗勒奈正剃胡子的时候，接到了帕西上校打来的电话。后者告诉他，同盟国在法属北非登陆的消息，目前局势还不明朗。过了一会儿，又有人打来电话。英国特勤局长官查尔斯·汉布罗爵士（Sir Charles Hambro）想让弗勒奈在当晚飞抵阿尔及尔为吉罗和戴高乐牵线搭桥。弗勒奈表示，自己很乐意效劳，但必须先得到戴高乐的认可。

不过，自由法国的领导者并不喜欢这个主意。因为弗勒奈一旦出面，就变成了另外某个代表团的一部分。戴高乐阐明了自己的观点："我们必须向吉罗表明，法国自由斗士已形成了统一战线，抵抗组织和自由法国都在戴高乐的领导下步伐一致。"

弗勒奈回到酒店，给查尔斯·汉布罗爵士电话告知这一决定。后者冰冷地回应："噢，这可不是我想要的。"

英国人原本以为弗勒奈可以单独行动，减弱戴高乐的影响力，以此抚慰吉罗的自尊。不过此时，达尔朗的配合态度使吉罗对盟军的重要性下降了。

同盟国讨好吉罗和达尔朗完全是出于政治考虑。毕竟，他们比戴高乐这位自由法国的领导者有更多资源能号召抵抗运动以帮助同盟国的登陆行动。同时，罗斯福对戴高乐将军的很多个性非常厌恶，比如暴躁、自大，无止境地索取武器、资金和特殊待遇。

吉罗虽然在第一时间从法国脱离，但同盟国在法国南部的整个间谍网却也因此而暴露，致使整个领导层很快被一网打尽。随着同盟国想用达尔朗代替吉罗，之前付出的巨大代价变得毫无意义。

对美国人来说，达尔朗协议是纯粹的政治手段。同盟国在北非的登陆使法国解放变得更近，但短期来看，在法国的普通民众的生活却

PART FOUR / 粉碎狼群

因此变得更艰难。德军迅速开进了之前的未占领区域，镇压力度迅速加强。当亨利·弗勒奈听说敌人越过了停火线，开始占领法国南部后，他意识到自己和抵抗运动里的同伴们将面临一场截然不同的新战役。

德国帝国安全处立刻派驻特务机构进驻里昂，这里是法国抵抗运动的大本营。负责这片区域的指挥官是党卫队一级突击队中队长罗尔夫·穆勒（Rolf Mueller）。具体负责情报6科的是狂热的纳粹分子党卫队二级突击队中队长克劳斯·巴贝（Klaus Barbie）。他出生于莱茵兰地区格德斯贝格（Godesberg）的教师家庭。由于他是未婚生子，因此从小就背上了私生子的骂名，还没有法律保护的继承权。克劳斯处处都表现优异，可父亲却是个酒鬼，常常打骂年幼的他。在这种压抑的环境下长大的克劳斯成为了一个虔诚的天主教徒，曾想过当牧师。不过，他在离开学校后，开始了理论学习的钻研，希望上大学。在这段时间，他的弟弟由于慢性病去世，很快父亲也去世了。由于私生子的身份，他爷爷拒绝给他任何资金支持，因此他没能去大学上学。

巴贝在这种情况下被纳粹运动吸引。当希特勒上台时，他年仅19岁。他说道："国家的重新崛起非常吸引德国年轻人，我也不例外。"他在帝国劳工组织里工作时，被吸纳到安全处工作。他于1940年被晋升为党卫队二级突击队中队长，等效于中尉军衔。对于在安全局工作了5年的他来说，这不算什么高职位，但他毕竟是从一线小兵努力成长起来的军官。他的履历非常漂亮，得到了很多同事的尊重，他尤其以搜集情报擅长。他先是在阿姆斯特丹工作，从1942年5月起被调往法国被占区的第戎（Dijon），11月调往里昂。这次，他将作为独当一面的指挥官，管理多达200人的法国志愿工作人员。他说："我虽然只是个中尉，但却有着将军般的权力。"

亨利·弗勒奈的担忧正在变成现实。弗勒奈和艾曼纽·阿斯特尔于11月18日离开伦敦，他们本该在10月底启程，却由于坏天气而两次推迟。他们在临走前，和戴高乐、帕西上校等人共进晚餐。席间，他们讨论了是否可能在抵抗运动和战前的党派之间建立联合组织，比如国民抵抗委员会（Conseil national de la resistance，缩写为CNR）。

弗勒奈认为，这不是什么好主意，之前第三共和国的政治生态就是党同伐异，分散无力。他声称，法国一定不能再无休止地争吵，互相拆台。

戴高乐说："为此，我们需要找到新办法。"

弗勒奈回应："如果我们失败了，就会走入死胡同。"

"不会。如果那样的话，我会发布命令。"

戴高乐的这种自负的方式让弗勒奈和艾曼纽·阿斯特尔这些年轻的抵抗运动领袖非常不舒服，场面尴尬。

最终，弗勒奈表示："我们作为抵抗运动者可以自主思考和选择。自由权是不可剥夺的权力，必须由我们来决定是否执行你的命令。"

戴高乐想了一下，说道："好吧，看来，法国必须在你我之间做出选择了。"

在遥远的挪威哈当厄高原，中尉晏斯-安顿·波尔松带着他的"松鸡"小组行动并不顺利。实际上，在他们空降的当晚就出了问题，他们着陆后发现自己偏离到了目标以西10英里（16公里）的山区。一般情况下，这不算什么大问题，可现在的他们携带着大约700磅（318公斤）重的装备、食物和补给品。他们将部分物资藏了起来。由于火炉在空投中损坏了，他们必须寻找别的热源以烧饭、取暖。所幸这里还有些低矮的树丛，能搞到些柴火。雪上加霜的是，在他们抵达那里3天后，一场猛烈的暴风雪袭击了那里，温度猛降。

波尔松从小就知道的一处高山小屋已消失了，他们无法与伦敦取得无线电联系。他们在伦敦的负责人同样也在焦急地等待着他们的消息。整个行动已失败的担心开始弥漫开来。

10月24日，他们终于找到了一座小屋安顿下来，能好好吃上一顿。巧合的是，小屋里有个曾属于波尔松的雪橇，他在战争爆发时丢失了，没想到却在哈当厄高原找了回来。他想不通这是怎么回事，但却是件令人开心的礼物，让他们剩下的路程方便了许多。

空降10天后，他们终于和伦敦建立了无线电联系。在此期间，有些寻找走失山羊的当地农夫发现了他们。"松鸡"小组之前得到的命令是必须灭口一切威胁，避免行踪暴露。但波尔松认为这些农夫是忠诚的挪威人，因此让他们承诺保密后就放走了。他说："我们知道，这次行动非常重要，但还是不能随意枪杀平民。"这是在冒险，但波尔松认为这是正确的决定。

计划里，"松鸡"行动后面需紧跟着滑翔机增援的"新手"小队。由于他们花费了几天时间才抵达预定降落区，加上好天气和圆月时间的等待，直至1个月后的11月19日，"新手"小队才出发。

"新手"小队的出发完全是场灾难。队伍出发后，天气忽然恶化，有架"哈利法克斯"撞上了山。虽然滑翔机及时脱钩，但仍然重重撞在了地面上，好几个人受伤，他们很快被赶来的德军逮捕。另一架"哈利法克斯"牵引着滑翔机继续前进，随着天气好转，他们成功到达了预定区域。可地面人员的引导装置和飞机上的接收装置之间出现了传输故障，导致飞行员在燃油不足的情况下放弃了行动的实施。

德军滑翔机空降部队在1940年5月攻克比利时埃本-艾马尔堡垒的惊艳表现使英国也决心发展自己的滑翔机部队。但这次，英军滑翔机部队的首秀以灾难性结果收场。"新手"小队的失败表明，这一作战方式太容易受天气的影响。

波尔松说："这是令人悲伤、苦涩的打击，之后几天的天气非常好。"他们奉命继续留在哈当厄高原，他们必须尽量确保自身的安全，德军和盖世太保已提高了警惕。他们重新回到森林里躲起来。波尔松不断地将新情报发出去。收到的回复是："不要气馁，我们会完成任务的。"

2 000英里（3 219公里）外的德国非洲装甲集团军的残余部队仍在向西狂奔。阿道夫·拉姆发现形势仍然混乱。他的坦克在利比亚边境的西迪巴拉尼抛锚了。当他们留在那里抢修坦克时，少尉车长被调走了，新来的中士车长让拉姆很不喜欢。

坦克重新发动起来，他们在穿越哈尔法亚山口时遭到了英军战斗机的扫射，所幸未被击中。他们沿途看到路边躺着不少尸体，注意到无论是靴子、军服还是其他一些个人物品都被扒了个干净。成千上万只苍蝇覆盖在上面。

他们在到达托布鲁克时用光了汽油。不远的地方有个补给品仓库，那里有汽油，不过半个营地已陷入了火海，巨大的火焰和浓密的黑烟直冲云霄。他们找到了一堆完好的汽油桶，却失望地发现都是航空汽油，对他们没用。拉姆写道："3号坦克每100公里需要耗油300~400升，坦克用完了汽油就彻底报废了。"他们将坦克开进路边的壕沟，拿上自己的行李、铺盖离开，拉姆、装填手和炮手去找能捎上他们一段路的交通工具，中士和驾驶员去炸毁自己的坦克。

很快，拉姆由于腹泻和乘员组走散了。幸运的是，他碰上一组炮队，带着他继续向西逃命。

汉斯·冯·卢克少校仍然在撤退洪流的南翼，负责防止敌人从那里包抄过来。意军尼查装甲侦察营（Nizza）新近配属到他的团里。他最初对此并不满意，像大部分德国人一样，他看不起意军的战斗部队。结果却让他非常意外，这个意军营非常清楚自己的职责，在战斗中表现得勇敢无畏。冯·卢克要让自己的团运转起来并不容易，因为他们在战线的最南端。不过，他的军需官奇迹般地给他们运来了不少汽油。他们需要执行严格的配给制。比如以水为例，他们每人每天只能分到半升，这也是他们能承受的最低限度。10天里，不能洗漱、剃须。沙漠里，白天酷热难耐，夜里寒彻透骨，一会暴雨倾盆，一会飞沙走石，让人感到崩溃。

在与自然抗衡的过程中，他们总能比敌人快一步，甚至还不忘布下陷阱，俘获了英军突前的侦察分队。他们有时还能和追踪者在无线电上聊几句。有天晚上，冯·卢克的情报官把他叫了过去。

"皇家龙骑兵在无线电里，他们想和你说话。"

冯·卢克拿起耳罩，听到英国人的声音："我知道和你进行无线电通话很不寻常，但史密斯中尉和他的侦察队在今晚失踪了。他们是和你在一起吗？如果是，他们还好吗？"

"是的，他们是我在一起。"冯·卢克回答。"他们都没受伤，已经给各自的家人和朋友发去了消息。"他追问，"以后，如果我的人不见了，是否也能这样找英国人询问。"

"当然！"对方回答道，"欢迎来电。"

11月13日，英军夺回了托布鲁克。这座饱经战火蹂躏的小城在5个月前失守，成为了英国在北非局势的风向标。仅仅一周后，英军已席卷了整个昔兰尼加，拿下了班加西。希特勒仍幻想着德军能重整旗鼓，像之前那样夺回那片荒凉的大地，可英军第8集团军已不再是1941年的状态了。所有的事情都发生了改变，轴心国的装甲集团军在同盟国空军的追赶下不断后撤。

美军第57战斗机大队虽然形式上隶属沙漠空军，实际上却是独立作战。戴尔·R. 丹尼斯顿中尉自阿拉曼战役打响后，几乎每天都要出击。唯一能阻挡他的只有坏天气，11月16日下起了大雨，他终于能休整一下了。一口气睡了13个小时，这让他精神焕发。

随着天空转晴，他们再次出动，不断往前转场。埃尔姆赫斯特将军的后勤安排非常细致，使部队能保持高效的出勤率。丹尼斯顿在11月17日的日记里写道："10点15分出动，几次飞到德国佬的基地上空，就像是拿棍子捅马蜂窝一样。敌军有3~4架战斗机追我们，双方互有得失。"

对于坎宁安和埃尔姆赫斯特来说，盟军对隆美尔残部的追击还不够猛烈，按照他们的看法，应该在哈尔法亚隘口以东将敌军全歼。蒙哥马利将这归咎于糟糕的天气，他需要沙漠空军为他们运送食物、饮水和燃料，因为陆军在抵达托布鲁克时已用完了补给。埃尔姆赫斯特的后勤部付出了巨大的努力以保障前线部队的物资供给，为此他抽调了比尔·德拉克的第112中队和戴尔·丹尼斯顿的第57战斗机大队。卡车运输队忙碌地往返于前线和后方，但只有空军从埃及直接空运物资才能真正解决追击部队的补给问题，才能跨越昔兰尼加继续咬住敌军。战斗机部队仍然能正常出动，但轰炸机部队则全部让位给了陆军的补给运输。

蒙哥马利的追击也很努力，但毫无疑问，消灭轴心国装甲集团军的黄金机会已错过。这个机会出现在 11 月 4 日。当时，轴心国部队已经战败，开始溃退。蒙哥马利并未当即命令先头部队进行追击，而是等待所有部队向突破口集结。他不愿冒任何风险，即便风险极低。他不接受任何挫败，哪怕再小也不行。

虽然蒙哥马利通过情报清楚地知道隆美尔部队的状况，他手里也有足够的有生力量能投入追击，比如图克将军的第 4 印度师。德军在 11 月 4 日的部队人数已下降至 10 000 人以内，第 21 装甲师只剩下了 11 辆坦克，第 15 装甲师已没有了坦克。德国空军甚至都来不及将飞机撤离，为了避免被缴获，他们自毁了 63 架飞机。6 月底，第 8 集团军在皇家空军的支持下渐渐缓过劲来。轴心国的装甲集团军则全面向西逃窜，他们没有任何的空中掩护。鉴于此，蒙哥马利或许不是小心的问题，他对局势做出了重大误判。

图克将军对这样的局势很不满意。他的第 4 印度师于 11 月 7 日被撤出前线。他写道："胜利的军队在追击时必须像狂风般迅猛，打击被削弱且士气低落的敌军，将他们全歼或者俘获。"他当然不是说打一场追野鸭般的混乱战役，他认为凭第 8 集团军的物质优势，完全能迅速追上敌军并将其歼灭。

图克在特尔阿尔基尔战场上巡视，四处都是消逝的年轻生命，以及缺胳膊断腿的惨状。他写道："我想，如果只是俘获敌人，而不是以血腥收场该有多好。"第 8 集团军在拥有巨大物质优势和空中优势的情况下错失了全歼敌军的机会。图克认为蒙哥马利指挥不当。图克确信集中火力将能彻底改变整个战局。他的部队被派到无所事事的区段，只能勤加训练了。

10 天后，隆美尔的残余部队已撤离昔兰尼加，令坎宁安和埃尔姆赫斯特恼火的是蒙哥马利在这种情况下也不愿配合空军的追击行动。埃尔姆赫斯特写道："我们只有一个念头，迅速前进，不让德国人逃出我们的攻击范围。我知道，陆军的补给状况糟糕，但敌人也一样。"

坎宁安对第 8 集团军非常失望，只得求助于美军的里维斯·布里尔顿将军（Lewis Brereton），后者原来是附属的轰炸机部队指挥官，现在其部队已壮大为美军第9航空队。他很高兴能帮上忙，立刻安排了"飞行通道"。49架"达科他"在24小时内就从托布鲁克附近的艾登姆运送了48 510加仑的汽油至阿杰达比亚，陆地距离长达425英里（684公里）。卡车要完成这段时间的运输至少需要3天时间，现在只用了几个小时。

蒙哥马利缺乏协同精神的态度让坎宁安感到气愤，尤其是想到空军之前还拼死拼活地在加扎拉救援陆军。蒙哥马利眼下的计划是在12月中旬进攻阿盖拉的敌军。坎宁安看到送过来的通报，第1集团军进攻的黎波里，而不是第8集团军。他立刻将文件发送给特德，指出蒙蒂似乎根本不想将战线越过阿盖拉。他给他的上级写道："过去几周的问题暴露无遗，任何靠谱的将军都能凭借优势部队打赢这场阵地战，只有卓越的将军才能在追击和撤退中取得成就。"特德和他的看法完全一致。

对蒙哥马利的评价比较两极分化。刚来沙漠时，他能很快地给部队带来了干劲，鼓舞士气，让部队在作战前装备完善。他对战争的运行层面理解很透彻，对后勤补给的重要性非常看重，他把握住了制空权的精髓，不断强化空地协同。他的谨慎来自于对士兵生命的珍惜，对于敌军反扑的警惕，从各方面来看，他的这些做法是得到认可和肯定的。此外，他的缺点也非常明显。他妒忌心强，缺乏安全感，任何对他命令和决策的质疑都会令他暴怒。按照现在的话来说，他是个控制狂，他必须主控所有各方。他一直不愿让第4印度师放开手脚出击，因为他不信任印度陆军。他一直严禁"无故抱怨者"，实际上，所有与他观点不一致的人都会被归入此类。客观地说，这在他刚执掌第8集团军群时不是问题，因为当时部队急需一位能统一各军长和师长的指挥官。但如果长期这样，必然会变得危险，蒙哥马利需要变得更灵活一些，变得乐于倾听他人的意见。

如果蒙哥马利只是战术指挥官，他的不妥协还不算太大的问题，可他并不是。图克的描述具有一定的正确性：阿拉曼战役只是一场救

西线之战 / THE WAR IN THE WEST

火式的战役,指挥并不如意。在他们追击轴心国装甲集团军时,蒙蒂的表现同样缺乏想象力。即便如此,英军高层仍然选择让他留任统帅,因为他已算得上英军一流指挥官了。他带着那顶镶有坦克徽章的黑色贝雷帽出现在媒体面前,非常受公众的欢迎。他之前承诺的事情也都做到了。他言之凿凿地说,阿拉曼战役会在 7 天内结束,是时候消灭隆美尔的军团了。英国经历了 1942 年上半年在远东和中东的各种挫折后,总算有了位媒体欢迎的将军。让图克、坎宁安、特德不满的蒙哥马利在当时是无人能撼动的明星人物。

PART FOUR / 粉碎狼群

第 37 章

年关将至

沙漠空军牢牢地把控了利比亚地区的制空权，而经常需要在雨水和泥泞中挣扎的西北非洲战场的情况可不是这样。肯·内尔和第225中队的飞行员就只能在这种恶劣环境下作战。他们尊敬的飞行员彼得·罗德维尔（Peter Rodwell）在最近的战斗中阵亡。人们找到他的遗体后，为其穿上了全新的军装下葬，但这对提升士气也没带来多大帮助。德国空军经常在夜间发动偷袭。内尔他们已能通过德国飞机的声音判别型号，一旦听到声响，他们会立刻就从帐篷里跳出，躲入防空掩体。

夜间被轰炸、白天被扫射，这容易让人神经衰弱。内尔他们也经常作低空飞行，在不熟悉的地区常常遭到冷枪袭击。有一次，他突然遭到了高射炮的袭击，随着一道刺眼的闪光，螺旋桨被击中。曳光弹从身边飞过，内尔对他的僚机喊道："制动！制动！"他疯狂地试图稳住"飓风"，飞机震动非常厉害。他总算成功地将残破的飞机飞回了苏克阿巴机场。落地后，他发现飞机的桨叶已大半丢失，他能落地真是走运，上天眷顾。

施帕茨将军于11月13日到达阿尔及尔，他在当天被任命为美国陆军航空队战区司令。不仅在英国的第8航空队归他指挥，还包括在北非的第12航空队（原西部空军）。施帕茨对这类晋升并不特别热衷，他并未迫不及待地接受这个职位，心里还有不少疑虑。与艾森豪威尔和克拉克一样，他来到英国的首要目标是尽快推动对纳粹德国的轰炸行动。部队壮大的进度慢于预期，但他已成功地在英国为第 8 航空队建立了稳固的后勤基地。为了支援"火炬"行动和之后的突尼斯战役，第 8 航空队划出了 14 个中队的战斗机、轰炸机和运输机，几乎占了整个航空队 50% 的实力。这样的分兵也许会影响第 8 航空队日常任务的执行，即主攻德军沿大西洋沿岸的潜艇基地。

施帕茨同样担心新的指挥架构会使原本就捉襟见肘的参谋人员更为短缺。不过，阿诺德将军表明，这是艾森豪威尔他们一致认为的非常必要的重组，施帕茨只能接受。

还有一些人担心作战规范是否需要调整。第 8 航空队是按照独立作战的战略空军筹建的——他们之前就与英国皇家空军达成了一致，即美军负责白昼轰炸，英军负责夜间轰炸，两者独立作战。而在北非的第 12 航空队面临的情况是完全不同：他们不仅需要承担战略任务，还需要负责海岸线作战和对地战术支持。施帕茨手里的飞机数量不少，但机组的战斗经验还有欠缺，他需要重新搭建后勤体系，并制订对地战术支持的条令。美国陆军航空队并不像英国皇家空军那样是独立军种，只隶属陆军指挥。实际上，第 8 航空队并不受陆军的牵制，但在北非的陆航则无法漠视陆军的要求。

同盟国之间的指挥问题也是新的麻烦。美国人有自己的第 12 航空队，皇家空军分为位于突尼斯和阿尔及利亚的东部空军、沙漠空军以及中东皇家空军。这样设置的初衷是为了更有效地支持登陆行动，且他们设想突尼斯会被很快夺下。可事情的进展并不顺利，目前这种设置以及缺乏对地支持的明确规范使同盟国在这块战场投入的物资优势无法被最大化利用。

作战条令不完善并不出人意料：在西北非作战的英军和美军几乎都是首次参战，在此之前，空军从未如此直接地支援地面部队。即使是在利比亚，坎宁安让沙漠空军大幅提升了对地支持能力，他和自己的下属仍在不断摸索改进的办法。

PART FOUR / 粉碎狼群

西北非为美军、法军和英军联合作战,他们有着各自不同的指挥架构,对空军的理解也不尽相同。他们缺乏空地协同的整体思维。

当时的情况几乎就是摸着石头过河。毕竟,在3年前,美军陆航还仅有70架战斗机,他们没有时间拥有一套成熟的管理办法。因此,他们在北非小试牛刀也不失一个明智之选,如直接选择横跨英吉利海峡,进入纳粹占据的欧洲,试错的代价会大很多。

施帕茨的任务是磨练成长中的空军,让他们从菜鸟变为精通战术和执行层面的老手,在不远的将来不仅要赢得北非战场的胜利,还要攻入欧洲。不过,眼下的挑战也很严峻,瓢泼大雨将机场变为泥潭,所有的补给都要千里迢迢地海运过来,越来越多的德国空军正涌入突尼斯。

地面上争夺突尼斯的竞赛仍在继续。自11月最后一周开始,一切都变得混乱。英军第78师的三路进攻过于分散了自己的力量,缺乏足够数量的人员和装备夺下目标。美军的炮兵和装甲兵迅速赶往前线,但他们之前并未有过合练,贸然拉上战场的结果可想而知。轴心国的抵抗非常激烈,德国空军发挥了巨大的破坏力。他们在11月底赶到战场后,不停歇地攻击同盟国阵地,这再次证明了在现代战争中拥有压倒性空中优势的一方很难被击败。11月30日,第78师师长维夫扬·埃维勒(Vyvyan Evelegh)将军向安德森请求中止行动,等待增援。安德森只得同意。

与此同时,隆美尔的部队仍在向利比亚西部撤退。桑塔里诺所在的特伦托师残部被补充进里雅斯特师,这样的做法让幸存的老兵很不舒服,因为被解散的特伦托师之前所付出的牺牲未得到尊重。

桑塔里诺很不高兴,部队不断后撤,缺水少食,同盟国战斗机的扫射更是让人精神紧张。意大利报纸的报道总是美化现实。桑塔里诺从新闻里听说,轴心国会强有力地进行反击,只要时机成熟就能重拳出击。他喃喃道:"傻!去年,我在诺切拉军事学院的操场上听广播里这么说时还信了。现在,我清楚地知道什么是沙漠战争,我会让他们闭嘴。"他厌恶听到这些虚伪的宣传。

阿道夫·拉姆下士终于回到了第15装甲师，和新的车组领到了新的坦克。他们作为殿后部队经常处于交战状态。12月14日，他们在诺菲利亚（Nofilia）拖延敌军，为装甲集团军争取时间撤往阿盖拉以西。2天后，空中侦察发现，英军坦克纵队准备从侧翼包抄过来，包括汉斯·冯·卢克的部队在内的非洲军部队使用88毫米火炮和坦克联合发动反击，一举消灭了大约20辆英军坦克。眼下的危机得到了缓解。

大雨、狂风和泥泞。12月初，肯·内尔所在的第225中队驻扎在苏克阿巴机场，这座四周被山丘围绕的机场里停满了战斗机、中型轰炸机，除了一座白色的房子几乎没有别的建筑，人员睡觉的帐篷在风中摇摆不定。后勤条件很糟糕，第225中队在空战中也碰到了伤亡激增的困难。他们在执行战术侦察时，采取了双机编队的形式，飞行高度仅有50英尺（15米）。内尔表示："这样做的初衷在于你的速度能快到别人无法向你射击，可实际上情况并非如此，即使是敌军的轻武器也能对他们造成致命伤害。"

4日，他们在1天时间里损失了2名飞行员，这对整个中队来说都是沉重的打击。一次，内尔准备与同中队的格拉哈姆·斯图尔特（Grahm Stewart）一起起飞，当他们还在滑行时塔台通知他们需要暂停，让另外2架"喷火"先起飞。此时，内尔看到了一群有战斗机护航的敌军轰炸机出现在本方机场远端，很快炸弹就投了下来。内尔看到机场指挥官走到跑道上，冷静地招呼大家找掩体躲藏。炸弹在指挥官旁边爆炸，有块铁片飞来，切断了指挥官的双腿，正在滑跑起飞的"喷火"也被击中爆炸。敌军飞机这才满意地离开。斯图尔特在电台里对内尔吼道："老天啊，我们赶紧起飞。"

大家都不容易，轰炸机部队也是如此。在战役前，同盟国估计他们不会在突尼斯碰到"福克-沃尔夫-190"战斗机，可德军将这种新型战机和Me-109一起派来了。在东线、马耳他和西部沙漠里战斗

PART FOUR / 粉碎狼群

过的德军飞行员经验丰富，非常可怕。第225中队损失2名飞行员的那天，12架"比利兹"中型轰炸机（Bisley）从苏克阿巴机场起飞，在没有战斗机护航的情况下轰炸轴心国机场。当他们飞临目标上空时，遭遇了50架敌军战斗机的拦截，除了1架由于发动机故障提前返场迫降以外，其他飞机全部被击落。

原第8航空队下辖的第97轰炸机大队从英国调到北非，进驻突尼斯。他们已执行了好几次轰炸任务。在3日的轰炸中，劳尔夫·伯布里奇和他"全美"机组飞往比塞大，在20 000英尺（6 096米）高空遭遇了轴心国战斗机的拦截。给他们护航的美军P-38双发战斗机完败，被击落了9架。次日，美国空军司令吉米·杜立特（Jimmy Doolitte）向艾森豪威尔抱怨他的手下碰到的困难：轴心国有雷达指引，他们没有；飞机维护状况糟糕；他们需要长途飞行靠近目标，而德国空军可以以逸待劳。

艾森豪威尔反问："这就是你的麻烦？去搞定它们。你以为我的麻烦还少吗？"

他们确实碰到了严峻的考验。德军把在麦杰尔达山谷（Medjerda Valley）的英、美联军打了个措手不及。第1装甲师B战斗群的坦克在没有火炮支援的情况下发起了进攻，结果在德军反坦克炮阵地前被撕成碎片。第1装甲师的战史写道："这天的教训非常沉重。敌军的武器和战术很奏效，美军方面完败。"

英军第5军军长查尔斯·奥弗雷（Charles Allfrey）中将亲临前线视察，第78师目前隶属其作战。尽管盟军目前仍把守着麦杰尔达山谷，但奥弗雷一眼就判断出部队现在的状态不能发动进攻，因此建议后撤。艾森豪威尔和安德森同意部队后撤到迪杰贝尔阿玛拉山（Djebel el Almara）一带重构防线。这座山被盟军方面改称为终止山（Longstop Hill）。后撤行动花费了两晚的时间，大雨将山谷变成了可怕的泥潭，部队陷入了混乱。德军趁机进攻，他们以精准的火力一举击毁了19辆美军的"斯图亚特"坦克。盟军只得继续后撤，终止山失守。这是扼守麦吉尔达山谷西端的要隘，德军可在这里封锁盟军的前进，并对其补给线构成威胁。同盟国如想占领突尼斯，必须彻底拿下麦吉尔达山谷，终止山是夺回山谷的必经之路。德军在快速反攻中非常精准地摸到了要害，他们绝不会轻易放弃。终止山将成为双方攻守的血肉磨坊。

到了12月，北非的交战双方都已精疲力竭。艾森豪威尔向参谋长联席会议报告，部队需要在对突尼斯发动总攻前先做休整。"火炬"行动之前的计划和实施都完美得无可挑剔，谁也没料到轴心国会如此迅速地下决心增兵突尼斯并死守。同时，糟糕的天气也不利于进攻方施展。北非在大部分人心里的样子是椰树、沙漠、橄榄和柑橘，何曾想这里会呈现1917年伊普尔战场的情景。

第1装甲师B战斗群由于之前受创严重，只得被撤离前线。接替他们的是"大红一师"第18团。劳尔夫·伯布里奇和其所在的第97轰炸机大队进驻到比斯克拉（Biskra），那里位于阿特拉斯山脉边上的平坦沙地上，便利于重型轰炸机的出动。伯布里奇和军官们驻在镇上的酒店。他们对这里非常满意：吃饭、喝酒的馆子不少，雨水不多，德国空军的偷袭很少。

天气总算开始放晴。12月19日，英军第78师和第6师已达到满编人数，大约20 000人；美军达到了11 000人；法军达到了39 000人，但法军的装备很糟糕。对面凯瑟林，他们没有放松增兵的步伐。约根·冯·阿尼姆（Juegen von Arnim）将军刚从东线转来这里，统领新组建的第5装甲集团军。冯·阿尼姆手里有40 000人，基本都是德军，同时还有令人满意的制空权。

奥弗雷将军命令他的第5军于圣诞节前夜发动了对终止山的进攻，这里包括新抵达的冷溪禁卫团（Coldstream Guards）。在他们进攻时，天又下起了雨，这并未阻碍冷溪禁卫团夺下山头，美军也很快赶上了支援。德军发动了凶猛的反扑，但被盟军打退，到圣诞节那天，整个终止山被控制住。德军并未放弃，发动了数次大规模的反攻，冷溪禁卫团开始撤退，美军第18团2营被德军围攻，最终伤亡356人。终止山又被德军改名为圣诞山，同盟国的进攻失败了。

PART FOUR / 粉碎狼群

唐纳德·麦金泰尔指挥官记录道:"HX-219 编队到目前为止平安顺利。"11 月的损失似乎已被淡忘,这次任务中没有任何船被击沉。这天是节礼日(圣诞节的次日),编队正从外赫布里底群岛(Outer Hebrides)附近通过,麦金泰尔忽然听到哈夫-达夫监控室发出的警报,赶紧前往舰桥查看情况。原来是德国潜艇发出电文表示已跟在了编队后方。根据对信号的分析,估计敌人距离他们 10~15 英里(16~24 公里)。麦金泰尔舔了舔自己的嘴唇。编队在次日就将解散,商船将会分散前往各自的目的港。麦金泰尔知道,德国潜艇一般不敢在距离英国这么近的地方发动进攻,因此他不必过多担心如何保护商船。他命令"瓦内萨"号(Vanessa)立刻执行反潜任务,同时告诉编队,自己也将率"金星"号抓捕那艘潜艇。

这是个晴朗的冬日,大西洋的波涛如往常般汹涌,墨绿色的浪花打在他们西去的船身上。领航员戴维·西利平时爱好马术,他在节礼日的传统是打猎,他们现在也正实践着这种形式的传统。"瓦内萨"号传来消息:"在水面发现了德军潜艇。方位 235。"随后,又汇报德军潜艇下潜。"金星"号位于其最后出没地点 15 分钟的位置。他们可以及时赶到那里并参战吗?

当"金星"号到达时,"瓦内萨"号已跟丢了目标。麦金泰尔命令 2 船联合搜捕。麦金泰尔在舰桥上仔细倾听 ASDIC 的信号回响。忽然,他看到在船体 50 码外有个潜望镜探出了水面,正向"瓦内萨"号靠近。距离太近了,"金星"号没法迅速转向。麦金泰尔立刻大声下令:"全速前进!"他命令船只朝船尾投放深水炸弹,目的是将潜艇吓走,避免其攻击友舰。随着深水炸弹的爆炸,潜艇快速下潜躲避。

麦金泰尔写道:"接下来的 30 分钟令人煎熬。"ASDIC 收到的信号越来越弱,最后完全消失了。德军潜艇似乎已经溜走了。麦金泰尔和大副比尔·威廉姆斯感到压力很大,每次跟丢潜艇的责任都需要他们来承担。此时,ASDIC 操作员叫道:"发现目标!"有回声传来。他们发动了新的一轮深水炸弹攻击,但一无所获。白昼正在褪去,但麦金泰尔不愿放弃,命令重新装填炸弹,继续搜索海域。"瓦内萨"

号传来消息："德军潜艇上浮，本舰准备撞击。"

在水面上的德军潜艇已清晰可见，对方也不是傻傻地等着被撞，全速作躲避机动。"瓦内萨"号开始向潜艇开炮，但麦金泰尔命令停火，因为夜战极可能误伤友舰。"金星"号追了上去。麦金泰尔写道："潜艇不停地拐弯躲避，我们用上了浑身解数紧跟其后。"他能听到驱逐舰的螺旋桨和发动机的运转声，舰艇随时准备转向追逐。探照灯一直罩着潜艇，也许它闪花了潜艇艇长的眼睛，对方忽然向"金星"号船首冲来。麦金泰尔立刻命令发动机停机，避免过度撞击，同时传令："准备船体撞击！"

这一切发生在电光火石间：德军潜艇从海面上消失了，然后发出了其被切成两半的声音。这是由阿道夫·科尔纳上尉艇长指挥的U-357的首次战斗巡逻任务。潜艇在发生碰撞后立刻沉没，泄露的燃油铺满了海面，全艇只有6名幸存者。"金星"号的舰桥响起了热烈的庆祝声，大家握手致意，随后他们将德军幸存者打捞上来，开始评估本舰的受损状况。大约四分之一的船底被扯掉，部分舱室泡入海水中，从阿根廷带回来的圣诞火鸡漂浮在油污中。

这样的受损程度并未妨碍"金星"号赶上商船编队。他们回到编队时，发出了"击沉潜艇"的信号，所有商船报以热烈的鸣笛声表示祝贺。这对麦金泰尔及其舰员来说是个激动人心的时刻。他们从德军俘虏那里获得了不少信息，原来潜艇上浮的原因是电池已耗尽。俘虏还表示，他们装备了一种被称为"药丸投掷器"（Pillenwerfer）的诱导装置，发射出的化学炸弹能在海水里形成ASDIC的反射信号，诱骗追逐的驱逐舰以为那里才是潜艇的位置，从而给被捕猎的对象争取逃跑时间。

他们在驻泊利物浦港时受到了热烈欢迎，在船体接受维修那段时间，船员们终于能享受应得的休假了。新年有了完美的开局。

麦金泰尔这次成功的反潜作战再次证明了训练有素、经验丰富和装备齐全的护航舰队能发挥巨大作用。阻止潜艇进攻，甚至消灭敌军潜艇可不是个容易的活儿，这需要部队间的默契配合，互相信任以及运气的眷顾。加拿大皇家海军从开战以来已快速扩充,但其经验和反潜装备仍旧不足,他们的勇气和决心毋庸置疑。

圣诞节前,丘吉尔在海军部和加拿大政府进行商讨,建议加拿大皇家海军不再承担中大西洋的护航任务。这当然让对方非常恼怒,在加拿大人看来,问题不在于快速扩军和缺乏经验。他们主要缺乏的是现代反潜装备,护卫舰虽然不少但驱逐舰不足。加拿大人主要的南向编队也出了问题,这里脱离空中巡逻的范围更大,船队航速不高,易受敌人攻击。面对德军聚集在中大西洋的狼群,加拿大护航舰艇的数量不多,无法抵挡狼群的袭击。在这漫长的一年还有两天就将结束时,ONS-154编队被击沉了13艘商船,由于给护航舰艇补给燃油的油轮也沉入海底,护航舰艇甚至被迫脱离编队前往亚速尔群岛补充燃油。幸运的是,狼群没有再次袭击他们。在元旦前夜,护航编队指挥官在精神上和身体上都已撑到了极限,军医命令他立刻休息。

从夏天以来,80%的损失都发生在加拿大皇家海军护航过程。不过,他们没有英国皇家海军那样的先进装备,他们负责的慢速商船编队正好需要经过德军潜艇密布的中大西洋空白地带。在ONS-154事件发生后,加拿大皇家海军被撤出中大西洋护航任务,前往英国海域接受训练,他们强烈要求能获得新的装备。

艾森豪威尔和克拉克手里也有问题需要处理,这次来自于麻烦不断的新盟友。吉罗让人难以忍受地索要更多军事控制权,盟军不可能考虑吉罗的提议,艾森豪威尔和克拉克也看不上查尔斯·诺格。为了让北非登陆顺利实施而做的短期妥协变成了浮士德契约,无法甩掉。为了逃离气氛诡异的阿尔及尔,艾森豪威尔打算去前线视察。天气很糟糕,无法飞行,他们一行人乘车前往。他们于圣诞夜到达了贝贾以南20英里(32公里)的阵地视察。美军正和泥潭做抗争,景象让艾森豪威尔印象深刻:路边不远处,4个人正努力着将摩托从泥泞中拉出,结果全部陷入泥泞。这个悲惨的故事正如同他当时的处境。盟军迅速夺下突尼斯的希望已经破灭。虽然装备现代化,但北非的气候制约着战争，12月的坏天气可不是什么好事。

安德森将军在位于苏克科米斯（Souk el Khemis）的第5军军部接待了艾森豪威尔，谈了自己的想法：进攻必须推迟，起码要延后6周时间。这无疑是个正确的决定，虽然不免让人失望。罗斯福、丘吉尔显然不会对此感到高兴，他们需要艾森豪威尔去安抚，这正是统帅需要承担的责任。

艾克现在确实被很多难题困扰，比如吉罗拒绝让法国军队服从英军安德森将军的指挥。这时，克拉克打来电话，让他立刻赶回阿尔及尔。原来，达尔朗海军上将遭遇了刺杀。他连夜开车，于圣诞日下午6点抵达阿尔及尔。刺杀达尔朗的是反法西斯抵抗运动成员伯尼尔·德·拉·夏贝尔（Bonnier de la Chapelle），他已被当地法庭审判并处死。

达尔朗之死解决的问题远大于它引起的麻烦。此前，同盟国受困于之前达成的协议，虽然这在政治上非常必要，但英国人对此非常不满。克拉克写道："他的离场，像是一个充满麻烦的煮锅泄气了。"吉罗立刻取代了他的位置，不再吵吵着向同盟国军队索要指挥权。

在这年的最后一天传来了新闻，同盟国的战争领袖即将到访北非：罗斯福总统、丘吉尔首相以及他们的参谋。这就是卡萨布兰卡会议，有很多议题需要商讨。

海因茨·科诺克（上左）、汉斯-亚辛·马尔塞尤（上右）和赫尔穆特·楞特（左）。德国空军在战争爆发时是世界上最优良的部队，也是德国军事实力重新崛起的象征。尽管有着马尔塞尤和楞特这样的英雄人物，德国空军还是无可避免地走向了衰亡。

这一组按顺时针方向摆放的照片显示了"自由轮"的建造过程。这些由预制件组装的轮船将工期压缩到了极致。德国仅凭勇气、纪律和元首的钢铁意志，难以提升自己的生产效率。

→ 福特的维劳园工厂生产 B-24 轰炸机的壮观场景，这里是当时世界最大的单体工厂建筑。

↓ 唐·纳尔逊于 1942 年 1 月成为美国军事生产的新"沙皇"。

↘ 才华卓越的亨利·凯泽。他以充沛的精力和天马行空般的想象力帮助美国迅速扩充战争产能。

1942年8月，英军急需调整北非的指挥层。坚毅的亚历山大将军（左）和务实的蒙哥马利（右）组成了胜利二人组。

戴维·斯特林驾驶着一辆塞满装备的吉普车。依靠他的指挥，特种空勤旅在德军战线后方制造了极大的混乱。

德军部队于1942年夏季攻入高加索地区。尽管他们获得了一连串的胜利，但并无明确的战略意义，且从作战层面来看也无法持续。

米尔希（中立者）和施佩尔（抱手者）。两人联手扭转了德国军火生产的颓势，但数量的增长是以牺牲质量换来的。施佩尔还将军火生产变成了一场轰轰烈烈的宣传活动，迷惑了不少人。

↑ 法国犹太人被拘捕起来等待流放。法国维希政府和警察对这样的任务非常配合。显然，对犹太人的大屠杀不是只有纳粹德国这一个凶手。

→ 英军驱逐舰上装备的"刺猬"反潜炸弹，这只是盟军赢下大西洋之战的手段之一。

↘ 轴心国在阿拉曼战役期间装备的最强坦克是4号坦克的长炮身型号，数量较少。

↙ 德军坦克在意大利港口装船运往北非。轴心国航运在地中海的损失是灾难性的，加上马耳他岛的活跃使轴心国的处境变得非常糟糕。

马克·克拉克将军（左）是位优秀的计划者，他一手策划了盟军在西北非的登陆行动。

美军游骑兵宾·埃文斯和他的未婚妻弗朗西斯。

↑ 谢尔伍德游骑兵的斯坦利·克里斯托弗森少校（坐）和A中队的士兵们的合照，背景是他们的"十字军"坦克。

→ 汤姆·鲍尔斯和他的双胞胎兄弟亨利·鲍尔斯经历了整个突尼斯战役。

泰迪·舒伦获得了希特勒亲自颁发的骑士十字勋章橡叶饰，这位出色的潜艇艇长从残酷的大西洋之战中幸存了下来。

唐纳德·麦金泰尔指挥的"金星"号在返回利物浦港时受到了人们的欢呼。随着经验的积累和技术的提升，大西洋之战胜利的天秤正向盟军倾斜。

德国鼓励农业生产的战时海报。德国农业的机械化程度很低，生产效率不高，食物的短缺使德国后继乏力。

弗里茨·拜尔莱因（左）和冯·托马将军（右）在阿拉曼战役期间商讨作战计划。

← 罗斯福和丘吉尔在卡萨布兰卡会议期间接见记者。

↑ 1943年2月1日,"全美"号B-17轰炸机在作战中几乎被撕为两段,但仍然奇迹般地安全返航。

← 在突尼斯的意大利军队装备拙劣,常被德军盟友看不起,但不少意军士兵在作战时的表现却非常勇敢。

↓ 艾森豪威尔将军(左一)和指挥官们在一起,他身旁那位是第4印度师的卓越指挥官弗朗西斯·图克将军。

坎宁安(左一)与库特(左二)和埃尔姆赫斯特(右一)在"早祷会"上。这三位空军将领开创了盟军空地紧密协调作战的先河,对战术空军的使用做出了重大贡献。

阿维罗公司的"兰开斯特"重型轰炸机能比一般轰炸机携带多一倍的炸弹,因此,哈里斯空军中将将其视为对德国展开"千机轰炸"的重要装备。

在斯大林格勒(上图)和突尼斯(右图)被俘虏的德军。德军在1943年前几个月里遭受了惨重损失。从人员和物资的损失来看,突尼斯之败甚至严重于斯大林格勒之败。

德军潜艇面临空中的威胁。到了1943年春,他们已无处可藏。

盖伊·吉普森(楼梯上)和乘员组正准备出发,这架被特殊改造过的"兰开斯特"被用来执行在1943年5月16日夜对德国水坝的轰炸任务。

第 38 章

关 键 舞 台

12月18日，齐亚诺伯爵抵达拉斯腾堡的狼穴和德国盟友会面。他感觉到那里的氛围非常沉重，他写道："除了糟糕的坏消息，潮湿的森林给人带来忧郁，在指挥部营房里的集体生活也让人无聊。"他没有看到一点色彩和活泼的装饰。等候室里挤满了表情严肃的人，大家一边抽烟一边低声交谈。整个掩体里充满了厨房油烟、烟草和士兵靴子的混杂气味。齐亚诺觉得这里索然无味。意大利的战况不佳，人民生活也很苦难，但至少罗马看起来仍然雄壮辉煌。

维希政权的总理皮埃尔·拉瓦尔也来到了希特勒大本营。齐亚诺认为此人的来访纯属浪费时间，因为他根本没有说话的机会，即使他张口想说，也会立刻被元首打断。齐亚诺写道："我相信希特勒是真心喜欢做希特勒，这可以让他一个人滔滔不绝，说个不停。"

齐亚诺到达拉斯腾堡时，正好收到了驻扎在斯大林格勒以北的意军第8集团军被击溃的消息，他们负责的阵地位于B集团军群的南翼。意军的溃兵已难以收拢。德军第6集团军在斯大林格勒包围圈里坚守，此时，冯·曼施坦因的部队成功接近到距离第6集团军16英里（26公里）的位置。保卢斯坚决执行希特勒要求的死守到底的命令，拒绝突围。他这么做也注定了他和他的集团军的命运。

泰迪·舒伦海军少校趁休假回到德累斯顿探望自己的父母，并礼貌地拜访了当地的大区领袖马丁·姆彻曼（Martin Mutschmann）。姆彻曼对于德军潜艇的作战情况非常感兴趣。他惊讶地发现，虽然经过了1942年的潜艇建造热潮，德军也仅有130艘潜艇服役于大西洋，另有50艘左右服役于其他区域。他对舒伦说："我们应该不止这么点吧？"

舒伦摇了摇头，回答："大区领袖先生，我也希望我们能有更多潜艇，但这已是我们的所有。"他解释了一下1/3原则："1/3在船坞维护，1/3在途，1/3在前线作战。"姆彻曼将手放到舒伦的衣袖上，神秘地说道："你不敢相信，元首袖子里藏了什么！"确实，德国的生产高潮即将爆发，同时还有能扭转战局的神奇武器即将投入使用。舒伦写道："我只能摇摇脑袋，不知道到底会发生什么。"他们有一个想法是共同的：元首会把问题解决，一切都在掌控之下。

很快，舒伦来到格丁尼亚哥腾哈芬（Gotenhafen）的第2潜艇训练部担任教职。雷德尔海军元帅此时辞去了海军总司令的职务，希特勒一直将德国海军的不利表现归罪于他，当然很多问题要归结于德国缺少建造大海军的资源，在战前也没有储备足够多的潜艇。希特勒在盛怒之下曾说，要将整个海军水面舰艇部队回炉炼铁，因为那些残存的战舰龟缩在挪威峡湾里无所事事，连阻止同盟国的北极编队援助苏联都不能做到。

1943年1月，雷德尔给位于巴黎潜艇部队司令部的邓尼茨打电话，表明自己已萌生退意，询问这位潜艇司令是否有意接任。雷德尔说，现在人选就是邓尼茨和劳尔夫·卡尔斯（Rolf Carls）海军上将。邓尼茨对此非常意外，但立刻表示自己可以胜任，且有意愿接受。希特勒确实也选择了他，而不是卡尔斯。邓尼茨说服元首不要拆毁水面舰艇部队，因为这能给盟军方面产生非常大的心理震慑。显然，德国海军的首要方向是加强潜艇部队。

邓尼茨对自己的任命非常开心。这意味着他拥有了更大的影响力和控制力。他写道："由于我们政治领袖和军队统帅部的大陆主义思维，我在上次大战后屡屡受挫。他们两者从未认清英国是我们的首要敌人。"他终于当上了海军总司令，问题是这是不是太晚了？他还能扭转关键的大西洋战场吗？

卡萨布兰卡。美国和英国的领袖们聚在一起。罗斯福和丘吉尔希望斯大林也能参加，但苏联领袖告诉他们，自己实在不能抽身。如此多的政府大员跨越千里，飞越敌占区，齐聚一堂是非常冒险的做法。丘吉尔带着波特尔乘坐美军的 C-46 前往。这架飞机还特别加装了取暖器，让他们在路上能更舒适一些，可弄巧成拙的是加热过度，竟将首相的脚趾烫伤了。当首相得知这是汽油取暖器后，命令赶紧将设备关闭，毕竟相比火灾甚至爆炸，寒冷还是可以克服的。艾森豪威尔从阿尔及尔过来的路上也不太平，他们的 B-17 在空中发生了一侧机翼燃油泄漏的故障，乘客一度被要求背上降落伞包。

身体状况最弱的罗斯福总统还算顺利。他和哈利·霍普金斯并肩乘坐波音 -314 飞艇从迈阿密来到巴西，然后横渡大西洋抵达西非。霍普金斯注意到总统对飞越大洋非常兴奋，描述道："他就像个 16 岁的孩子。"他们从西非换乘 C-54 运输机完成到卡萨布兰卡的最后一段旅程。在路上，罗斯福表示，自己已有很长一段时间想急着离开华盛顿透透气了，他将这次会议当作了某种休假。

尽管路上发生了一些小意外，但诸人总算安然到达。这次会议开始于 1 月 14 日，为期 10 天，目的是让双方面对面地讨论同盟国在未来将采取的战略。美国人再次发现，英国人作了缜密的准备工作，更胜一筹。讨论的议题里，最重要的是大西洋之战。1 月，有大约 100 艘德军潜艇活跃于大西洋，虽然被击沉的商船数低于上年 11 月的峰值，但德军的威胁仍然不小，比如对从特立尼达前往直布罗陀的 9 艘油轮发动的攻击就极具代表性。德军情报系统并未发现这个 TM-1 船队，对同盟国不幸的是，船队撞上了 U-514 的巡逻路线。护航舰队指挥官做了致命的误判，他并未采取绕行的安全办法，认为目前的航线更有利于迅速抵达目的地。几天后的 1 月 7 日，油轮编队闯入了守候着的狼群，7 艘被击沉，损失了高达 10 万吨燃油，这对同盟国在北非的作战带来了极大的负面影响。这一事件势必也会对在卡萨布兰卡开会的英美两国领袖产生震动。

他们发现，必须首先击败德军潜艇来保障供给。由于北非登陆和更早的阿拉曼战役需要大量的物资，同盟国手里也并不宽裕。在此之前，英国的补给状况比较从容，尤其是和德国相比。英国无人挨饿，工厂可以全速生产。按照轴心国的标准来看，英国的燃料简直是富饶。但英国需要承担的战争压力也在迅速增加，美国也是如此。他们需要在远东和太平洋对日作战，还需要对第三帝国发动空前的战略轰炸，到处都在抢夺飞机、人力和船只。

北非战役已超出了预期结束的时间，"火炬"行动之前没有料想到轴心国会在突尼斯迅速增兵。更多的补给船将前往北非，但地中海仍然不安全，这意味着很多船只能被迫绕道南非，费时费力。双方在第18次会议中决定，放弃1943年横渡英吉利海峡作战的设想，同意在控制整个北非后，对西西里岛发动代号为"哈士奇"（Husky）的登陆作战。德国仍然是他们的首要作战目标，但美军可以分出力量对日本人发动新的攻势。美军在所罗门群岛里占据战略地位的瓜岛作战中逐渐控制了局势，即将把日军踢下岛。必须乘胜追击，狠狠地打击日本帝国。英军在缅甸也发起了反攻。无论是进攻欧洲的轴心国国家还是进攻日本，都需要海运，且是大量的海运。在此次会议中，罗斯福总统还坚持提出，同盟国只接受德国、意大利和日本的"无条件投降"。只有彻底胜利才能消灭轴心国的威胁。

问题是，战争领袖们和军中参谋长们对海运能力的认识还有待提高。他们可以看到船只的新建数量，无法预计被击沉的数量。

从上一年来看，德军潜艇共击沉了 7 790 697 吨商船。同盟国方面建造了 7 000 000 吨新船，盟军整体的航运能力还是有所下降。比如，从10月到12月，英国获得了 626 艘新船，损失了 1 334 艘，而美国在凯泽他们疯狂的造船竞赛中获得了 1 727 艘新船，损失了 287 艘。这意味着，同盟国在 3 个月的时间里净增加了 732 艘船。

从某种程度来看，这是健康的，但根据卡萨布兰卡会议对1943

年行动的规划，对海运的需求只会有增无减：跨越大西洋对英国的补给；将美军部队运往英国；对北非的补给；对西西里岛进攻的准备；对美军在太平洋夺岛战斗的支持；对英军从印度到缅甸的反攻提供支持。此时，美国海军主力全在太平洋与日军作战。对金上将来说，他可不管什么欧洲优先策略，在去年6月的中途岛之战后，他有充足的理由认为必须趁日本元气大伤的时候扩大胜果。他认为，瓜岛之战的走势证明了他观点的正确。在1941年12月的阿卡迪亚会议上，同盟国方面同意在击败纳粹德国之前，只抽调25%的资源对付日本。到1943年1月，25%的资源分配显然不够。美国海军不仅拥有军舰，还拥有自己的航空兵以及海军陆战队。在太平洋，金上将的海军非常强大：统辖海陆空三兵种协同作战，完全不受美国陆军节制。在卡萨布兰卡会议上，参谋们列出了目前的运力以及预测的新增运力。但大西洋上的运输力有多少会损失，应将多少分配给太平洋，还很难断定。

物流计划需要建立在尽可能确定的数字上。在讨论中，英国海军大臣庞德上将表达了对日益增长的德军潜艇数量的担忧。更糟的是，北非战役拖延的时间超过了预期，加上之后那些战略规划，很可能会超过盟军海运的承载能力。中大西洋的战斗成败会对陆战前线产生影响，在会议前夕损失的7艘油轮也是明显的例子。英国已开始动用储备，他们在1939年的世界上最大规模的商船队一直在缩小。需要采取果断行动来扭转下滑的趋势。

这段时期的大西洋之战一直被描绘为危机四伏的样子。如果把时间线放长点，换个角度来看，这场海运战争已经过了几轮的交锋。1941年5月，英国凭借技术和情报的优势，严重打击了德军潜艇。1942年上半年德国人在美洲沿岸的"欢乐时光"主要源自美国人拒绝建立护航制度造成。1942年10月和11月的损失加重主要有两个原因，其一是"火炬"行动的牵制，其二是德军潜艇建造数的增加。庞德的忧虑是正确的，但同盟国的处境和德国比起来已宽松太多了。英国虽然已动用了战略储备，但以燃料为例，只是从5 800 000吨下降到5 300 000吨。后面那个数字仍比德国整年的使用量还要大。

西线之战 / THE WAR IN THE WEST

同盟国远谈不上输掉大西洋之战,或者北非战役。他们需要担心的问题在于,时间耗费得太久,战争越持久,意味着会有更多的人伤亡。英国和美国都希望打一场高效的速胜,目标是以最低的代价最快的速度赢得胜利。这必然意味着加大武器装备的投入,获得更好的医疗条件,良好的伙食以及充足的弹药。这无疑是正确的方法,但也意味着英、美联军比轴心国更依赖后勤补给。轴心国军队相对更传统,依赖于前线部队的数量,补给严重缺乏。

刚参战的美国拥有英国 3 倍多的人口。当然,这个数字依旧要相对来看,英国有 1 000 万人在军队和重要工业里服务,几乎占了劳动力的 50%。这 1 000 万人里,超过半数的人与军备生产相关。换句话说,虽然目前还不缺少人力,但如果战事不顺,他们无力继续既定的战争策略。纳粹德国可以无情地削减工厂,将工人变成士兵,但英国希望竭力避免新一代的年轻人被送上战场。

现在,问题的关键在于,同盟国能否速胜,避免出现重大挫折,这样他们就能保持技术加机械的战争方式。这个战略和未来一切计划的基础皆在于海运能力。随着德军潜艇越来越多地聚集到中大西洋,同盟国的运输船只不断被击沉,上面这个战略也面临失败的风险。

严峻的形势需要在大西洋上立刻采取有力措施。如果潜艇的威胁能被消除,补给就能顺利流转。同盟国就无须担忧准备"哈士奇"行动所需囤积的补给,北非战役也不会因为油轮被击沉而推迟。这样能确保足够的物质保障,使作战更高效且按计划顺利地进行。胜利不需要等待太长时间,更多的年轻士兵将能返回家乡。

同盟国此时最需要做的事情就是一劳永逸地解决德军潜艇。丘吉尔在 11 月设立了反潜作战委员会(Anti-U-boat Warfare Committee),直接对英国战时内阁汇报。其成员包括罗斯福的特使埃夫里尔·哈里曼(Averell Harriman)、美国海军上将哈罗德·史塔克(Harold Stark),英国海军部作战研究局的科学家教授帕特里克·布拉克特(Patrick Blackett)。丘吉尔希望委员会不仅能找到击败德军潜艇的办法,还要能迅速实施。所有人都认为,需要缩小空中巡逻的空白区域,布

PART FOUR / 粉碎狼群

拉克特经过仔细分析后，发现在中大西洋64%的损失可通过这一改变而避免。他的研究表明，商船编队越大，安全性越高。他说："英国国内的人民可以勒紧裤腰带，但我们的军队不能缺少火炮、坦克和装备，需要更多的船只能够安全往返。"

根据反潜作战委员会的这个结论，英国在卡萨布兰卡会议上提出了未来联合反潜的作战计划，这得到了美国的赞同。他们要增加对德军潜艇基地和船厂的轰炸强度。护航舰艇的短缺将由现有船只的调拨和新建船只的分配来优先保障。护航航母将尽快被投入到大西洋之战中。同时，还会投入更多的超远程巡逻机和新的反潜技术。一切都将得到最先优先级，因为同盟国的整个战略都依赖于迅速击败德军潜艇。道理很简单。

在德国北部，民众已听到了斯大林格勒的灾难性结局。海因茨·科诺克少尉对此尤为难过，因为第6集团军中的不少士兵都来自于他的故乡哈梅林一带，他和那些或死或俘的人曾是同学。他在日记里写道："战争给我们带来了艰难的考验。"此时的科诺克已不再是战前那个向往光荣的理想主义者了。

1月27日，科诺克在执教一个士官例行的年度培训。中午，他听说驻扎在耶佛的战友起飞拦截美军第8航空队对德国的首个白昼轰炸，美军出动了55架轰炸机对付威廉港的海军基地。德军已为此准备了数周时间，通过情报得知美军一直在积蓄轰炸力量。科诺克在课堂上和大家讨论最佳的战术和机动动作。他们用飞机模型演示空战情况，并争分夺秒地计算各种角度和速度。他写道："整理了远距离射击的各项数据，战术草图绘制完成，迅速做好了新的模型。"美军的一些轰炸机被击落，这也打破了其不可战胜的传说。坠落后的残骸被搜集起来进行研究分析，雷达和地面控制也完善起来。正如1940年的英军战斗机部队，现在德军面对敌人的轰炸机部队，也已作好了一切迎战准确。

科诺克很懊恼，在这关键的时间无法与战友并肩作战，当天下午就打了申请要求归队。这个申请得到了立刻批准。他写道："在这样的时刻，我必须和战友们在一起，我当晚就启程返回耶佛。"

正如德军的感受，美军对威廉港的空袭效果并不好，部分原因要归咎于糟糕的天气和导航。但这周的空袭代表着同盟国正变得越来越强大，德国脖子上的绞索正被越勒越紧。

德国现在的处境并不妙，困守斯大林格勒的第 6 集团军正处在灭亡的边缘。1 月 30 日（周六）是希特勒夺取政权的 10 周年纪念日，元首和戈培尔安排了戈林做全国的广播讲话。他们预计在上午 11 点让帝国境内的所有广播台启动，但英国皇家空军提前得到了风声，派来了他们最新的"蚊"式轰炸机轰炸柏林，迫使帝国元帅和柏林市民慌乱地躲入防空掩体。

讲话被延误了 1 小时，听起来宛如为第 6 集团军准备的悼词。"他们虽然被击败了，但却成了英雄，他们史诗般的抵抗犹如死守温泉关的斯巴达人。"他说，"即使千年之后，每位德国人仍会用宗教信仰般的虔诚来谈论这场战役，德国的胜利奠定于此。"之所以选择戈林做演讲，是因为他仍广受民众的欢迎，他在去年 10 月的丰收节上承诺改善当前的配给情况，他确实做到了，还做得不错。不过，这次演讲显得空洞，并没有什么说服力。几天后的 2 月 2 日，斯大林格勒战役落下帷幕，纳粹宣传机器向民众表示，从将军到士兵，所有人都将并肩奋战到最后一颗子弹，他们将为德国能继续生存而贡献自己的一切。

这是希特勒一厢情愿希望看到的一幕。他甚至紧急地将保卢斯晋升为元帅。德国历史上还没有元帅被俘的经历，保卢斯无疑知道这点。理所当然，他应该采取"荣誉"的行动——自杀。事与愿违，他和另外 15 名将军选择了投降，希特勒对此暴跳如雷。德国民众还记得 11 月 8 日，元首向他们承诺，斯大林格勒已基本上被占领的事，那天正好是"火炬"行动的首日。一连串的失利已形成了可怕的冲击波，斯大林格勒对德国人来说象征着毁灭和绝望。

当汉斯·施朗格 – 舍宁根（Hans Schlange-Schoeningen）听到戈

林这篇主题为"民族复兴"的讲话时,生气地写道:"真是世界历史上的愚蠢笑话。"住在柏林的艾尔瑟·温德尔知道,很多年轻人都在东线作战,大家都知道,但谁也不会主动谈论这事。毕竟,他们能说什么呢?她的老友艾迪丝·魏兰(Edith Wieland)写信来邀请她小聚,艾迪丝的丈夫刚在斯大林格勒阵亡,艾尔瑟立刻答应了。

艾迪丝·魏兰一直是个自信且坚强的女性,但现在衰老了很多,她穿着黑色的衣服,刚打开门看到艾尔瑟就哭了起来。她把丈夫的最后一封信拿给艾尔瑟看,这太让人心碎了。艾尔瑟写道:"他请求如果自己之前做过什么伤害她的事,希望都能得到原谅。他现在活着的唯一目的就是为了她,他爱她超过爱自己的生命。这可不是空洞的漂亮话,因为他此刻正面临着死亡,上帝随时将夺走他的生命。"他请求她妥善带大孩子们,小的才几个月,让她千万不要消沉。

艾迪丝告诉她:"有件事让自己感到困扰,听说他们本可逃出来,但希特勒禁止他们这样做。"

"不!不可能!"艾尔瑟回答。她竭力让朋友相信,希特勒不会这么干。她仍然是元首坚定的信徒。

一共有110 000人在斯大林格勒战死。第6集团军曾是国防军里最强大的军团,现在灰飞烟灭。艾尔瑟·温德尔写道:"死寂笼罩在整个国家,无论是报纸还是广播都没了动静。"不久,她碰到了大学老同学格尔达,她有2个兄弟已阵亡,长兄在斯大林格勒虽然臀部受伤,落下了腿脚不灵便的毛病,但总算活了下来。她的长兄告诉艾尔瑟:"我必须老实地告诉你,不管你听到了什么鼓励,德国已输掉了这场战争。"

住在普鲁士的汉斯·施朗格-舍宁根发现,伤亡名单由于太长已不再公布。德国现在的生活条件已恶化到让人难以忍受的程度。他写道:"商店里空空荡荡,日常生活里最基础的东西也不能买到。即使是黑市也搞不到生活用品,什么东西也没有。"

食品再次变得短缺起来。尽管很多德国人感到越来越绝望,且意识到这场战争不可能获胜,但却没有和谈的呼声,这有别于1918年上次大战到了这个节点时的形势。纳粹头目们显然非常慌张。负责宣传的戈培尔开始煽动德国民众投入"总体战"中。1月13日，希特勒在元首指令里号召全体德国人动员起来。由马丁·鲍曼、内阁主席汉斯·拉莫斯（Hans Lammers）和凯特尔陆军元帅分别代表党、政、军组成的三人委员会负责具体落实元首的这项要求。曾担任过希特勒秘书的鲍曼已控制了元首日常生活的每一个细节，他可谓是现在的纳粹政坛上最得宠的人。最新要求是帝国境内的所有男女都需要登记并分配工作，包括启用1925年出生的男孩。此举，新增劳动力50万人，年龄在17~45岁之间的女性也需要做工。任何不能直接为战争作出贡献的工作都将被立刻取消。

施佩尔奉命进一步提升军火产量。德国仍然控制着乌克兰大部分地区，包括生产煤和铁矿石的顿涅茨地区。此时，急需生产大跃进这样的成功故事来鼓舞前线的士气。因此，施佩尔于1月22日宣布了"阿道夫·希特勒坦克项目"，目标是将产量翻倍，即每月能生产900辆坦克以及2 000辆自行火炮。这个新项目将优先获得钢铁供给，坦克工厂的工人可以免除兵役征召，同时享有额外的伙食和服装配给，每周工作时间调整为72小时。当施佩尔微笑着和工厂工人握手时，照相机和摄影机在旁边忙个不停。1940年的闪击英雄古德里安又回到了公众的视野，他和希特勒似乎达成了谅解，被委派为装甲部队总监。

德国国防军在之前的战斗中损失了大量的坦克和其他装甲车辆，在东线和北非的一些损失是由于汽油短缺造成的，正如阿道夫·拉姆他们在托布鲁克附近的遭遇一样。随着坦克生产数量的大幅增加，汽油短缺的问题越来越凸显。希特勒在1月就提出，希望大幅增产"虎"式坦克和"黑豹"坦克，并将其作为工作的重中之重。问题是这些身躯庞大的坦克结构复杂，需要耗费大量的加工时间和物料，并不适合大规模量产。德军还有一种替代办法是改进现有的3号坦克和4号坦克，不过，这同样需要新的生产设备和培训。克虏伯在马格德堡的工厂从1942年10月开始就只生产4号坦克，将产量从每月60辆提升到每月80辆。1943年1月，在"阿道夫·希特勒坦克项目"的指引下，月产量提升到了 150 辆。也就在这个时候，他们奉命改为生产"黑豹"坦克。

当时，德国共有 17 种不同型号的坦克炮在生产，这需要不同的生产工艺和组装线，给后勤带来了极大的麻烦。1940 年时，只有 6 种。"黑豹"并不是最成熟的型号，设计过程匆忙，其复杂的机械装置是战场上维护人员的噩梦。"黑豹"和"虎"式一样都是耗油大户。整个帝国内建设了 21 个合成油工厂，其中最大的一座位于普鲁士北部什切青附近的普利茨（Poelitz），年产量达到 700 000 吨。但合成油的生产需要大量煤炭，生产过程中的损耗率也高，成本高昂。"阿道夫·希特勒坦克项目"无疑推动了坦克产量的生产，有利于宣传工作，但考虑到后续的一些相关问题是否能如期跟进，前景并不乐观。

坦克项目并不是唯一在实施的大项目。大西洋壁垒也在抓紧赶工，这称得上是中国建造万里长城之后最大的军事防御项目。这项计划还包括对海峡群岛的工事加强，这也是德国占领的唯一一片英国领土。这些远离不列颠海岸的小岛并没有太多战略价值，因此，英国在 1940 年并未死守，政府认为丢失这里所影响的士气不足以抵充防御所需的高昂成本。不过，希特勒亲自下令大幅加强该群岛的防御工事，这实质上是当时最无效的工程。大部分物资都需要从大陆运来，托特组织为此调派了 16 000 名劳工。在 1942 年，海峡群岛竟然吞噬了大西洋壁垒工程中 12% 的资源。整个项目共投入了 260 000 名劳工，构筑了 15 000 个工事和掩体。

东线还未从惨败中缓过神来。到 2 月 18 日，苏军已夺回了被德军夏季攻势中占领的大部分地区。A 集团军群被驱离高加索地区，慌忙通过黑海和亚速海之间的克赤海峡逃走。北方的 B 集团军群的阵线还算稳固，而顿河集团军群面临在亚速海北岸被包围的危险。迈科普、罗斯托夫、哈尔科夫这些在去年 5 月争夺的地方都回到了苏军手里。

同日，戈培尔在柏林体育馆发表了讲话。15 000 名柏林人将场馆挤得满满的，包括纳粹官员、红十字会工作人员、归乡士兵和普通市民。

西线之战 / THE WAR IN THE WEST

戈培尔确保听众能做出热烈的反响,讲话稿早已送到了报纸编辑部那里,这次讲话会同时在广播里直播,响彻帝国的家家户户和公共场合。

他煽动地提问:"英国人宣称,德国民众已丧失了对元首的信任,你们还能跟随元首赴汤蹈火?在所不辞吗?"群众山呼:"愿意!元首命令,我们执行!"体育馆里的气氛达到了狂热的程度,他继续问道:"你们要总体战吗?如果要的话,你们可以忍受比我们今天所承受的更严酷的条件吗?"数百万收音机旁的听众感到场馆内对这个问题山呼海啸般的赞同声简直快将喇叭震破了。

这次演讲是对柏林人和所有德国人的总动员,重新强化对希特勒的支持。散布在火车站、咖啡馆和其他公共场所的秘密警察报告,公众对此的反馈非常积极。戈培尔从听众那里得到了他想要的东西,即继续战争,实施总体战。这必将带来更为彻底的毁坏。

在北非突尼斯,隆美尔即将发起的反击将盟军打了个措手不及。英国皇家空军轰炸机部队司令官哈里斯中将在准备了一年后,终于能发起对德国的全面轰炸。相比隆美尔造成的意外,战略轰炸的威力将是之前无人能想象的。

PART FOUR / 粉碎狼群

第 39 章

危机四伏

美国记者恩尼·派尔现在来到了北非。之前，他完成了对英国伦敦遭受闪电空袭的新闻报道后，返回美国待了一段时间。这次，重新横渡大西洋并未让他太过新奇。当他到达阿尔及利亚后，决定将关注点放在那些在北非为山姆大叔尽责的美国男孩、女孩身上。

1 月初，他前往比斯克拉机场了解那里第 97 轰炸机大队的情况。一切都和他想象中的北非一样：湛蓝的天空、棕榈树、夜晚满天的繁星。除了曾经的伦敦经历，这是 43 岁的派尔再次来到作战前线，3 个小时后他又经历了一次空袭。由于那里还未安装防空警笛，机场执勤人员用餐铃和朝天鸣枪的办法发出警报。他被敌军袭击时命运的随机性震惊：有人手里拿着步枪，瞄准镜被击碎了；有人身上的水壶被打破了，人却没事。

他见证了第 97 轰炸机大队于 1 月 12 日执行任务时的情景。包括劳尔夫·伯布里奇的"全美"号在内的轰炸机机群进攻了轴心国在的黎波里附近贝尼托堡（Castel Benito）的空军基地，以此支援第 8 集团军的作战。下午晚些时候，轰炸机开始返航。派尔写道："在懒洋洋的阳光下，空气都是暖和的，螺旋桨带动的灰尘笼罩在机场上空。"一架降落中的"堡垒"发出了红色信号弹。当飞机着陆停稳后，派尔赶了过去，看到机组将阵亡的飞行员从舱盖里抬出。没有人说话，机组都很悲伤。之前未曾见过死人的派尔看到那个失去生命的手是如此苍白，他写道："大家都认识死者。几个小时前，他还是活蹦乱跳的年轻生命。战争走进了我们的身体，对我们触动很大。"

英国《每日快讯》的澳大利亚记者艾伦·穆尔黑德也回到了北非。他之前也去了美国和英国，那里的人都对达尔朗协议嗤之以鼻。他们无法理解北非为何会陷入了僵局。毕竟，登陆那里的盟军数量已相当庞大，怎会被一小撮德军在突尼斯那个角落里给挡住。

因此，他亲自动身前往第1集团军去找原因。在前线待了几天后，他开始理解了。他写道："不夸张地说，在纽约或者伦敦的普通民众完全不了解前线战斗的情况，不知道谁在作战，不知道使用了哪些武器，不知道双方的部队数量，不知道前线做了哪些努力，更不知道未来有什么计划。"正如他所指出的那样，美国的民众认为，盟军里作战的主力是美军，而实际上在1943年，英军才是战场上的主力。大部分民众都认为北非是平坦的沙漠，实际上，他们的子弟兵正在那里翻山越岭，与泥潭和冰雨抗争。

穆尔黑德也是花了不少时间才适应了突尼斯战场，这里和空旷的西部沙漠完全不同。在突尼斯，他用望远镜可观察到德军士兵的走动。双方距离很近，但却是山上山下，仿佛人叠着人。在前线，每一步都暗藏杀机，四处都是地雷和诡雷。敌军狙击手会躲在某块岩石后向你开冷枪。战斗机会不时地钻入峡谷，对拉着补给品的卡车开火，因此大部分运输选择夜间进行，在崎岖的路上也不敢打开大灯照明。黏稠的泥坑到处都是，很难通行。他写道："刺骨的寒冷、躲不开的泥潭、严重缺乏热食，这些足以杀死士兵，和子弹的威力不相上下。"

第18步兵团也被困在泥泞中。2营的鲍尔斯兄弟之前所幸没有经历终止山的血战，那次战斗中得到的教训被迅速分享到全团。比如，美军37毫米反坦克炮的威力在1943年初已非常有限了。亨利·鲍尔斯指出，他们训练时仍使用着这种武器，并未意识到这已在实战中被淘汰，这让他们沮丧且失望。

第18团在迈贾兹附近作战，临时隶属于英军第6装甲师。鲍尔斯兄弟首次进入突尼斯作战。在1营撤离后，2营顶了上去，接替了英军位于"掷弹兵山"的阵地，这里能俯瞰整个麦杰尔达山谷，能封锁被称作"彼得角"的十字路口。

他们的部队归英军指挥，因此获得了英式的伙食配给，甚至领新军装时得到的还是英军制服。很快，他们除了还戴着美军头盔外，其他物品都换成了英式。无论是汤姆还是亨利对此都没意见，但对伙食的抱怨颇多。亨利说："你看，英军的分量比美军的少太多，当然，他们的茶不错。"

第18团在迈贾兹附近掘壕固守，日常除了巡逻就是辨识敌军的飞机型号。由于轴心国的空中活动较活跃，盟军这边的防御阵地挖得犬牙交错，类似上次大战。

这段时期的平静给了那些盟军新兵蛋子学习如何在火线上求生的机会，这样的教训非常宝贵，能避免在未来战斗中出现无谓的伤亡。敌军间歇的炮击和空袭让他们学会了如何在弹雨中幸存下来。第18团在到达北非前甚至未经历过实弹演习。战前设想的是轻度战争，机动性非常重要，因此他们是带着37毫米火炮来的北非。在英国人开始下单订购中型坦克之前，美军习惯使用的仍是轻型坦克。美军骑兵直到1941年春还主要使用马匹。美国陆军以往面对的都是轻微的传统的边境战争。美国陆军除了在自己内战时期打过硬仗，其他战斗几乎都是边境冲突的水平。

仔细审视那些陆军指挥官们，除了个别人经历过第一次世界大战的战火，大部分人没有战斗经验。马克·克拉克和第1师师长特瑞·艾伦算是老兵，马歇尔、艾森豪威尔以及弗雷登达尔（Fredendall）从未率领部队上过战场。值得注意的是，在参加过1941年陆军路易斯安那州大演习的42位师级和军级军官中已有31人离任。这样的大换血是否会给部队带来改变，还有待验证。目前，在突尼斯作战的美军实际上还停留在摸索阶段。这并不能怪他们，考虑到过往历史和最近几年的迅速发展，这是很自然的事情。重要的是，他们要有学习的意愿，美军部队在北非的苦涩经历能都转换成"战斗经验研讨"材料。接下来的几周，他们还会遇到更严峻的挑战。

西线之战 / THE WAR IN THE WEST

自由法国的军队也在英军第 8 集团军指挥序列下作战。当时，其正在利比亚的德尔纳进行换装和复训。炮连的让·马蒂厄·鲍里斯中尉终于有时间喘口气了，之前在比尔哈凯姆经历的殊死战斗让他心有余悸，派出的传令兵全被打死，这让他产生了极大的心理负担。他为此经常做噩梦，以至于怀疑自己是否还能胜任指挥职务。在他心绪未平时，又接到了新的棘手的任务。在比尔哈凯姆战斗中阵亡的雷内·加弗雷上尉的遗孀希望让自由法国军队帮忙找回自己夫君的尸体，按照基督徒的礼仪妥善安葬。鲍里斯是在 1942 年 6 月负责埋葬的人之一，因此，他被指派返回那里去寻找遗体。他带着随行人员和 3 辆卡车开回比尔哈凯姆。沙漠仍然散落着战斗留下的各种残骸。他们在安营扎寨后，开始在鲍里斯印象里埋葬上尉的地方挖掘，不过这毕竟是 6 个月前的事了，记忆并不绝对准确。经过 3 天的努力，他们终于找到了上尉的遗体，横穿沙漠返回基地。重新看到那些战死者的遗体对于安抚他的神经毫无作用。

几乎所有人都经历过失去朋友和战友的情况。只要在前线作战，就随时有失去挚友或者自己阵亡的危险，只是概率问题。1 月 11 日，戴尔·丹尼斯顿的室友比尔·威廉姆斯阵亡。当时，他们出动了 36 架 P-40 骚扰敌军，结果遭到了梅塞施米特-109 战斗机从高处的拦截。美军迅速调整队列应战，双方缠斗在一起。丹尼斯顿回忆："场面万分惊险，电台里充满了歇斯底里的咒骂声，俯冲、爬升、转向。"然后和大多数空战收尾一样，天空忽然安静下来。丹尼斯顿孤身返回基地，他在落地后听说，比尔·威廉姆斯失踪了。没人看到他的动向，只知道人不在了。几天后，仍然没有他的消息，他可能落在了沙漠的任何一个角落。

14 日，丹尼斯顿他们再次出动，为比利·德拉克的第 112 中队担任高空警戒。德拉克从去年 5 月开始就不停歇地作战，中队总共击落了 199 架敌机。1 月 16 日，他们又取得了第 200 个战果。德拉克个人拥有 17 个确认战果，他那时年仅 25 岁。

德拉克知道，空战里最重要的不是自己的战果，而是团队合作，以

PART FOUR / 粉碎狼群

整个中队为集体作战才能尽可能多地消灭敌人，无论他们在天空还是陆地，无论是飞机还是卡车、坦克或是士兵。这也意味着部队不能容忍任何一个薄弱环节，他亲自将几名精神崩溃，无法继续作战的飞行员开除出队伍。这样的人在皇家空军里被称作"缺乏士气者"（Lacking Moral Fibre）。德拉克说："我对此没有任何内疚，我们清楚自己的极限，我们确实要承担很大的压力。"如果有人已精疲力竭，比利会让他休整一下，如果这样仍不能让他重新振作，必须将其送回开罗。他表示："尤其是沙漠战争，我们互相依赖，不能出现任何一个人掉链子的情况。"

在中队取得200个战果后，德拉克被调入了新岗位。他在接下来的几个月里，要把丰富的战斗经验传承给那些刚来中东地区的新飞行员。返回英国的人员里包括托米·埃尔姆赫斯特空军准将，他可不是因为纪律处分而回去，他圆满地完成了自己的工作。他在离开之前，还制订了前往的黎波里的500英里作战计划，这已超出了坎宁安将军的预期。坎宁安最担心的是，还未等第8集团军发动正面攻击，隆美尔已放弃了阿盖拉阵地。

盖伊·吉普森空军中校也在苦苦支撑，他于10个月前担任第106中队指挥官，自己需要每天作战飞行。到1月，他已飞了63次轰炸任务，之前担任夜间战斗机飞行员时执行过90次任务。轰炸机部队的机组一般在飞了30次任务后可以得到休整机会，担任一段时间的教官，之后再完成20次任务就能结束飞行战斗。这样，只要飞满50次就能解除战斗职责，这个数字已足够多了。吉普森显然已远超这个标准，但他并未就此止步。

最近几周以来，压力突然变大了。12月，吉普森和塞尔斯顿机场（Syerston）的指挥官空军上校格斯·沃克（Gus Walker）正目送轰炸机起飞，沃克忽然发现第61中队1架停在那里的"兰开斯特"炸弹仓开着，有些火药漏了出来，引起了燃烧。要知道，飞机上装载的可是4 000磅的炸弹。沃克赶过去提醒他们，希望能避免灾难的发生。吉普森看到他从汽车里跳出，向机组挥手。可当他到了距离那架"兰开斯特"还有20码（18米）的地方时，炸弹被引爆了。吉普森写道："爆炸极为猛烈，爆炸云足有2 000英尺（610米）高，那架巨大的'兰开斯特'消失得无影无踪。"吉普森以为他的朋友会被爆炸撕碎，结果后者被震飞到70码（64米）外的地方，少了1条胳膊。感谢上帝，他还活着。

附近军医院的外科医生带着护士赶来，吉普森帮助他们照顾伤者。这对吉普森来说是沉重的打击，因为年长的沃克像长辈一样对他，将机场管理得井井有条，帮助年轻的自己承担了很多责任。

1月11日，他要指挥对德国工业心脏地带鲁尔区艾森（Essen）的轰炸任务，目标是克虏伯工厂。这次行动总计出动了25架轰炸机，少量的飞机也许会面临更大的危险。他们还有个目的是测试新的瞄准技术，计划飞机起飞后尽量爬升高度，向荷兰的艾默伊登港（Ijmuiden）方向飞行。飞临目的地前将航向改为X点，在那里用2枚黄色照明弹标示，表示距离目标还有25英里（40公里）。之后，他们将直线推进到Y点，不做任何规避机动，Y点由2枚红色照明弹标示。然后，他们会沿着一组绿色照明弹标示出的线路进行轰炸。他们被告知："必须往正前方轰炸，如果你歪了哪怕10度角，炸弹也会偏离目标多达10英里（16公里）距离。"

吉普森机组于当日下午4点30分起飞。他写道："我们出发后，看到了那些照明弹标示的路径，轰炸了目标，返航，这次遭遇到的高射炮火力是最猛烈的一次。"他们的机组没有伤亡，但第106中队的另外2组人就没这么幸运了。更糟糕的是，这2组还是吉普森手下最棒的。吉普森晚上未能入睡，希望能等到他们归来。他于次日按照规定写了给失踪人员家属的慰问信，这份责任也是指挥官需要承受的。

5天后，他们要执行这年对柏林的首次轰炸任务。吉普森领到特殊任务，要带上记者理查德·丁布比（Richard Dimbleby）观察本次作战。这也是哈里斯一直关注的工作，即让公众知道轰炸机部队的进展。轰炸机群在荷兰海岸遭受了德军高射炮和大量战斗机的拦截，他们克服这些危险后,成功飞抵了第三帝国的首都。探照灯在夜空中扫来扫去,猛烈的高射炮火力在他们身边爆炸,产生的冲击波能让飞机出现猛烈震颤,他们继续朝目标逼近,领航机开始投弹。丁布比写道:"原来漆黑一片的城市刹那间出现一道银光,明亮的火球,成百上千地跳跃起来,将城市的轮廓勾勒得一览无遗。"

吉普森的"兰开斯特"搭载着 1 颗巨大的 4 吨炸弹,在首次进入投弹通道时,投弹手没能看到目标,吉普森决定再次尝试。这需要钢铁般的意志,因为这意味着他们需要绕着城市外围飞很大一圈,重新进入投弹通道。在进入投弹通道时,飞行员必须确保高度和航向的绝对稳定,自身会成为高射炮瞄准的活靶子。这次尝试,投弹手依旧没能看清目标,吉普森决定继续重试。这就像夺命的赌注,目标终于被锁定,炸弹顺利投下,"兰开斯特"轻松了,吉普森操纵轰炸机钻入了夜幕。凌晨 1 点 50 分,他们回到了塞尔斯顿机场,在空中历时超过了 7 个小时。吉普森在作战日志里写道:"一路顺利,战果显著。"

那天晚些时候,吉普森开车前往基地附近的皇家空军医院。由于之前的"兰开斯特"爆炸事件,他认识了前来救助伤者的护士玛姬·诺斯(Maggie North),只要他们一有空就会聚在一起。吉普森在 1940 年冬就和比自己大 8 岁的舞蹈演员伊芙·莫尔(Eve Moore)结婚,但两人很少见面。吉普森的母亲是个酒鬼,也在那期间不小心引火自焚了,他的父亲是个殖民官员,仍驻扎在印度。吉普森还有个兄弟亚力克,他们关系不错,但他是个比较敏感的人,更喜欢独处。吉普森有时也有倾诉的愿望,面对基地里的手下,他必须表现出和自己真实感受不同的一面:不畏生死、袍泽之情、纪律森严、一呼百应。

玛姬·诺斯很懂他:她能看到每天执行轰炸任务给士兵带来的创伤。和她在一起,吉普森不用继续扮演那个不停鼓励他人的坚强领导者。

吉普森这次到访并未提前给玛姬打招呼,他请她的同事找她出来,自己坐在外面的车里等着。当玛姬到来时,他正望着窗外发呆,嘴里咬着还未点燃的烟斗。他无法平抑内心的激动,身体不由自主地颤抖起来。

他对她说:"抱住我。"她照做了,直到他停止颤抖。

"昨晚作战了?"她问。吉普森点点头,什么也没说。她很快要回去工作了,吉普森开车返回塞尔斯顿机场变回中队长的角色。他非常需要休整一下,但也许只有他和玛姬才知道,他曾面临崩溃的边缘。对中队成员来说,他还是那个精力充沛的指挥官,和往常一样。

卡萨布兰卡会议指明了未来的战略方向,但目前的一些困局如何解决还有待商讨。艾森豪威尔将军发现自己被放在聚光灯下炙烤。他一边要负责突尼斯的战斗,一边要维持阿尔及尔的盟军司令部的运转。克拉克将军现在无法帮上忙,因为他已被指派去组建第5集团军,其主要构成是目前驻扎于法属摩洛哥和阿尔及利亚西部的部队。这样,艾森豪威尔缺少了他的得力助手和头号政治顾问。刚组建的美军第2军开到了突尼斯中部,被挑选担任军长的是劳埃德·弗雷登达尔(Lloyd Fredendall),他指挥了美军在奥兰的登陆作战。

艾森豪威尔在战前并不了解弗雷登达尔,把他挑出来的是马歇尔将军,有后者的首肯,任命一路畅通。弗雷登达尔在登陆作战中的指挥无可挑剔,马歇尔的表现就差强人意了。他在担任奥兰暂代总督职务时组织的工程招标和任命著名的维希分子引起了不小的舆论风波。当记者恩尼·派尔向其求证时,他勃然大怒:"别乱说了,你知道个屁!"他对待下属也非常粗暴、独断,还有酗酒的倾向。他对英国也没有什么好感。这样的态度对于担任美国首个军长,需要在英军指挥序列下合作的情况来说可不是好事。他在艾森豪威尔面前表现得很有信心,因此他们制订了封锁突尼斯中部的作战计划,意图阻止隆美尔的残部和冯·阿尼姆将军在北部的会合。

艾森豪威尔在卡萨布兰卡会议上表态后,弗雷登达尔立刻着手开始实施定下来的任务。他手下的部队包括一些法军部队和英军伞兵,合计 38 000 人。隆美尔那边有 80 000 人,冯·阿尼姆有 65 000 人。参谋长联席会议指出,第 2 军有可能遭到对方的合围。布鲁克将军从破译机关得到消息,隆美尔会把加强后的第 21 装甲师派往突尼斯作先锋。这样来看,艾森豪威尔的作战计划非常不合适。次日,马歇尔和艾森豪威尔进行了深谈,向总统汇报艾克将辞职的决定。罗斯福拒绝了这一提议,让艾森豪威尔估算战役的结束时间。

"5 月 15 日。"艾森豪威尔回答。

同样参与了卡萨布兰卡会议的亚历山大将军带来了好消息:的黎波里即将被攻克,他们很快就能粉碎马雷特防线,这是轴心国在突尼斯南部的主要防线。他的自信和艾森豪威尔形成了鲜明对比,这也让布鲁克将军有底气提出新的指挥变动建议。艾森豪威尔显然负担太重,且不具备战场指挥官所需要的战术或者战略能力。因此,布鲁克建议将艾森豪威尔的地位再拔高一级,让亚历山大担任他的副手,统管美军第 1 集团军和英军第 8 集团军。按照亚历山大的建议,新的单位可合并两者番号称呼,即第 18 集团军群。艾森豪威尔将担任最高统帅,侧重于政治层面和同盟国之间的协调,亚历山大弥补其执行层面的不足。美国人对此表示欢迎。他们还同意布鲁克关于让特德空军中将担任同盟国空军总司令的建议。坎宁安被晋升为海军元帅,重新担任地中海战区司令官。

将地中海战区的所有指挥权统一是至关重要的一步。施帕茨将所有的轰炸机部队都搜罗到第 12 航空队下面,现在又加了个头衔:西北非洲空军司令官。施帕茨可管控海岸空军和训练部门,部分杜立特掌管的战略空军,最重要的是突尼斯空中支援部队(由那些已在突尼斯战斗过的战斗机和中型轰炸机,以及沙漠空军构成)。施帕茨直属"玛丽"·坎宁安空军少将领导。

给施帕茨担任副手的是美军准将拉瑞·库特(Larry Kuter),后者协助起草了美国陆航战略轰炸的纲领性文件 AWPD-1。他曾担任过哈普·阿诺德的副参谋长,后被派往英国指挥第 8 航空队第 1 轰炸机联队。新年刚过,他来到北非担任施帕茨的参谋长。

库特来到康斯坦丁(Constantine)的前线指挥部还没几天,就发现陆军和空军之间的关系紧张,尤其是战斗机部队和美军第 2 军之间。

战斗机部队被陆军指使得团团转。库特写道:"弗雷登达尔让他们东奔西走,执行一些零散的防御行动,充当保护伞。"他对弗雷登达尔表达了不满,这位第2军军长咆哮着否定了他的看法,坚持陆军有权决定使用战斗机的时间和地点。这样的做法无理至极,完全无视空地协同的基本原则。库特写道:"与弗雷登达尔谈话会让任何一个空军人员抓狂。"

库特被委派临时指挥同盟国突尼斯空中支援部队,直到坎宁安到任。他发现,陆军里不只是弗雷登达尔对空中支援有着错误的理解,包括安德森和其手下的师长们也是如此。库特的计划是有体系地攻击轴心国的机场,执行侦察任务。但陆军对此完全不同意,他们认为,应该在战场区域建立常规巡逻任务。他们表示,陆军无法抵挡得住德军的"斯图卡"和坦克的联合进攻。库特写道:"对我而言,我们的陆军已被对方的宣传给吓破了胆。"他和坎宁安面对的战斗并不只是针对轴心国的空军,还要扭转很多陆军指挥官的陈旧想法。

戴高乐将军也来到了卡萨布兰卡,丘吉尔和罗斯福想安排自由法国和维希法国的领袖们和解。双方的"统一"以成立国家解放委员会为象征,吉罗将军和戴高乐担任联合主席。两人共同与罗斯福和丘吉尔出现在西方媒体面前。被邀请到卡萨布兰卡郊外安法营地的艾伦·穆尔黑德和其他记者一起见证了这了不起的一幕。他们之前在那里等了几个小时,才被引导去见总统和首相。

穆尔黑德和记者们挤到了半圆形的潮湿草坪上,丘吉尔和罗斯福坐在他们面前,吉罗和戴高乐分列两旁,身后站着各国的外交官和部长们。两位法国人看起来有些局促。戴高乐仍旧因自己被排除在"火炬"行动之外而恼怒,而吉罗则把这位"自由法国"的领袖当做危险的竞争对手。罗斯福以慈祥的态度要求两个法国人站到前面握手。他们两个人咬着牙完成了动作。穆尔黑德写道:"场面太尴尬了,就像业余戏剧的排练。"

隆美尔正准备重新从南部攻入突尼斯，而英军第 8 集团军即将攻克马雷特防线，空中特勤团也在敌军阵线后方发动袭击，帮助第 8 集团军取得进展。由于去年秋天取得了卓越战果，空中特勤团现在被正式扩充到团的规模，戴维·斯特林被晋升为中校。特勤团里还包括希腊人组成的"神圣中队"和法国人组成的"自由法国中队"，还设有特殊舰艇班以执行两栖任务。

斯特林的计划是深入突尼斯南部，依托马特马塔山（Matmata Hill）作战，沿着海岸线往北和美军第 1 集团军建立联系。他也希望能和自己的兄弟比尔·斯特林碰头，后者担任刚在阿尔及利亚组建完毕的第 2 空中特勤团团长。

1 月 22 日，斯特林带着由 5 辆吉普车组成的突击队来到了杰里德湖（Djerid）边的盐滩，发现那里无法通过，而东面的山地也不利于车辆的通过。没了耐心的斯特林决定冒险回到海岸线上。他准备闯过狭窄的加贝斯隘口（Gabes），直接突入到空旷的突尼斯北部。

1 月 23 日破晓，斯特林的队伍加速冲向隘口。约翰·库珀负责驾驶斯特林那辆车，将油门踩到底，飞速冲关。驻扎在隘口边上的一支德军装甲部队刚起床，走出营房。库珀写道："德军坦克手们正享受清晨的第一杯咖啡，在晨光中伸懒腰。不少人困惑地看着我们，我们也盯着他们，没有松油门。"他们的虚张声势成功了，没有人开枪阻拦。空中特勤团的勇士们继续往前开进，在太阳当空后，他们找了一处干枯的河道停下来休息，周围有树丛和灌木林可遮挡踪迹。

上午 10 点，库珀和他在长途沙漠突袭队里的朋友麦克·萨德勒（Mike Sadler）自愿爬到高地上警戒。他们从那里能看到坐落在南面海岸旁的加贝斯镇，以及德军前往马雷特防线的长长车队。这时，他们发现有两辆车停在了他们藏身之处的附近，库珀和萨德勒判断德军士兵碰巧也选了这处地方休息。

下午 1 点，两人返回营地，向斯特林汇报情况，轮到他们休息了，毕竟他们已连续行动了 48 小时。库珀很快睡着了。几个小时后，他忽然感到脚被人踢了一下，被惊醒的他睁开眼看到 1 名德军士兵正盯着他，胸口挂着 MP-40 冲锋枪。那人示意库珀不要动，然后转身和他的同伴逃走了。

库珀赶紧叫醒斯特林和其他人。斯特林立刻命令通讯员销毁密码本，这时候警戒哨传来了枪声。库珀、萨德勒带着两名通讯员和法国人弗雷迪·塔克西斯往高处跑，斯特林则向另外一个方向跑。他们找了个灌木丛隐蔽，心脏怦怦地跳，开始自责之前的疏忽。显然，他们穿过德军阵地的行动引起了敌军的疑虑，库珀他们之前看到的德军并不是来休息的，而是特地寻找他们的。

幸运女神在这时照顾了他们。有阿拉伯人赶了一群羊上山，在他们藏身的草丛旁吃草，这让他们有机会躲过德军的追捕。半个小时后，羊群离开了那里，德军也带着吉普和突击队的补给撤退了。库珀写道："我们剩下的只有一张 1：1000000 的地图以及一块指南针。"他们商量后发现只有 2 条路：要么走回隘口想办法与第 8 集团军会合，要么走到盐湖北边的图泽尔绿洲，那里有自由法国的据点。他们不想再去隘口冒险，因此向图泽尔出发。

一路很顺利，他们于次日上午在柏柏尔人部落里获得了急需的食物和饮水。他们上路继续走了一段后停下来休息，这次叫醒他们的是拿着短枪的柏柏尔人，他示意库珀将衣服脱下来给他。库珀不情愿地将制服以及穿在里面的短上衣交了出去。一群阿拉伯小孩朝他扔石头，有块砸中了他的侧脸，淤青一片。库珀和同伴急忙拔足狂奔，逃离了那里。

他们于次日抵达了绿洲，自由法国军队控制的这座堡垒非常巍峨壮丽，在阳光下闪闪发亮。望着茂密的棕榈树、深蓝的天空、雪白的堡垒以及黑皮肤的塞纳加尔殖民地军队，库珀感觉自己仿佛进了电影片场一般，非常不真实。他们被接了进去，吃饱喝足，库珀的伤口也处理包扎完毕。法军将情况通报给美军第 2 军，很快就来了巡逻队将他们接去特贝萨（Tebessa）。他们终于和第 1 集团军会合了，只是不是当初设想的方式。

库珀、萨德勒和战友们安全归来，但他们并不知道戴维·斯特林

PART FOUR / 粉碎狼群

被俘虏了。空中特勤团对第 8 集团军的有力支持戛然而止。

盖伊·吉普森的机组很幸运,没有伤亡,"全美"号机组也是如此。1943 年 2 月 1 日(周一),早上 10 点 50 分,他们从阿尔及利亚的比斯克拉机场起飞,美军陆航第 97 轰炸机大队要对突尼斯北部的比塞大港发动空袭。飞行员肯·布拉格(Ken Bragg)操纵飞机笔直地飞上蓝天,盘旋着和大队里的友机组成编队,然后和其他大队的飞机会合,最后共有 50 多架飞机朝比塞大港飞去。少校中队长罗伯特·柯尔特(Robert Coulter)的座机领队,"全美"号飞在它的右侧。

劳尔夫·伯布里奇在投弹手的岗位。他在起飞时总会感到紧张,其实大家都差不多。他承认:"在任务开始前,没人会逞英雄。"团队里的精诚友爱帮助大家缓解了焦虑的情绪。他补充道:"就像家人一样,大家紧密相连。"他们之前攻击过比塞大港,单程需要 2 个小时。伯布里奇找了个机会测试了前部机枪,向安全的区域射了几枪。整个天空到处都是轰炸机,坚定地向目标飞去,身后留下一道道白色的航迹。

下午 1 点 40 分,前方已能看到比塞大港了,旁边是宽阔的海岸线。正如过去 6 周他们碰到的情况,不少 Me-109 战斗机冲了过来。"全美"号上没人说话,人们都专注于自己的任务。伯布里奇握住机枪,随时准备向闯入的目标开火。

那些 Me-109 从太阳方向向他们扑来,机枪和火炮齐开。轰炸机上的机枪也纷纷回击,几架 Me-109 冒着黑烟栽了下去。美军方面也有 4 架"飞行堡垒"被击中,但仍坚持在编队中,这样幸存下来的可能性才会提高。

当编队开始进入轰炸线路时,Me-109 离开了他们,以防被己方高射炮误伤。他们重新回到高空盘旋,等待轰炸机返航时进行再次拦截。伯布里奇来到轰炸瞄准器旁,等待目标出现在瞄准镜里。高射炮炮弹在空中爆炸,形成一团团黑雾,飞行员肯·布拉格打开轰炸机舱门。他们现在必须保持飞行的速度和高度,以便精准轰炸。此时的"飞行堡垒"只能祈祷不被高射炮打中,伯布里奇总算发现了目标,立刻按下投放按钮,对通话器喊道："炸弹离机。"

伴随着清空了的炸弹仓和消耗过半的燃油,轻松了的"飞行堡垒"开始爬升,同时进行规避动作,让高射炮难以预估他们的航向。但敌军战斗机又回来了。伯布里奇回到点50机枪的射击口。有2架Me-109离开机群,爬升到太阳方向,从"全美"12点钟方向俯冲过来。伯布里奇看到"梅塞施米特"越飞越近,子弹从机鼻和机翼处划过。

前面那架Me-109飞到近处,机身一翻避开了,伯布里奇此时看到库尔特少校的飞机冒起了黑烟,开始坠落。后面那架Me-109喷射着火力向"全美"扑来,丝毫没有躲闪的意思。肯·布拉格拉着操纵杆竭力躲避。那架"梅塞施米特"呼啸着从他头顶越过,激起的气浪让"飞行堡垒"剧烈震颤。

"机长！机长！"通话器里传来焦虑的声音。

"机长回复,你那里怎么了？"布拉格中尉回应。

"长官,我们的尾部受损。我想您需要来看看。"

布拉格和副驾驶恩格尔少尉感觉"飞行堡垒"的飞行状态还行,但飞机有点向上翘头。他们进行减速后稳住了飞机。布拉格将飞机交给恩格尔,自己去后面观察情况。结果让他大吃一惊：几乎一半的机身被切掉了,破碎的机体和电线在空中飞舞。"梅塞施米特"机翼的一部分还嵌在他们机身上。

机长把机组召集到无线电仓,伯布里奇也从机鼻爬了出来。布拉格看到人齐了,告诉大家现在要作出选择：跳伞降落在敌占区,或者继续留在飞机上赌一赌"飞行堡垒"能否坚持着回去。布拉格决定继续飞,伯布里奇和其他成员也同意留在残破的飞机上。他们做好了随时跳伞的准备,集中到紧急出口旁。伯布里奇承认："当时很吓人,谁也不知道能否安全回去。"

皮实的"飞行堡垒"坚持住了,他们回到了比斯卡拉机场。他们先是发射了表示紧急情况的3枚信号弹,然后盘旋着等待其他轰炸机先降落。当地勤将跑道清理干净后,他们尝试降落。奇迹发生了,飞机的尾部擦着地面停了下来。布拉格中尉从驾驶室里对赶来的救护车喊道:"没事,医生。"机组里没人受伤。第97轰炸机大队里有人这样写道:"'堡垒'真能扛揍,飞行没任何问题。"

当破烂的"全美"号向比斯卡拉归航时,旁边轰炸机上的战友给他们拍照,照片登上了部队报纸《星条旗报》的头版。标题醒目地写着《最可怕的损伤,但轰炸机挺住了!》。波音公司的官员看到落地后飞机的惨状,表示,"从空气动力学的角度来说,这是不可能的飞行"。但他们确实回来了,这让劳尔夫·伯布里奇和整个"全美"机组感到兴奋。

第 40 章

"春风"料峭

在卡萨布兰卡忍受了难熬的 24 小时，艾森豪威尔回到了自己的指挥部，感到肩上的负担少了许多。他对新的指挥架构非常满意，同时获得总统的支持也让自己心情愉快。亚历山大和特德都需要在平息利比亚的战事后，才能到任新职位，估计要推迟到 2 月后了。目前的计划是继续给第 1 集团军补充兵力，保持守势，直到第 8 集团军抵达马雷特防线。突尼斯法军司令官朱安将军提醒，盟军不能高枕无忧。他说："德国人不会坐以待毙。"他的部队把守着南北走向的东多塞尔山的 2 条隘口，与其他友军相隔较远，装备也很短缺。

总共有 4 条通道能穿过东多塞尔山，只有通过这里才能从突尼斯内陆来到海岸平原。正如朱安预测的，凯瑟林也清楚这些通道的重要性，只要德意联军能守住通道的另一端，他们就能保住突尼斯。以这个为目标，凯瑟林命令冯·阿尼姆策动攻势，逼退盟军，确保完全控制住这里。战斗于 1 月 18 日打响，第 10 装甲师在北部博阿拉达（Bou Arada）发动佯攻。英军精准的火炮加上地雷、泥泞的地面使第 10 装甲师的攻势很快停顿。但轴心国在南部发动了主攻，步兵加上新型"虎"式坦克从沃斯拉提耶峡谷（Ousseltia）冲出，粉碎了法军第 19 军的防线，俘虏了超过 3 500 人。英军第 36 旅和 B 战斗特遣队（美军装甲旅）被派去救火。6 天后，1 月 24 日，冯·阿尼姆叫停了进攻，就地构筑防御阵地。他对当下取得的进展比较满意。

PART FOUR / 粉碎狼群

显然，法国人不在状态。他们需要回炉重新训练，换装新的武器。不过，这需要对前线部队的部署进行大调整才行。而法国人不愿与英军协同作战，希望划归到安德森的第1集团军。这样，安德森变成了突尼斯地面部队总指挥，麾下囊括了英军、美军和法军。这样的混编到了1月底已混乱不堪。各国军队之间的训练、文化和装备差异严重影响部队作战效率。

在遥远北方的挪威，特勤人员贡纳·松斯特比非常清楚盖世太保正在搜捕他，感觉周围那张无形的网正越收越紧。1月，他的叫做艾林森的线人在接到几个电话后离开了公寓，为了安全起见，松斯特比决定立刻停止使用之前碰头的地点，即便艾林森不会出卖他们。不过，松斯特比鬼使神差地决定去再去看看那个公寓是否出了问题。当晚下着大雪，他小心翼翼地走到房子前，能看到遮光帘背后有微弱的火光。他谨慎地走进楼里，上了楼梯，按响了门铃。门很快打开了，有名德国警察举着手枪对准了他。松斯特比的手，下意识地就往衣服里摸枪。德国警察立刻上前两步，将枪口顶在松斯特比的胸口。

"立刻进来！"他吼道。

"做梦！"松斯特比回应，在那人反应过来之前，将对方的枪一拨，跳下了楼梯。后面传来了枪响，黑暗中他并未被击中。外面有同伴等在车里，松斯特比跳了进去，溜走了。

不幸的是，松斯特比在逃跑过程中，公文包没合拢，笔记本掉了出来。他相信笔记本里没有机密信息，但也不能冒险。显然，他必须去找回来。

首先，他要乔装打扮一下。在附近一套公寓里藏有备用衣服，他打开楼门，正准备向上爬，他听到楼上传来枪声和急迫的脚步声，德国人已守在了那里。看来，这次他们的网络是彻底暴露了。松斯特比只能硬着头皮回到前面那个公寓寻找笔记本。他手里握着枪，小心翼翼地走了进去，一切都很安静。他在走廊的墙角找到了笔记本。他冷静地捡起本子，走出大门，他成功了。

西线之战 / THE WAR IN THE WEST

其他抵抗组织里的伙伴则没那么幸运了。当晚，松斯特比成功地找到了艾林森，了解了具体情况。后者也被捕了，但他成功地开枪打死盖世太保暗探，逃了出来。当松斯特比看到他时，他正在伤心难过，并不是因为他杀了德国人，而是因为德国人为报复抵抗组织的活动而枪杀平民。松斯特比写道："我们的良心必须要能忍受这样的折磨，不能因为会伤及无辜就放弃抵抗。在伦敦和斯德哥尔摩的上级也持这样的看法。"

当晚，盖世太保在奥斯陆的大搜捕总共抓了200多人。其中，很多人是共产主义者，有3人属于松斯特比的抵抗组织，他们被严刑逼供，但没有人叛变。

几天后，松斯特比搞清了状况。艾林森的妻子斯维尔接到个挪威人的电话，焦急地要找艾林森。松斯特比和艾林森讨论后认为可以回个电话。那人表示，他被盖世太保逮捕后，又放了出来，现在有紧急的消息要带给抵抗组织。

松斯特比和艾林森越想越觉得可疑，但仍然决定见个面看看情况。就算对方已被盖世太保控制了，为了放长线钓大鱼，对方不太可能在首次见面就抓捕他们。因此，他们留了辆车在外面接应，带着枪去会面了。松斯特比一看到对方就确认其已经叛变。他写道："他的眼神闪烁不定，我们和他谈了一会，约时间再见。我和艾林森都相信，他成为了告密者，会背叛我们。"

不用说，他们没有再次赴约。但在大搜捕之夜以后，松斯特比发现盖世太保已知道了他的身份。他写道："没办法，我只能接受现实，继续战斗。"他准备离开奥斯陆避避风头。3天后，他搭乘朋友开的埃索石油公司的油罐车前往斯德哥尔摩。松斯特比假扮副驾驶，而艾林森躲在备件箱里，他们顺利逃脱。松斯特比可以暂时摆脱盖世太保的魔爪了。

1月14日是弗里茨·拜尔莱因的生日，隆美尔元帅在指挥部里给他庆生，令他激动不已。当天晚上，英国人又进行了炮击，这让生日派对提前结束。汉斯·冯·卢克少校带着侦察营去支援第 164 轻型师。1 月 17 日，隆美尔已判断阵地无法继续坚守，命令部队撤到霍姆斯—塔尔胡纳防线（Homs-Tarhuna），这也是防守的黎波里的最后一道防线。面对英军大量的坦克和火炮，隆美尔意识到第 8 集团军正准备包抄他们的侧翼。他写道："当消息传来时，我被迫决定立刻放弃塔尔胡纳。"这实际上意味着放弃的黎波里，但他已安排将物资储备安全、及时地撤到突尼斯境内，并将的黎波里的港口设施摧毁。

尽管放弃的黎波里是个正确的决定，但隆美尔并未事先取得卡瓦莱罗和墨索里尼的同意，他们要求隆美尔收回成命。隆美尔收到他们的电报后，给出了这样的回应："要么，的黎波里能多守几天，损失整支大军；要么，提前几天放弃的黎波里，为突尼斯之战保存实力。你来做决定吧。"实际上，现在已来不及做什么了，英军鱼雷快艇已在的黎波里以西出现，将 14 条装载着燃料的驳船击沉了 10 艘。1 月 23 日，的黎波里失守，利比亚战役结束。

希特勒死守突尼斯的决心没有动摇。1 月 12 日，凯瑟林前往狼穴汇报，还是一如既往的乐观。希特勒认为可以将盟军赶回卡萨布兰卡，并最终将他们赶下海。可当齐亚诺和卡瓦莱罗请求德军给予更多空中支援时，希特勒却一口拒绝，表示自己无兵可派。随着隆美尔撤入突尼斯，元首宣布，是时候反攻了。德国最高统帅部里充满了混乱的狂想，脱离实际。

隆美尔现在的处境如坐针毡。他在 2 天后给妻子的信里这样写道："我无法对你表达这次撤退给我带来的痛苦，我日夜被非洲的局势困扰，可能会出大问题。我感到非常压抑，难以继续工作。"希特勒和墨索里尼，包括凯瑟林也有着同样的担忧。隆美尔丧失了斗志，他不再是所向披靡的宠儿。1 月 26 日中午，意军最高统帅部给隆美尔发来电报，说明他由于健康问题被解除了指挥权。他确实身体不佳，但并不傻：这是将他撤职的委婉说法。正在苏联指挥意军第 1 军的将军吉瓦尼·梅萨（Giovanni Messe）被派来接替他的职位。

2月13日（周六），英军第8集团军向马雷特防线逼近，那里距离利比亚边境大约有80英里（129公里）。轴心国非洲装甲集团军的后卫部队竭力拖延英军的攻势。英军在攻克了突尼斯的一些边境小镇后，准备占领外海的杰尔巴岛（Djerba），那不仅能确保侧翼的安全，还拥有一座机场，具备重要的军事价值。

在岛上还有历史悠久，成规模的犹太人社区，他们在2000年来以珠宝商和金匠闻名。党卫队于2月蜂拥登岛，准备掠夺财富。传统上认为，党卫队从未去过北非，但实际上有支行动队于1942年11月被派驻到突尼斯，指挥官是党卫队一级突击队大队长瓦尔特·劳夫（Walter Rauff）。他的任务是使用"有效手段对付民众"。这是典型的纳粹口吻，实际上就是允许他们使用任何手段。他刚到突尼斯，就让手下把城里的犹太人集中起来，让他们去突尼斯机场替国防军修筑防御工事。除了要为第三帝国出力外，突尼斯犹太人还要支付相关的费用。

劳夫之前参加过在波兰和乌克兰的特别行动队，他是个没有道德底线的人。他曾和党卫队高层莱茵哈德·海德里希一起在德国海军服役，关系亲密，这样的背景显然帮助他在仕途上一帆风顺。海德里希后来还曾救济过劳夫一大笔钱，后者对前者绝对忠诚。在海德里希于布拉格被刺杀前，劳夫一直忠心耿耿地帮他干那些脏活。比如，劳夫就是在东线首个使用移动毒气车的军官。

劳夫不光热衷于追捕、屠杀犹太人，他还毫不掩饰自己对金钱的追逐。当国防军指挥官如隆美尔和冯·阿尼姆忙着和盟军作战时，他的权限则大到无人制约，毕竟他的上级也对他鞭长莫及。

当他得知杰尔巴岛上可能藏有财富后，立刻派出手下党卫队二级突击队中队长特奥多·萨维克（Theodor Saevecke）上岛，意图赶在英军第8集团军到达前多捞点。他们选择在安息日那天动手，这对当地犹太人来说是极大的冒犯。萨维克要求杰尔巴岛上的长老们负责在12小时内筹集出50公斤的黄金。他警告犹太人，如果不能及时完成，将大开杀戒。拉比和长老们立刻在社区里搜集黄金：个人物品，商店里的商品，甚至连犹太会堂里的传世珍宝都拿了出来。萨维克最后拿到了 43 公斤的黄金。犹太人领袖表明，他们只搜集到了这么多。萨维克毫不客气地收下了，并责令他们在次日早上补齐数量。随着英军的炮声越来越近，萨维克赶紧带着下属连夜逃回大陆，当然，那剩下的 7 公斤黄金也没要了。杰尔巴岛在几天后就被解放了，然而他们的黄金则消失得无影无踪。

在欧洲大陆，空战仍在激烈地进行。英国皇家空军汇聚了各种力量，飞行员不仅来自于帝国的各自治领，还包括那些被德国占领国家的年轻人，他们斗志高昂，满心想着向德国人复仇，并不介意穿着英军制服，飞英国飞机，甚至要向英王乔治五世宣誓效忠。英国皇家空军让他们有找到集体的感觉，这成为了那些想击败纳粹的志士们团结的地方，同时还能保留各自的民族自豪感。

第 341 中队于 1 月在爱登堡附近成立。皇家空军将百位数为 3 的番号留给了外籍中队，第 341 中队就是法国人组成的"阿尔萨斯"中队。首批加入的人员里包括年轻的飞行员皮埃尔·克洛斯特曼（Pierre Clostermann）。他在战争爆发时正在美国加利福尼亚州学习工程专业。他很喜欢西海岸的环境，因为那里很适合飞行。他早在 1937 年 16 岁的时候就在法国拿到了飞行证。暑假时，他几乎每天都要翱翔在圣迭戈的蓝天上，磨练自己的驾驶技能，希望到 1941 年 10 月能在空军报名年龄时就参军。

法国于 1940 年 6 月的投降使他的梦想破灭。当时，他家已搬到了巴西的里约热内卢，父亲写信让他去伦敦投奔戴高乐将军。克洛斯特曼先回到里约，然后带母亲来到法属西非的布拉柴维尔（Brazzaville）。皮埃尔当时仍未想好自己的出路，他坐在马里布的沙滩上，把父亲让他去伦敦的信读了又读。此时的战争仿佛远在天边，但他知道自己别无选择，只有遵从父亲的教导。他曾梦想驾驶法制"德瓦蒂纳"-520 战斗机驰骋蓝天，但现在能驾驶"喷火"也不坏。

1940 年圣诞时，他将母亲的生活安顿妥当，把里约热内卢的家收拾好，搭上了前往英国的客轮。又过了 2 年，他才终于进入了空军的作战部队。他们的中队长是雷内·莫肖特（Rene Mouchotte），此君作为战前老兵，在法国停战时正待在奥兰。他和另外 5 人偷了架飞机，逃到直布罗陀，然后来到英国。中队里还有在法兰西战役时就获得了 7 个战果的王牌飞行员中尉米歇尔·布迪尔（Michel Boudier）。其他不少法国人都曾在沙漠空军里有过作战经验，当然也有很多像克洛斯特曼这样的新手。

克洛斯特曼在马里布海滩想象过驾驭"喷火"的场面，现在飞机终于运到了。英军地勤人员进行了验收，打扫干净，将自由法国的洛林十字徽章以及代表中队的字母"N"和"L"喷涂上去。新中队的人和飞机都齐了，随时可以作战。

在皇家空军服役的波兰中队也不少。在不列颠之战，第 303 中队就已大放异彩，现在在战斗机部队有至少 9 个波兰中队，包括驻扎在诺特霍尔特的第 315 中队。美籍波兰裔飞行员弗朗西斯·"加比"·加布雷斯基就在这个中队。

他们最近换装了新型的"喷火"MK Ⅸ型，配备 1720 马力的罗尔斯－罗伊斯公司的梅林 –66 发动机，速度可达 409 英里/小时。这要优于德军的 Me-109G 战斗机，能和"福克－沃尔夫"-190 匹敌。其火力包括机枪和机炮，而且飞机还有冗余可以安装更为强力的武器。这对生产来说是个好消息，因为新型号并不涉及到大规模的设备更新，比重新研发新机型要容易得多。加布雷斯基写道："这架飞机比我所设想的还要好，操纵轻便，爬升快，机动性好。"

他在中队里进行适应性训练后，于 1 月底参加实战。这是对勒阿弗港的常规袭击，加布雷斯基在出发前先祈祷了一番，然后穿上羊皮飞行夹克走进了寒冷的清晨。他发现，战友们都很紧张，即使是不好笑的玩笑也特意笑得很大声。安德茨中尉负责现场指导加布雷斯基，他们在走向"喷火"时，前者还在提醒后者作为僚机的职责是保护长机，监视敌军的动向。加布雷斯基写道："他说我已作好了准备，这话让我很受鼓舞。最后，在我们登上'喷火'前握了握手，是时候出发了。"

PART FOUR / 粉碎狼群

当他们起飞朝向海峡时,加布雷斯基忍不住设想即将到来的场景。他对未知的情况感到惊慌,最让他担心的是不能犯错,也不能惊慌失措,这会丢波兰人的脸,对此的担忧远大于对自己生命的担忧。在海峡上空,他们看到了美军轰炸机部队,跟了上去,高度大约为20 000英尺(6 096米)。他现在的感觉很奇妙,一个人孤零零地坐在狭窄的驾驶舱,知道决定自己生死的就是自己操纵飞机的能力。

他们到达法国上空后,朝北转向,轰炸机部队则继续前进。加布雷斯基扫视天空,寻找目标,未发现任何敌机。第315中队飞回海峡,越过伦敦后,在诺特霍尔特降落。加布雷斯基心情复杂,一方面为自己首次任务平安归来而感到庆幸,一方面也为没碰上敌机而失望。当然,他的机会很快就会到来。

在卡萨布兰卡会议之后,马歇尔将军来到了位于阿尔及尔的盟军司令部,与艾森豪威尔再次深谈。他对后者说:"你必须清楚一件事,如果你留任了手下的美军军官,就表明你对他们的表现满意。对那些不满意的人,必须撤职,送回国去!"不称职的军官必须被清理掉。战前,老旧的美国陆军正迅速重生,马歇尔清楚地表明,绝不容许有朽木混在里面。

德军最高统帅部和意军统帅部这时已将隆美尔视作朽木。陆军元帅虽然已接受了离任的现实,却没准备就此离开,他要在北非再展示一次自己的风采。他命令马雷特防线上的工事尽快加强。这里原本是法国人修建于海岸线和马特马塔山之间的边境堡垒线,位于突尼斯边境内20英里(32公里)处,属于梅德宁(Medenine)后的第2道防线。非洲装甲集团军除了留了少量部队驻守梅德宁,主力均已撤退到马雷特防线。隆美尔感到拥有了一些主动权,因为第8集团军不太可能马上发动进攻。他的判断非常准确。

隆美尔现在担心的情况是,如果他们死守马雷特防线,第8集团军就会从东袭来,第1集团军会从西包抄,轴心国军队将会被包在三明治里,死路一条。为了确保这种糟糕的情况不发生,他决定在突尼斯中南部率先发起进攻，迫使美军第 2 军撤退，装甲集团军就能回头对付第 8 集团军，而没有后顾之忧。

隆美尔同时还担心第 8 集团军或许会从南翼绕过马特马塔山，侧击马雷特防线。因此，他派汉斯·冯·卢克的战斗群占领南翼的泰塔温古堡（Tataouine），察看那片区域是否有英军的动向。冯·卢克的部队在英军战斗机的袭扰中，南下 60 英里（96 公里），找到了那座古堡。实际上，那里只有一些断瓦残垣。不过，驻守当地的法军还是象征性地抵抗了一下。冯·卢克在占领那里后，立即给隆美尔的参谋长高斯将军发去电报："泰塔温古堡已被攻占，俘获当地守军，摧毁了电台，并对南面进行了侦察，未发现敌军。"他在完成任务后，返回了马雷特防线。

冯·卢克回来后，高斯将隆美尔的作战计划告诉了他。意军将驻守马雷特防线，装备补充完毕的第 21 装甲师已控制了东多塞尔山，俘获了上千名美军。这是令人鼓舞的开端。

非洲装甲集团军慢慢恢复了元气，而第 5 装甲集团军的实力随着不断运抵的装备和人员正迅速增强。缩短了的补给线有利于他们获得增援。目前，75% 的补给可以被安全运抵，每天有 4 万～5 万吨补给到达比塞大港和突尼斯港。虽然还有些增援部队未抵达，冯·阿尼姆将军手里在 2 月仍有 105 000 人和超过 200 辆坦克，包括 11 辆"虎"式坦克。2 月 9 日，隆美尔会见了冯·阿尼姆和凯瑟林。隆美尔和冯·阿尼姆虽然并不看好，但他们达成了一致，能发动一次有限程度的反击。乐观主义者凯瑟林对此完全赞成。几天后，隆美尔的非洲军和冯·阿尼姆的第 10 装甲师将攻击美军第 2 军位于贾福萨的基地。打垮他们后，隆美尔再回师对付第 8 集团军，行动代号为"春风"（Fruehlingswind）。

与此同时，瓦尔特·瓦利蒙特将军希望约德尔同意他去探访罗马、突尼斯和北非前线。卡瓦莱罗近期被撤职，由维托里奥·安布罗西奥（Vittorio Ambrosio）元帅接任其意军总参谋长的职务。凯瑟林成功地把部分自己的参谋人员安排到意大利同行那里共同工作，但整个指挥体系依旧错综复杂。瓦利蒙特认为，尽管在战略上和政治上都有死守突尼斯的理由，但从战术层面来看已无能为力。他在这点上的看法无疑是正确的。

约德尔批准了瓦利蒙特的请求，因此，他在2月初花了10天时间前往前线视察。他写道："我的所见所闻得出了与隆美尔元帅相同的结论，现在不可再奢谈进攻，能尽快撤离北非才是正道。"

美军第1装甲师师部位于斯贝特拉古城（Sbeitla）以西，这里曾是古罗马帝国的一座繁华都市，而现在已成为一片废墟。34岁的汉密尔顿·豪兹（Hamilton Howze）中校刚来这里报道，他的职务是师作战参谋。被称为"老铁骑"（Old Ironside）第1装甲师只有B战斗群（旅）参与了"火炬"行动，其他部队是后来陆续从英国运来的，因此豪兹刚抵达作战前线。他是将门虎子，从西点军校毕业后就到了骑兵部队，整个20世纪30年代他都在马背上度过。珍珠港事件爆发后，他成功转入装甲兵部队，最后于1942年4月来到了第1装甲师，很快出海作战。

当豪兹于1月来到前线后，发现第1装甲师的训练水平很拙劣，新任师长奥兰多·沃德（Orlando Ward）少将和他持有相同观点。B战斗群经过战火考验后成熟了不少，而另外3个旅似乎在英国的训练未起到效果，到达北非后更是无所事事。

更为糟糕的是，弗雷登达尔并不喜欢沃德。这位第2军军长的表现越来越怪诞。他将指挥部设在"快速峡谷"，这里距离前线有80英里（129公里），狭窄的峡谷只有一条连通外部的通道，另外调派了200名工兵建设地下指挥部工程。这简直是疯了，弗雷登达尔的指挥也是如此。他命令沃德将装甲部队拆分开，配以从步兵师抽调出来的少量步兵和炮兵执行各种无意义的行动。沃德对此表示抗议，但却被粗暴地拒绝。豪兹写道："让我们非常失望的是，部队被拆得七零八落。"

当德军第21装甲师闯入法益德隘口时，弗雷登达尔派了A战斗群的部分部队去帮助那里的法国人，留了一半在斯贝特拉。他派遣D

战斗群攻打意军位于东多塞尔山南端的阵地。这种三心二意的进攻安排除了带来无谓的伤亡，无任何好处。第 34 师宾·埃文斯所在的游骑兵部队被派去夜袭意军岗哨，他们遭受了 20 人的伤亡，却不清楚这样做的目的是什么。第 1 装甲师被拆散后面临了巨大的风险，变得虚弱无力。原本应该撤出防线，进行重新训练和装备的法军却以单薄兵力把守他们的地段。第 2 军现在被一个躲在远离前线地堡里的疯子指挥，法军的状态无力发动进攻，美军的装甲部队被胡乱打散。安德森和艾森豪威尔讨论过是否要将部队后撤到大多塞尔山，缩短补给线后重整部队。但两者都不敢发布命令，担心这有损本方的颜面。

因此，当隆美尔和冯·阿尼姆于 2 月 14 日情人节那天发动进攻时，他们所面对的盟军不堪一击。

躲在"快速峡谷"地堡里的弗雷登达尔继续发布莫名其妙的命令。第 1 装甲师的少量部队要对占据优势的德军装甲部队发动反击，不少步兵营死守孤零零的山头，得不到任何的火力支援。德军第 10 装甲师在"斯图卡"和战斗机的支援下，势如破竹地冲过法益德隘口。美军 A 战斗群的 51 辆"谢尔曼"被派去阻挡进攻，他们在西迪布济德（Sidi Bou Zid）被德军第 21 装甲师撞上，后者刚从南面的马兹拉隘口（Maizila）突破而来。美军在空地夹击中陷入了混乱，德军反坦克火炮将"谢尔曼"一一报销。

在斯贝特拉的第 1 装甲师师部，沃德向弗雷登达尔请求紧急增援。后者又向安德森将军求援。安德森根据之前收到的过时情报，坚信德军的主攻方向会从北边的丰度克隘口（Fondouk）发起。实际上，根据西迪布济德出现的 70~90 辆德军坦克的报告，第 1 集团军的参谋们完全可以判明这里才是德军的主攻方向。安德森对谍报破译机关有些过于依赖了，只从北线 B 战斗群里分出了 1 个营的兵力支援南线。更糟糕的是，安德森还发电报告诉弗雷登达尔集中力量"理清局势，消灭当面之敌"。安德森对局势做出了错误的判断，而躲在地堡里的弗雷登达尔根本无法执行这样的命令。豪兹简直不敢相信他的耳朵，他写道："这简直是疯了。"他们在次日所能做的就是集中 C 战斗群并加强了 1 个坦克营。他们面对的不仅是超过 100 辆的坦克，还有大量的火炮和反坦克炮。豪兹补充道："沃德将军十分无奈，我也是同感。"

这支孤军于 15 日中午冲入死亡谷迎战德军，结果变为了一边倒的屠杀。天黑时，第 1 装甲师损失了 98 辆坦克、57 辆半履带车、29 门火炮以及 500 多名士兵。

安德森到此时才明白，德军的进攻重心是这里，他立刻向艾森豪威尔建议撤退到大多塞尔山。15 日下午 5 点，命令正式签发。同时，冯·阿尼姆告诉隆美尔，自己打算进攻斯贝特拉，于次日向北进攻丰度克隘口。隆美尔则准备在 16 日进攻西南方向的贾福萨。当他看到路上满是他的坦克、卡车和士兵时，之前的自信又回来了，伴随着士兵的欢歌，他脑子里开始跳出更为野心勃勃的计划。他决定加强非洲军的兵力，进占菲里安纳（Feriana），之后可选择进攻特贝萨（Tebessa）或者向北进攻凯瑟林隘口，与冯·阿尼姆的部队会师。

隆美尔的这次行动本来只是试探性的，没想到进展实在太顺利，这让他血脉喷张，嗅到了更大胜利的气息。

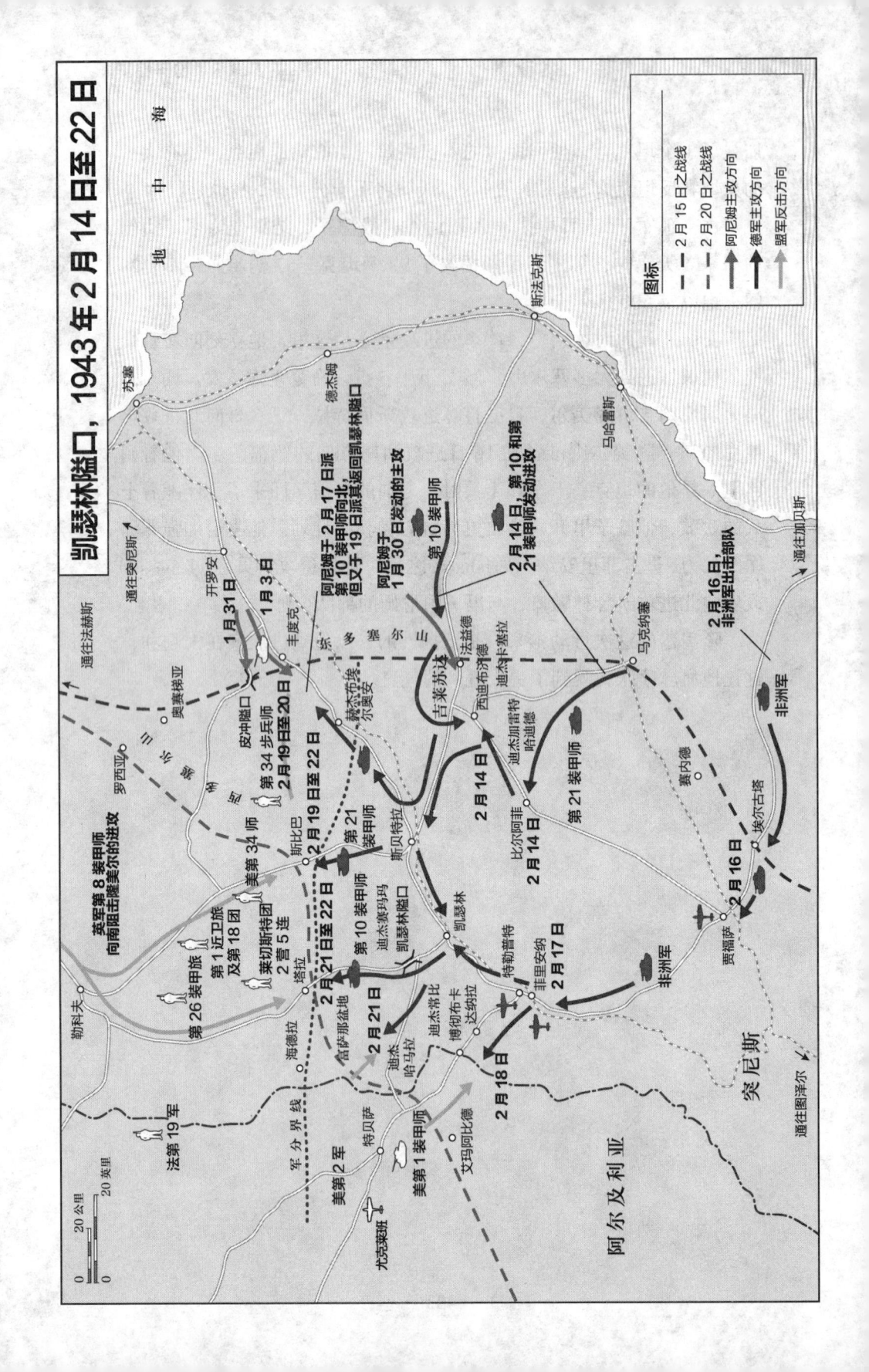

凯瑟林隘口，1943年2月14日至22日

第41章

重水！重水！

正当突尼斯的战事变得越来越激烈时，来到的黎波里的蒙哥马利决定召集盟军指挥官们检讨最近战斗的得失。这是个不错的主意，效果也不错。艾森豪威尔的参谋长瓦尔特·贝德尔·史密斯（Walter Bedell Smith）将军和巴顿将军均赶来出席。英军方面的特德、亚历山大也来了，让蒙哥马利不满的是，并非在突尼斯的所有师长都来了。那些人是否被紧张的战事牵绊，可不是他在乎的问题。

蒙哥马利先是兴致勃勃地谈论了如何打赢阿拉曼战役，他丝毫不否认制空权在最终胜利里起到的作用。尽管他和"玛丽"·坎宁安的关系有些紧张，但仍请后者介绍了一下空军战术支援的进展。坎宁安对听众介绍道："我们在过去数个月的实战中总结了一套作战方法，我想简单表述如下：步兵是陆战的主角，飞行员是空战的主角，两个兵种互相协作，在指挥各兵种的时候依照统一的空地协同计划，整个作战由陆军指挥官统领。"

这是坎宁安和特德在过去18个月里时常激烈讨论的，这也得到了坎宁安来自美军的副手拉瑞·库特的完全赞同。正如坎宁安现在指出的，陆军在地面作战时依赖的战线会分为很多区段，空军则没有如此多的划分。陆军的战役很明确，夺取地面目标；空军则不同：其一是在空中击败敌军，其二是尽其所能地发挥对地攻击以辅助地面部队的进攻。他告诉听众们，现在是技术时代，已极大地改变了战争的形式。

他补充道:"简言之,步兵无法驾驭飞机,而飞行员也无法变成陆军。"

互相支持才是关键。他说:"萨达卡(Sedaka)之战就是这种合作的典型例子。"该城位于班加西和的黎波里中途的位置,在去年12月被挑选作为空军临时基地。第7装甲师的先头部队于某天晚上到达那里,到次日上午就整理出跑道,准备好了高射火炮、汽车以及燃料。很快,2个战斗机中队在这里降落,依托这里攻击的黎波里以东的敌军目标。当进攻机群归航时,更多燃料、弹药和维修人员已运抵,运输机将受伤的士兵运回后方。坎宁安继续说道:"你能想象,这样是多么鼓舞陆军的士气,以前在沙漠里受了重伤的士兵只能等死。"

他指出,应由空军指挥官决定轰炸的目标,因为他们更清楚目标的价值。他举了个例子:陆军前线单位会报告发现敌军集结了200辆坦克和车辆,但他们的空军支援请求通常会遭到拒绝。因为,也许在15英里(24公里)外,有更庞大的敌军装甲部队在集结。空军会认为,攻击那里对战役后期走势的影响更大。"陆军的前线部队必须明白,空中支援是非常奢侈的,只能使用在关键时刻,陆军和空军的指挥官要对目标的判断达成一致,陆军指挥官必须要具备更广的视野。"

正如坎宁安指出的那样,这套作战条令是在实战中总结出来的,他的这次讲话是盟军空军发展历史上的重要里程碑。坎宁安归纳了战术空军近地支持的作战原则,而空军和陆军之间合作的效率和有效性显然还有进一步的提升空间。同时,陆军里还有不少人反对坎宁安关于战术空军应当保持独立的理论,比如在场的巴顿就不认可。虽然艾森豪威尔对这样的原则表示赞同,但拉瑞·库特认为他仍未信服。盟军在提升战争艺术的道路上还需不断改变陆军指挥官的认识,赢得他们的心。

冯·阿尼姆的坦克被A战斗群在斯贝特拉顽强阻击了,第1装甲师师部以及聚集在那里的一些美军单位可以在2月17日有序撤离到凯瑟林隘口,然后通过凯瑟林隘口。与此同时,安德森命令增援部队往南封锁大多塞尔山的各条通道,增援部队包括英军第6师和美军第

18团。后者已在迈贾兹区域连续驻守了48天。他们于2月18日上午到达目的地，负责把守位于斯比巴—斯贝特拉公路边的谷地。G连的汤姆·鲍尔斯立刻开始构筑阵地，他的兄弟亨利也没闲着。他在团部直属连负责铺设各营部和连部之间的电话线，需要背着一大捆的电线到处跑。营部位于连部后方起码半英里的位置，因此这项工作费时费力。

南面的隆美尔沿着贾福萨—菲里安纳公路杀了过来，当天下午已占领了菲里安纳，并准备攻打特勒普特机场。战斗机迅速转移走了，宾·埃文斯所在的游骑兵部队留下来殿后，将不能修复的34架战斗机烧毁，浓浓的黑烟直冲云霄。面对紧跟而来的非洲军，美军准备在特贝萨公路上的德尔纳亚隘口进行阻击。

次日，2月18日夜，汉斯·冯·卢克作为隆美尔攻势的先头部队，奉命突袭并夺取凯瑟林隘口，然后固守等待第15装甲师的增援。他的装甲部队于清晨出发，希望能将美军打个措手不及。可美军早有了准备，战斗进行得很胶着，美军在山谷上的炮兵引导员指挥炮兵精准地轰击德军。冯·卢克写道："我们无法突破，就算来个步兵团也没有办法。"

隆美尔的攻势陷入了停顿。冯·阿尼姆的部队转向北边的丰度克，没有继续西进。隆美尔对此感到愤怒，他感到夺取胜利的黄金机会白白溜走了，只要再给他一点燃料，加上第10装甲师的支援，他就能成功。道路前方的特贝萨是美军最重要的补给基地。一旦夺取了那里，就能继续前进，直捣盟军后方。

隆美尔从不知足，失败似乎都是别人的原因，比如德军最高统帅部、意军盟友或是燃料未被足量运抵。最大的问题是隆美尔总是用力过度。他再次突破了自己的能力范围，目前陷入的僵局就是最好的证明。冯·阿尼姆明白这个问题，因此，他将进攻重点转到了丰度克，那里可以确保非洲军安全撤往突尼斯东部地区。他拒绝了隆美尔的要求。隆美尔转而寻求凯瑟林的支持，后者立刻同意了。隆美尔表示："我感觉就像一匹老战马忽然又听到了军号声。"

西线之战 / THE WAR IN THE WEST

意军统师部也担心隆美尔会深入阿尔及利亚，收不住手。他们虽然同意将第10装甲师和第21装甲师交给他，但要求目标为北边的勒科夫，而不是特贝萨。他们像冯·阿尼姆一样认识到，就算突进阿尔及利亚，部队的后方也会暴露给敌军，潜在的风险远大于实际所得。不用说，隆美尔对此大发雷霆。他写道："这是令人难以相信的短视行为，令人愤怒。"发牢骚归发牢骚，他还得遵照命令，挥师东北方向，准备攻打凯瑟林隘口。

2月19日，第21装甲师进行了攻坚战，对手是英军第1近卫旅、第34"红牛"师的3个营和"大红一师"的第18团。德军并未取得突破，在近卫旅面前损失了大约20辆坦克后，转而进攻第18团。下午5点左右，大约30辆坦克雷霆般冲向美军。G连阵地遭受的压力最大。汤姆·鲍尔斯所在的迫击炮班不停地向德军坦克发射炮弹，德军在这里也没有占到什么便宜。亨利·鲍尔斯和他的战友们忙着修补被炸断的电话线，脑子里只有任务，丝毫没有畏惧枪林弹雨。英军新投入使用的17磅反坦克炮将德军坦克一一摧毁。这种新型火炮非常棒：方便使用、射速快，炮弹威力强于威名在外的88毫米火炮。17磅炮弹可击毁强大的"虎"式坦克，对付其他轴心国坦克更是不在话下。从沙漠战争开始，英军就呼吁要有一流的反坦克炮，炮口速度必须超过3 000英尺/秒（914米/秒），射程必须大于2 000码（1 829米）。17磅反坦克炮就是最好的解决方案。

火力配合度的提升以及英美部队的顽强抵抗体现出盟军在终止山战斗后的巨大改变。各营指挥官之间配合默契，防御阵地妥善构筑，士兵责任明确。隆美尔的部队不再是攻无不克。天黑后，第21装甲师开始撤退。G连的士兵在夜幕的掩护下，带着新的巴祖卡火箭筒和反坦克手雷爬出阵地，将德军留在战场上不能撤走的4辆坦克炸毁。

次日，随着第10装甲师给予塔拉（Thala）压力，隆美尔的部队也取得了一些进展。但盟军的防御展现了极强的韧性，到了22日，"春风"行动已丧失了主动。那天早晨，隆美尔驾车前往塔拉。前线指挥官们向他说明了局势，他只得承认强大的盟军难以被击败。下午1点，他与凯瑟林进行了会面，两人同意叫停所有攻势，分步撤退。在他们分别前，凯瑟林提出希望让隆美尔担任新的非洲集团军群司令官。隆美尔写道："显然，在凯瑟林隘口战斗后，我不再是那个不受欢迎的人了。"他谨慎地接受了这个任命，很高兴能再次统领大军，不过想到要在德意统帅部以及德国空军面前扮演"乖孩子"又让他颇为不爽。此外，他的身体状况确实急需得到治疗。尽管如此，他还是先返回了突尼斯南部，准备迎战他的老对手英军第8集团军。

在挪威中部被白雪覆盖的哈当厄高原，晏斯－安顿·波尔松带着他的突击队队员仍旧在野外宿营，等待机会完成对维莫克重水工厂的破坏任务。在10月的混乱行动后，他们被命令隐蔽起来，在得到下一步命令前，进行调查研究工作。他们和伦敦保持着无线电联系，后者表明会增派代号为"谷纳赛德"（Gunnerside）的挪威破坏小队协助他们行动，而他们的代号改为"燕子"（Swallow）。原本准备在12月进行空投，但糟糕的天气使计划被延后。波尔松他们只得继续蛰伏一段时间。他说："我们在圣诞节前过得很糟糕，只能将冰岛苔藓混着燕麦片充饥。"幸运的是，波尔松在圣诞节前夜打了头驯鹿，这顿大餐让他们迅速恢复了体力。一直到2月，他们都靠打猎维持生存。这期间的他们也很繁忙：搜集柴火、打猎、找回之前10月时空投的补给箱，他们把物资储存在山间小屋里。天气很冷，他们并未意识到这段时间刷新了当地新的低温记录，温度通常低于零下30度。

1月23日，"谷纳赛德"行动再次启动。恰巧，波尔松脚踝发炎，克努·霍格兰病倒在床。最后，同样由于天气的问题，行动被暂停。到了2月，"燕子"成员康复了，他们于2月16日得到消息，新的突击队已经上路。这次，天气足够良好。

17日凌晨零点，"谷纳赛德"的6名突击队员降落到了目标平原。可命运再次捉弄了他们。狂风肆虐，队员们背着30公斤重的包，还得拉着2个装有50公斤装备的雪橇，行进举步维艰。队员们只能找到一座小屋，先躲进去，等风雪过了再出发。这一等就是6天。当他们准备出门与波尔松会合时，碰到了猎鹿人。他们和"燕子"小队收到的指令一样，击毙任何路上撞见的人，可他们也下不了手。这位猎人热情地给他们提供帮助，他不仅是个滑雪高手，还非常熟悉这里的地形，很快帮他们找到了"燕子"小队。波尔松建议，他们等待暴风雪彻底结束了再行动。

双方的会面友好而热烈，波尔松抽到了4个月来的第一口烟。他们给猎鹿人发了5天的口粮后放了他，让其发誓不得泄露他们的行踪。良心要求他们必须这么做，哪怕风险很大。波尔松他们坐下来确认后续的行动方案。之前，他们已充分研究了目标的情况：在工厂正门外是大峡谷，最方便的路线就是通过大桥进工厂，桥上只有2名配备手枪的警卫。工厂本身虽然很重要，但由于地处偏僻，只有三班倒的15名警卫，每个班次只有5人。附近大坝旁有个军营，人数未超过40。在留坎城还有大约200人的部队，负责高射炮、探照灯等工作。实际上，德军还在这里组建了2个信号侦测站，因为未对准荒无人烟的哈当厄高原，没发现"燕子"或者"谷纳赛德"小队的无线电信号。

虽然说，工厂里的警卫数量不多，可一旦响起枪声，势必惊动附近军营里的部队。如此，即使突击队能引燃炸药，他们也很难全身而退。唯一的选择是从山谷直接爬上去，这样不必惊动警卫，但要想先渡过水流湍急的河流也比较困难。

波尔松带着2组人往南走到靠近工厂的另一处小屋。他们现在距离留坎城只有3英里（4.8公里）远。2月28日，早上9点，波尔松手下的克劳斯·黑尔贝格（Claus Helberg）中士出发前去侦察目标附近的情况，他和波尔松一样都在留坎城长大，对地形非常熟悉。5个小时后，他脸上洋溢着笑容回来了。原来，河流有处地方的冰虽然裂了，但仍能走过去。波尔松和"谷纳赛德"小队指挥官约辛·罗纳贝格（Joachim Ronneberg）希望走较容易的大桥路线。包括黑尔贝格在内的其他成员则选择穿越山谷爬上去的方案。尽管波尔松和罗纳贝格是指挥官，他们仍然同意此事通过投票来决定，最终山谷路线获胜。

他们晚上出发时，风还很大。他们悄悄来到山谷底下，踩着嘎吱

PART FOUR / 粉碎狼群

作响的冰面过河。虽然这天是满月，但山谷仍然黑暗，微光只够他们看得清往上爬的路径。他们先是爬到了半山上的岩层，那里有空着的小屋、营房和小铁路。再往上100米就到工厂了，他们甚至能看到警卫在桥上来回巡逻。午夜，警卫换班。突击队员们吃了点东西，最后检查了自己的装备，于半个小时后出发。波尔松那队人负责掩护，举着托米冲锋枪，躲在一片木架子后面。另外那队两两一组，拿着炸药冲进了工厂。

波尔松距离警卫室只有十几米远。他们5个人躲在阴暗中监视警卫的动态，等待着，时间如同凝固了一般。25分钟后，他们渐渐按捺不住，忽然听到了爆炸声，当然不算特别大。工厂的机器仍在轰鸣，爆炸声被盖住了一些。让波尔松虚惊一场的是，有个警卫从屋里走出，拿着火把看了一圈，发现没有动静又回去了。突击队当时并不知道，工厂里经常会发出此类声音，警卫们早已见惯不怪了。电站的噪音以及厚重的水泥墙削弱了爆炸声。不管怎样，突击队的任务只是破坏重水工厂，并不是将整个厂房炸上天。

很快，爆破小队和掩护小队会合了，任务成功完成。他们沿着之前的道路撤离了。其实，在爆破小队进入厂房后，碰到了1个守夜人和1个警卫，他们并未发出警报。

他们安全渡过了河，这时才响起了警报。他们躲开路上开过的汽车，取回藏起来的雪橇等装备，返回哈当厄高原。

当他们回到藏身之所时，风变得更加猛烈了，雪开始结冰，这帮助他们隐藏了踪迹。此时的重水工厂里灯火通明，挤满了车辆和人群，不过，没有德国人追踪过来。他们躲了几天时间，双方分别，5人滑雪前往瑞典，4人留在当地加入了游击队。波尔松和黑尔贝格前往奥斯陆，他们先是滑雪前进，然后大胆地搭乘了火车。他们一个都没被抓住。波尔松说："我们感觉，就像有幸运星伴随着我们。"

有半吨重水成品和不少重要设备在这次行动中被摧毁，这使德国的原子武器研究进程大大受挫。无论是海森堡还是迪普纳的科研团队都不太可能在短期内研发出原子弹，虽然其研究工作仍在继续。维莫

西线之战 / THE WAR IN THE WEST

克重水工厂的袭击对德国是重大打击。袭击证明在被占领的欧洲大陆没有哪个角落是绝对安全的。3 000名德军士兵被增派到这片区域，维莫克重水工厂被迅速重建，并加强了警卫措施，德国实际上无力承受这些额外的资源付出。

盟军正从陆地上、大海上，甚至敌后发动反击。他们空中反击的规模也会迅速扩大。讽刺的是，正如戈培尔于2月18日对听众所说的那样，整体战时代已经到来。

派尔在美军凯瑟林隘口之败后这样写道："在国内的诸位必然会对美军在突尼斯的表现感到失望。这确实非常耻辱。我们损失了大量装备和生命，以及宝贵的时间和领地。"准确地说，第2军有6 000人伤亡以及3 000人被俘。实际上，德国人的损失也不小，而且更难接受。派尔同时宽慰读者们，突尼斯战役的主角是英军，盟军在突尼斯仍然控制着局势。

他说的很对。突尼斯战役给美军的下马威让他们清醒了不少，从历史上来看，很多失败也是孕育未来胜利的开始。这次惨败并不是毁灭性的打击，只是一次教训，惊醒了有点浑浑噩噩的美国陆军。这让他们明白，自己还是新手，需要虚心学习。他们很快重整旗鼓，可以为打败轴心国的野心而做出巨大贡献。

现在的关键是，必须认真吸取教训，并从中迅速成长。派尔在自己的专栏里记录，盟军需要迅速掌握的两项关键："我们必须在前线集中兵力；我们必须简化指挥程序以迅速应对危机。"派尔虽然只是记者，不是士兵，但他的观点非常正确。盟军需要坚定、果敢的指挥层，目标明确。幸运的是，他们正在向这方面转变。

亚历山大将军于2月17日来到阿尔及尔，统领第18集团军群。他与艾森豪威尔作了简短沟通后就赶往前线视察。由于下雨，温度很低，他只能在沙漠制服外套了个羊皮夹克保暖。亚历山大将军一看就是在前线指挥作战的做派。

PART FOUR / 粉碎狼群

亚历山大是北非经验最丰富的将领，他自己的军旅生涯也见证了战争的各个维度：胜利和失败，前进和撤退，从前线部队到高层指挥部。眼下，他顶着大风，趟过泥塘，从一个指挥部到另一个指挥部，与军官和士兵们交谈。他发现不同部队交织在一起，缺乏统一指挥，混乱不堪。他给布鲁克的报告里提道："既没有策略也没有计划，空军的情况也差不多，这是因为缺乏上层的集中指挥。"他对弗雷登达尔指挥部的情况更是无法接受，而沃德第1装甲师师部则井井有条，这让他印象深刻。整体来看，他对美军的训练感到不满。不过，美军指挥官还是很坦诚，能从最近的失败中总结提高。亚历山大的报告里提到了这点："是的！这是值得称颂的精神。让我们来帮助他们。"他明白，美军的失利是战场新手的必要一课。

亚历山大将军立刻发布了不能后退命令，关键阵地必须不惜一切代价死守。他命令蒙哥马利的第8集团军给马雷特防线施加压力，迫使隆美尔的部队重新回到东南方向。他还宣布从现在开始，美军、英军和法军要按照国别分开，所有的营、团级单位必须回到自己的建制师，不得拆散划拨。步兵负责防御，装甲和摩托化部队后撤组成机动预备队。所有部队都要尽可能地进行复训。美军将把手里无用的37毫米火炮替换成英军的6磅火炮。以后的作战要采取进攻态势，务必成功。

最后一句话也是他对击败北非轴心国军队的策略。他的决定出于当时局势的考虑：轴心国的部队和补给仍在涌向突尼斯。如果不摧毁敌军在西西里岛和突尼斯之间的补给线，敌军数量将会不受控制地持续增加。坎宁安海军上将的海军将对此负责，但亚历山大将军最迫切的要求还是获取制空权，制空权至关重要。

为了达到这个目的，必须占领负责突尼斯和西西里岛之间实施空中运输的机场，也即东多塞尔山以北的沿海平原地带。通往那里的道路有两条：其一，穿过加贝斯镇进入平原南部；其二，穿过丰度克隘口进入中部。亚历山大认为后面那条线路的风险较大，盟军有风险被德军的2个装甲集团军合围。因此，宁愿在突尼斯城附近将德军全部歼灭。英军第8集团军是作战经验丰富的部队，因此他们将担任下一阶段的主攻任务。

　　战役将分为两个阶段进行。第一阶段，由第8集团军攻克加贝斯，之后与第1集团军会师，使部队调动更便利。第二阶段，2个集团军合力占领那些重要的机场，帮助空军夺取制空权。这样，盟军就能在海陆空全面碾压轴心国军队。这个计划很不错，让所有人都清晰看到了胜利的方向。

第 42 章

重夺主动

在德国北部的耶佛，2 月 26 日，海因茨·科诺克和战友们坐在"梅塞施米特"战机旁，随时准备待命起飞。他们身上盖着毯子，晒着早春的暖阳，这天的天气不错，天空湛蓝。他们从塔台接了 2 个喇叭，收听英国广播电台的音乐节目，这种收听敌台的做法实际上是违法的。科诺克躺在那里，呆呆地望着天空。这时，音乐突然停了，广播员开始了他的日常"唠叨"。

"闭上你的嘴，伙计，放回音乐！"一名飞行员嚷道。

一会儿，广播被切断："所有人注意！所有人注意！科诺克少尉请来接电话！"

科诺克急忙过去。这是第 2 战斗机师在找他。一大群敌机出现在地图上朵拉—朵拉区域，此刻是上午 10 点 50 分。科诺克的中队在执勤，因此，他们必须在 5 分钟内起飞迎敌。科诺克冲向他的座机，爬进驾驶舱，启动引擎，关闭舱盖起飞，整个动作一气呵成。一共 11 架战机准备拦截敌机。

他对地面控制员呼叫："易北 1 号呼叫博多，易北 1 号呼叫博多。"

"博多呼叫易北 1 号，博多呼叫易北 1 号，请根据指示拦截。"对方很快回应。

他们爬升到 25 000 英尺（7 620 米）的高度，科诺克不断收到敌情的播报，他们向北飞去，在晴空中留下了凝结尾。这时，科诺克发现了敌人。他在日记里写道："场面非常震撼，大约300架重型轰炸机集结在一起，就像一大串葡萄在天空闪耀。"

科诺克检查了自己的机炮，调试了一下瞄准反射镜，渐渐接近轰炸机。他看得非常清楚：这是"解放者"，不是"飞行堡垒"。他想，这些飞机的肥大肚子怀着的也许是炸弹。科诺克挑选了自己的目标，喃喃道："我要给你点颜色看看，朋友。"

他准备迎头进攻，轰炸机在他的视线中迅速变大。科诺克的拇指压在机炮按钮上，他按下了按钮，"梅塞施米特"被机炮的后坐力震得颤抖起来。这次没能瞄准好，只有几颗子弹命中了轰炸机的右翼。刹那间，他的飞机贴着轰炸机的肚子飞了过去，战斗机被轰炸机的尾流影响了一下，他迅速操纵飞机恢复姿态。他调转一圈，准备再次迎头攻击，敌军的火力更猛了。他将飞机的高度调低了一些，同时按下了机枪和机炮的射击按钮，中了！他在最后一刻将飞机拉低，避免撞上，回头一看，那架"解放者"已受伤跟不上编队了。

他又发动了2轮进攻，这次选择了从尾部上方方向进攻。他飞机上的弹药足够发射55秒，这次命中了敌机机身和右侧机翼，直接将敌机机翼撕断了，那架"解放者"垂直旋转着坠落了下去，屁股后面喷出了浓浓的黑烟。科诺克看到有人从飞机里跳出来，降落伞也着火了。那人像块石头般地向地上掉落。"可怜的家伙！"科诺克心想。

科诺克看着他的牺牲品砸到了安东—奎勒机场附近的农场上。有幢农房被烧着了，他决定降落帮忙。他跳出驾驶舱，跑过去救人，帮忙将家具、牲畜和机械从着火的仓库里搬出来，甚至还有头吱吱乱叫的小猪。最后，农房和仓库的火被扑灭了，他这才得空去检查"解放者"坠落时留下的残骸。尸体、尸块散乱在扭成一团、仍在冒烟的残骸中。在距离机身几百码外的地方，他找到了驾驶员的座椅，上面还有个未受损的洋娃娃，这应该是原飞行员的吉祥物。

他对自己取得的战果又惊又喜，登上自己那架Me-109，又飞了1个小时回到耶佛基地。这是他的第4个战果，也是他第164次作战飞行及第1 004次飞行。他们这天总共击落了5架轰炸机，本方无一损失，非常成功。科诺克在这天的日记里有了更多感想："我忍不住去想那些美军飞行员的尸体，什么时候会轮到我们？那些人和我们一样都向往飞行的伟大冒险。只要战争继续，我们迟早会在天堂相聚。"

拉瑞·库特准将提醒亚历山大将军，要重视空军的作用。他惊喜地发现，这位新任陆军集团军群指挥官不仅能正确认识空中力量的重要性，还全力支持坎宁安制订的战术条例。似乎是为了表明他的立场，将军把其战术指挥部设立在新组建的北非战术空军（North African Tactical Air Force）指挥部边上，位于艾因贝达（Ain Beida）南面50英里（80公里）处的一片橄榄树山丘。作战中心位于指挥部区域中间的卡其布大帐篷里。库特对此描绘道："这座帐篷是空地协同作战的心脏。"这里不会有地堡那种界限森严的感觉，一切都在轻松的气氛下，双方坦诚沟通，目标一致，新组成的盟军指挥层已作好了赢下北非战役的准备。

坎宁安在亚历山大之后也履新了，他带着老部下托米·埃尔姆赫斯特从伦敦回来，后者将担任北非战术空军的总管角色。坎宁安立刻发布命令，不再只采取守势。他告诉新的团队，他们要掌管所有前线空军基地的指挥权，无论原来是美军的还是英军的，必须重组，保持突尼斯空战指挥的统一性。他们的目标是帮助陆军将德国人驱逐出北非，且必须在5月前完成。他的语气比亚历山大更为不容置疑，起到了稳定军心的作用。从他到来那刻起，没人再疑虑听谁指挥的问题了，对目标也更明确了。

2个指挥部的人员开始在一起吃饭。尽管凯瑟林隘口战役遇到挫折，亚历山大和坎宁安仍然非常自信，不断鼓励全军上下。亚历山大和托米·埃尔姆赫斯特开玩笑，埃尔姆赫斯特老是在撤退中临危受命。埃尔姆赫斯特写道："亚历山大是个非常镇定的人物，是个平易近人、积极乐观的伙伴。"

从这时开始有了"晨祷会"，所有高级军官会先碰头讨论当天的军事议题。在与亚历山大及其参谋晚饭前，他们会先到坎宁安的帐篷里喝些东西,聊聊天。通过这些方式,所有人之间都能保持充分的沟通,凝固了团队精神,互相之间建立了友谊。库特认为,这是非常好的安排。埃尔姆赫斯特以之前打造沙漠空军的激情来塑造北非战术空军。原来的管理极其混乱。他写道:"唯一一流的东西就是美军和英军飞行员的战斗热情,他们需要被好好地组织起来并给予正确的引导。"

在2周内,所有的中队被编组成联队框架,还组建了1个昼间轰炸机大队。新的机场也规划完毕,正在积极施工。辅助单位被调往前线,这样能给战斗机部队提供及时服务,后勤工作被理顺,燃料和弹药仓库设立完整,备件被从阿尔及尔运到前线。他发现美军的起飞效率由于缺少卡车而受限,因为常常得不到足够的补给。很快,埃尔姆赫斯特让贝德尔·史密斯将军负责解决这个问题。美军中队在1周内就得到了足够的卡车。一次,坎宁安在特勒普特(Thelepte)和美军高级指挥官在商谈,那天天气寒冷,后者抱歉手边没有酒招待他的客人。坎宁安回去后,立刻安排人给美军指挥官送了瓶朗姆酒。埃尔姆赫斯特写道:"那之后,我们的友谊和合作大大加强了。"

在亚历山大进行大刀阔斧的改革时,冯·阿尼姆于2月26日在北部忽然发起代号为"牛头"(Ochsenkopf)的攻势,这大大出乎英国人的意料。这次,3箭头的进攻路线和去年11月的战斗如出一辙。冯·阿尼姆的进攻得到了凯瑟林元帅的首肯,但却未征询集团军群指挥官隆美尔的意见,可见他俩的紧张关系。当盟军指挥体系被整合完毕,开始互相建立信任时,轴心国的指挥层却变得越来越分崩离析。

在贝贾公路上,新抵达的英军部队凭借17磅火炮将德军装甲部队在亨特山谷阻挡了足足1天时间。入夜后,他们由于损失惨重而失守,但德军的3个坦克营也无力继续进攻,休整了48个小时,这为盟军第1集团军赢得了调集援军的时间。

南面德军的第2条攻击线路对准的是迈贾兹和博阿拉达,他们的进攻未奏效,被迫后撤。冯·阿尼姆并未放弃,于2月28日督促部队以西迪纳斯尔火车站为突破口,继续向贝贾进发。这次的战斗持续了 10 天，德军虽然投入了威力巨大的"虎"式坦克也未能取得突破。英军已掌握了抵御技巧，意志坚定的步兵凭借构筑良好的工事和炮兵的有力支持，足以抵挡敌军。集中炮兵火力是英军逐步总结出来的核心战法。

大西洋战场上，盟军在最近 2 个月里的表现优异。德军潜艇虽然集结了大量兵力，但在 1 月只取得了击沉 44 艘商船，307 186 吨的战果，2 月击沉了 67 艘商船、362 081 吨。这个数量也许不能算少，但相比去年秋天掀起的杀戮狂潮已逊色很多。

卡萨布兰卡会议的决定渐渐开始得到落实。英国皇家空军海岸部队的"解放者"巡逻机数量翻倍，美军第 25 反潜大队也入驻了英国执行警戒任务。后者主要负责比斯开湾的反潜任务，英军海岸部队则能专注于大西洋中段。更好的消息是，美军装备的是新型的 10 厘米波雷达，不仅能提供长距离清晰探测结果，还是德军梅托克斯系统无法预警的。马克斯·霍顿海军上将从英国皇家海军本土舰队获得了多艘驱逐舰以加强实力。休整完毕的加拿大海军也重新回到大西洋中部的护航任务。他们装备了新型的驱逐舰和护卫舰，反潜设备同样得到了升级。霍顿提出了"支持大队"的概念，由航速快、装备好的驱逐舰组成，他们的任务不是护航而是主动捕猎潜艇。霍顿写道："我强烈地感到，只有训练有素的支持大队以及数量充足的远程反潜飞机协同配合，才能将德军潜艇彻底消灭。"海军部批准其在大西洋上组建 5 个支持大队。

同月，英、美、加三国护航会议在华盛顿举行，他们同意美国海军从大西洋护航任务中撤离，以增援太平洋战场。加拿大重组了其西北大西洋指挥部，由海军上将莱昂纳德·莫里（Leonard Murray）负责。霍顿海军上将的西路指挥部将全权负责大西洋中部的安全。随着大西洋上运输量的增加，商船编队的运输频率也必须加快。

盟军仍需要克服不少困难。布莱齐利公园的密码破译团队在 1942 年的大部分时间里无法攻克德国海军的恩尼格玛密码。不过，他们在

1943年1—2月取得了突破，他们能在24小时内破译德军潜艇电文，使西路指挥部有时间采取反制措施，引导商船编队离开危险区域。但进入3月，德军密码升级，他们的破译时间变得更长，破译丧失了战术价值。德军当时有大约70艘潜艇活跃在大西洋中部，凭借B处的情报，他们达到了战争期间最高的拦截效率。大约40艘潜艇在3月16日至20日之间袭击了HX-229和SC-122编队。以前，德军从未在一次行动中集结如此多的潜艇。随着商船不断被击沉，海面上满是沉船留下的泡沫。那次，总共21艘商船被击沉，德军只损失了1艘潜艇。皇家海军和商船队原本指望将2个编队合并在一起能起到更好的协同保护，结果却遭遇了最惨重的损失。整个3月，德军潜艇击沉了633 731吨盟军船舶。

虽然HX-229和SC-122编队严重失利，但这也反映了德军潜艇被逼入大西洋中段的窘境。他们在盟军海空联合打击下，在其他海域已无处藏身，就像风箱里的老鼠，只能躲在这里。

回到突尼斯，当冯·阿尼姆向北进攻时，梅塞将军正准备对南面的英军第8集团军先发制人。他麾下的意大利装甲集团军准备进攻梅德宁，蒙哥马利在亚历山大的要求下派驻第51高地师和第7装甲师防守那里。他们在3月5日抵达梅德宁，那里距离马雷特防线以南25英里（40公里）。这次调动使第8集团军布阵上出现了短暂的不均衡，且梅德宁这里的补给状况不佳，这支孤军在前10天里是轴心国击败英军的唯一机会。

梅塞的参谋长是新晋少将弗里茨·拜尔莱因，后者对德方失去部分指挥权而不满，毕竟这是非洲军首次由意大利人直接指挥。即使从表面来看，拜尔莱因和梅塞的关系也很紧张。拜尔莱因写道："梅塞将军是个自大、顽固的军官。他并不知道，也不理解如何率领部队。"在听了几次梅塞的讲话后，拜尔莱因发现前者缺乏基本的战术意识，不知道如何运用装甲机动部队。他认为非洲军唯一的希望是由自己直接指挥，对梅塞敷衍就行。他写道："我自己掌握所有的事情，完全不用理会他，我来承担所有责任。"

在拜尔莱因看来，梅塞最大的缺陷在于其不能果断地作出决策，这在梅德宁战斗中暴露无遗。部队没能妥善调动，进攻直到3月6日清晨才打响。这时，包括新西兰人和第8装甲旅在内的第30军已到达了前线。第8集团军的短暂脆弱状态已结束。

梅塞发起的攻势没能起到作用，直接撞在了英军炮火构成的坚墙上。阿道夫·拉姆发现，他们从未经历过如此猛烈的炮火。他们的坦克进行了回击，但他感觉什么也没打中。早晨7点30分，他们的坦克被猛地撞击了一下，沉重的无线电台从支架上掉落，砸到拉姆的脚上，他疼得叫了起来，坦克歪到了路边。短暂沉寂了一会儿，车长海因里希·舍尔哈斯中尉叫道："弃车！"所有人打开舱盖，逃了出去。拉姆先将腿从电台下挪出来，然后一手打开舱盖，一手撑着自己爬了出去。当他想站起来时，才发现膝盖已受不住力了，他跌倒在坦克边上。他后来写道："我内心的恐惧比肉体上的疼痛还厉害。我努力想让自己站起来，最后还是只能让其他人拖着我走，我们必须要离开那里！"他们躲进了旁边的干涸的沟里，雷霆般的炮火在周围纷纷落下。弹片横飞，拉姆的耳朵被爆炸声震得不行，只得趴紧地面，将脑袋埋在地里。

入夜时，意大利装甲集团军全面后撤回马雷特防线，英军紧逼上来。阿道夫·拉姆和他的战友成功返回了本方战线，淤青的双腿仍然很痛，但相比之前的情况好了很多。蒙哥马利给亚历山大发去电报："进攻被轻松打退了，敌军并未取得任何进展。"英军的坦克几乎未出现任何损失。梅德宁战斗对轴心国来说是灾难性的。隆美尔写道："最难以忍受的打击是，我们甚至无法破坏蒙哥马利的进攻准备。大家都很失望。"

谢尔伍德游骑兵们在3月6日被作为预备队留着，并未参战。他们在7日被派去追击敌人。斯坦利·克里斯托弗森在日记里写道："我们抓到1名战俘，结果发现是波兰人，那人看起来和金发碧眼的德国人太相似。"经过审讯，波兰人承认他之前是为德国人而战，但这次是故意被俘，想投奔到盟军这边。侦察小队也带回了别的战利品，比如最近被德军缴获的美制游泳裤，还有 1 本对美军装备进行精细绘制的笔记本。克里斯托弗森也写下了他对最近战斗的看法，他认为轴心国没有仔细侦察就发动了进攻。他写道："这再次证明了，反坦克炮总能战胜坦克。"

他说得没错。谢尔伍德游骑兵们最近撤离战线后，一直在抓紧训练如何使用旅里新得到的火炮。他们去年夏天来到北非时还很稚嫩，和前不久的美军第 1 装甲师差不多。但战斗、胜利和训练使他们很快熟悉了现代战争的技能。谢尔伍德游骑兵是进入战争第三个年头的英国陆军的一个缩影，他们正变成一支成熟的军队，知道如何才能打败对手。

意大利装甲集团军主力已撤到马雷特防线后，英军对他们进行不断的轰炸和炮击。桑塔里诺在 3 月 8 日前往团部时，正好遭遇了一次猛烈的炮击。电话报告，4 号火炮的掩体被直接命中，1 人死亡，5 人重伤。几分钟后，又报告说，其中 3 人已死亡，重伤的人被送到了团部。桑塔里诺描述道："担架上的人血肉模糊，弹片卡进了伤兵的脑袋、躯干、腿部和脚。'让我死吧，长官，让我安静地去死……妈妈，妈妈，我再也见不到您了……长官，死亡真可怕。'"他们将制服撕成布条，给伤兵扎起来止血，可这根本没用。

在梅德宁失利后，隆美尔召集集团军指挥官商量对策。虽然冯·阿尼姆和隆美尔相互不对付，但他们和梅塞达成了共识，他们在突尼斯北部仍有优势，可以在那里尝试突破。2 个集团军总共集结了 35 万人，如果能合兵一处，还是有较强的战斗力。因此，意大利装甲集团军需要后撤到昂菲达维尔（Enfidaville），这还能缩短他们的补给线，但也意味着会将几座机场让给盟军。轴心国的军队现在每月需要 120 000 吨补给，实际获得的只有 70 000 吨。隆美尔在获得大家一致同意后，将计划汇报给德军最高统帅部和意军统帅部，表示后撤到突尼斯桥头堡地区能将前线从 400 英里（644 公里）的长度缩短到 100 英里（161 公里）。凭借部队现有的人数、坦克以及仍旧强大的德国空军，他们不会被盟军轻易消灭。凯瑟林对撤退并不欢迎，希特勒自然也是如此。面对这种态度，隆美尔感到心灰意冷，他决定亲自返回德国面谏元首，同时自己的身体也能接受急需的治疗。

汉斯·冯·卢克少校知道隆美尔即将离开，给参谋长阿尔弗雷德·高斯将军打电话，要求在元帅走之前能与他见面道别。

"当然可以，"高斯对他说，"他一定很高兴见到最钟爱的营长。"

冯·卢克赶到隆美尔的指挥部，在后者摆满地图的帐篷里碰面了。他已有好几周的时间没见过长官了，被眼前隆美尔的病容惊住了。冯·卢克说："请允许我代表营里的每位士兵向您告别，希望以后能有机会再见。我们会尽力坚守，永远以您为榜样学习。"

听到这里，隆美尔抬头看着他，眼里充满泪水。冯·卢克写道："隆美尔的眼泪，这位伟大统帅流下的眼泪比战争里的任何事情都更为打动我。"

3月9日，隆美尔永远离开了非洲。冯·阿尼姆将担任新的集团军群指挥官，指挥接下来的战斗。轴心国的军队仍然是分散的，意大利人正在马雷特防线上等待第8集团军的进攻。

当隆美尔离开非洲时，亚历山大将军正满意地看到他的部队已焕然一新，是时候准备进攻了。安德森仍负责指挥第1集团军，但他的职位岌岌可危。当然，他面对的形势并不容易：部队调集的速度缓慢，糟糕的冬季气候。即便存在可观条件，亚历山大对安德森应对的能力仍然不满，并认为这位指挥官缺乏驾驭手下部队的足够气场。他坚信，作为集团军指挥官，必须具备让手下无条件服从的领袖魅力。只是现在还没人能取代安德森，只能让他继续待在那个岗位。

弗雷登达尔的情况就不同了，虽然艾森豪威尔很晚才发现他的不足。艾森豪威尔从未指挥过战役，还在摸索统兵之道，所以非常谨慎。虽然马歇尔给了他不少建议，但他仍旧犹豫，想多听听其他将领的意见。亚历山大对他说："我确定，你一定有比他强的合适人选。"其他一些将领也是抱怨不断,即便是最近刚来北非的布莱德利少将。他是艾森豪威尔的老友,曾经一起共事过。

有天,最高统帅邀请他来作客。

艾森豪威尔问他:"你觉得这里的指挥如何?"

布莱德利回答:"非常糟糕。"

艾森豪威尔说:"谢谢,布莱德,你说得没错。"

3月7日,弗雷登达尔被撤职,巴顿将军成为了美军第2军的新军长。

3月13日,泰迪·舒伦成为了驻扎在哥腾哈芬(Gotenhafen)的第27潜艇支队的参谋长,舰队司令是他的好友埃里希·托普。他们的任务是通过演练袭击护航编队让新的潜艇艇员作好出海作战的准备。舒伦很高兴又有机会能回到大西洋,但每次训练课程只有10天时间。他和托普都知道,时间太短了,尤其是当他们看到被送至第27支队的那些稚嫩的军官和艇员时。他们认为,训练至少要2月以上才行。德军虽然有了为数不少的潜艇能奔赴大西洋战场,但操作人员的技能和训练不足,难以与盟军对抗。

距离哥腾哈芬不远的地方是德国空军的耶佛基地,第1战斗机联队就驻扎在这里。海因茨·科诺克少尉正思考如何对付越来越多的美军白昼轰炸行动。他的好友迪特·格哈德(Dieter Gerhard)建议,可以采取轰炸的方式进攻轰炸机。科诺克对这个想法颇感兴趣,两人一直讨论到深夜,仔细考虑了与此相关的技术细节。Me-109G的载量为500磅,可挂1枚大炸弹,或者1捆小炸弹。格哈德设想:他们飞到美军轰炸机的密集编队上空大约3 000英尺(914米)的高度,将炸弹直接投下。虽然不会所有炸弹全命中,但一定会有收获,且进攻方还能处于非常安全的航位,在轰炸机的机枪射程之外。毕竟,轰炸机的自卫能力不可小觑。

起初,科诺克的大队长认为这个想法是异想天开的玩笑,后被科诺克说服。几天后，试验用的炸弹被送达，由Ju-88来拖曳靶机。飞行员都很喜欢这个想法，热情地练习轰炸技巧。科诺克很高兴，他对这种创新办法的效果非常期待。

3月18日（周四）下午2点，他们忽然接到紧急出击的命令。当他们爬上各自的座机时，格哈德对科诺克嚷道，他要对付美军编队的长机。科诺克笑道，美军难道会在飞机将自己的军衔画出来？

他们爬升高度后，很快发现了轰炸机编队，然后俯冲攻击。科诺克的首轮进攻就命中了目标，将对方打得空中解体。他差点撞上了四处横飞的发动机、燃烧的机翼碎片。这是他的第5个战果，并因此成为了王牌飞行员。他重新爬升，准备再次进攻。这时，他看到自己的朋友直直地飞往敌军编队的中央，目标是领队的那架飞机。周围的"飞行堡垒"集中向他开火。科诺克想，他的朋友一定疯了。他赶紧俯冲帮忙，疯狂地开火以吸引敌军的注意力。格哈德的飞机突然朝下栽去，机身冒出黑烟。科诺克紧跟上，看到格哈德顺利地跳出飞机，并成功开伞，不过他脸上的表情非常痛苦。格哈德落入了海里，迅速解下降落伞，爬上了救生艇。科诺克标注了降落点，通知救援。他在上空继续盘旋了一会，看到格哈德肚子受了伤，已昏迷了。

科诺克飞回耶佛，补充燃料后，再次飞回，却找不到格哈德了。大海太广阔了，科诺克只得返回耶佛，焦急地等待。深夜，电话终于响起。迪特·格哈德被找到了，已死亡。

次日，科诺克带着花圈前往库克斯港的太平间和老友告别。他的这位死去的好友看上去就像睡着了一样。科诺克回到耶佛，在日记里写道："晚安，迪特。你可以好好休息了，你为我们亲爱的祖国贡献了生命。你是我最好的朋友，我永远不会忘记你。从现在开始，我会继续为德国打赢这场伟大的战役。"

第43章

深入远洋

1943年3月5日（周五）是英国皇家空军轰炸机部队的一个重要日子，因为哈里斯空军中将在那天晚上启动了对德国战略轰炸的全面出击。任职12个月后，他终于让部队达到了自己的期望。他现在拥有大约400架重型轰炸机以及300多架其他类型的轰炸机。他的"兰开斯特"可以装载10 000磅的炸弹，给敌人带去可怕的毁灭力量。他改进了导航设备，最新研制的H2S更为精密，是世界上首款地形雷达。依靠这些设备，他可以实施较准确的轰炸。"先导机部队"的作战能力也比刚组建时提升很大。他的机组们已作好了准备，随时能投入战斗。1个月前的2月4日，他收到卡萨布兰卡发来的命令批复，"你的首要任务是，有步骤地打乱并消灭德国的军事、工业和经济体系，摧毁德国民众的士气，显著削弱他们的武装抵抗能力。"换句话说，他被授予了"自由"轰炸德国城市的权力。命令要求他，以德国的工厂和工业区为目标，附带的破坏可以被接受，且已成为了整体目标的一部分。

哈里斯写道："我终于真切感受到了胜利的希望，在我担任这个职务时给予我的任务就是摧毁鲁尔区的主要城市，现在终于能实施了。"

首晚的目标是埃森，这是鲁尔区最大、最重要的工业城市，德国军火巨头克虏伯公司的总部就设在这里。这里有着森严的防护措施，周围挤满了高射炮、探照灯，还有工业区特有的雾霾。轰炸机部队由

442架飞机组成，其中261架是重型轰炸机。先导机部队由8架配备"双簧管"导航设备的"蚊"式轰炸机担任，虽然其中有3架因故障提前返航，但剩下的飞机准确地标出了目标。考虑到当地上空的雾霾很严重，这个成绩已相当不错。埃森遭遇了重创，这也预示了系统性轰炸的威力。

破坏是巨大的：160英亩（64公顷）的面积起火，克虏伯工厂内的53幢建筑被命中，3 018幢住宅被毁，2 166幢建筑严重受损，大约500人在这次空袭中丧命。哈里斯的判断是准确的，战争迎来了转折点。他在给轰炸机部队全体官兵的电文里写道："你们在德国腹地放了把火，这将纳粹政权的黑心烧坏了，使它的枝干和根须全部枯萎。"

盖伊·吉普森空军中校并未参与埃森空袭，他加入的是3月11日对斯图加特的轰炸，这同样是鲁尔地区的城市（译者注：原文如此，斯图加特实际上位于德国南部，不属于鲁尔）。这将是他的第72次战斗任务，也是在第106中队的最后一次。在指挥这个轰炸机中队长达1年的时间里，他创造了很多辉煌和荣誉，终于可以休息一段时间了。

吉普森带着自己的中队于晚上10点20分从塞尔斯顿机场起飞。他们刚飞过法国海岸线，就遭遇了高射炮的袭击。吉普森发现，这天非常适合飞行，天空晴朗无云，几乎满月的夜空非常明亮。他看到法国在机身下逐渐展开，像铺上了一层银灰色的牛奶。在他的周围全是"兰开斯特"轰炸机，犹如一股洪流向前奔涌。一切都是那么镇静，一切都像命中注定。

突然，他的机械师瓦尔特·汤普森中尉嚷道："左外侧发动机故障，长官！"

吉普森急忙向左侧机翼望去，汤普森是对的，出问题了，他开始感到左外侧发动机失去了动力输出。这架满载的"兰开斯特"必须抛掉一些重量。

真糟糕，他可不想返航。

他身后的导航员诺曼·斯克里夫纳看到表示飞机速度的那根指针在不停地往下掉。

"该怎么办，斯克里？"吉普森问道。

"听你的，长官！"斯克里夫纳回答。

"好的，斯克里，我们先降低高度。等到目的地上空再爬升。"

他们这架"兰开斯特"慢慢脱离了编队。他们已飞到了德国境内，从曼海姆飞到法兰克福和美因茨，高射炮一直向编队开火，没人关心这只落单的瘸脚鸭子。他后来写道："一次又一次，我看到上方那些'兰开斯特'被探照灯包裹住，翅膀反射着亮光。"

当他们抵达斯图加特时，高射炮的火力已非常猛烈了。1枚8 000磅的炸弹从他们飞机的翼尖擦过，很快从地面上传来了巨大的爆炸冲击波，震得"兰开斯特"乱颤。

吉普森他们的处境非常尴尬，下面是敌军猛烈的高射炮火力，上面是不断投掷下的炸弹，他们成了夹在中间的三明治，随时可能被撕成碎片。他们仍然坚持飞行到了目标上方，投掷炸弹，等机身轻松后，他们才返航，当时是晚上11点20分。

他们距离基地可不近，吉普森一边需要照顾好残废的"兰开斯特"，一边需要小心德军派出的夜间战斗机。接下来的几个小时令人身心俱疲，他们不能过度压榨右侧的发动机。

他们一路都在4 000英尺（1 219米）的高度飞行，成功躲过了夜间轰炸机和高射炮的层层拦阻，顺利地穿过北海。在离开了斯图加特后，度过了折磨人的3个半小时，他们成功回到了塞尔斯顿机场，安全了。

完成任务后，吉普森被推荐在他的优异服役勋章上增加勋饰。第5大队指挥官劳尔夫·柯克兰（Ralph Cocharne）表示，吉普森的优异服役勋章是去年12月刚授予的，也许这次颁发等级略低的二级优异服役勋章比较合适。当这份推荐书来到司令官哈里斯的桌上时，他回应："任何一个卓越完成172次出击的机长都完全够格获得2枚优异服役勋章，即便是维多利亚十字勋章也不过分，故而批准增加优异服役勋章的勋饰。"

吉普森并不知道背后的这些故事。他回去睡觉了，实在太累了。

他写道:"我想静静地思考,在经历了1年的苦战后,我有点精疲力竭了。不管你多么努力,身体的承受力存在极限。"

3月14日,他与自己的中队告别,准备回家和妻子团圆。这时,他被叫到第5大队指挥部,柯克兰向他表示祝贺,授予了他优异服役勋章勋饰。

柯克兰问他:"你能否考虑再飞一次?"吉普森想了想德军的夜间战斗机和高射炮,颇不情愿地同意了。实际上,他别无选择。柯克兰当时表示,不能向他透露太多,真实情况是波特尔空军中将刚批准了轰炸鲁尔大坝的作战计划,准备使用新近研发的能跳过德军鱼雷阻拦网的新型炸弹,它在最后碰到坝体后才会下沉爆炸,水压会放大爆炸的破坏力,从而炸毁大坝。

吉普森得知他的任务是创建并训练专门为此而组建的新中队。这意味着,他们的飞行高度必须远低于平日里的18 000英尺(5 486米)。考虑到水位和月相,他们的任务会被安排在5月实施。哈里斯对此颇为不满,因为这需要抽调一些他被视作宝贝的"兰开斯特"去执行一项他认为毫无胜算的任务。他的观点确实有些道理,但如果成功了,战果也会非常惊人。

突尼斯,汉密尔顿·豪兹中校对于巴顿能成为第2军军长非常兴奋。他写道:"他个性鲜明、特立独行,更重要的是他雄心勃勃、大胆果断,他立刻扭转了第2军军部的气氛,谁不好好敬礼,谁不佩戴钢盔,都要受罚。"并不是所有人都像豪兹那样欣赏巴顿。宾·埃文斯就觉得巴顿是个爱显摆的角色。命令要求大家佩戴领带,士兵们就在脖子上贴上蓝色的餐巾纸来糊弄。劳尔夫·沙普斯表示:"我们才不会买什么领带。"一些人认为,巴顿是个为了荣誉,不顾别人死活的恶棍。汤姆·鲍尔斯说:"他还行吧。"不管怎样,巴顿按照亚历山大要求的那样推动了"氛围"的改变,第2军士兵非常明确现在是谁说了算。

3月,亚历山大给手下将领安排了明确的任务。蒙哥马利准备在

3月20日发动对马雷特防线的进攻。亚历山大对巴顿的管束越来越严格,很明显,他知道美军将领是不屈不挠的战士,但他们需要用缰绳拉着,防止狂奔。这种方法将第2军变为了高效的大军。亚历山大知道,必须给他们制订合理的目标,积累他们的战斗经验并树立信心。他并不想让巴顿过度压制部队,那样或许会出现反弹。他给出的任务是:里德将军的第34"红牛"师负责北翼,第1装甲师负责夺回特勒普特,"大红一师"负责夺回贾福萨。他严令,巴顿不得跨过东多塞尔山。

巴顿对此颇有怨言,而布莱德利认为,这些限制很有道理。他写道:"我想,应该先学会走路再去跑步。巴顿虽然嘴上不服,但他心里也是这么认为的。"布莱德利说得没错,巴顿对部队的状态有些担忧,军纪过于散漫。"红牛"师的态度过于"保守",第1装甲师有些"怯懦"。唯一让他满意的是"大红一师"。

马雷特防线依托于干涸的扎格扎乌河谷(Zagzaou)北岸建设,不利于车辆和坦克的通过。那里崖壁陡峭,高达12英尺(3.6米)、轴心国军队构筑了大量混凝土碉堡,布设了大量铁丝网和地雷。防线长达22英里(35公里),一端靠海,一端靠着南北走向的马特马塔山。

蒙哥马利的计划是发动钳形攻势,由将军奥利弗·利斯爵士(Sir Oliver Leese)指挥的第30军和军长换为布莱恩·霍洛克斯的第10军正面进攻马雷特防线,装甲部队任后备队在突破口被打开后再投入。蒙哥马利真正寄予期望的是,绕道马特马塔山以西沙漠里的第2拳,这条道就是特巴加小道(Tebaga),这里自罗马时代开始就是一条重要通道。

梅塞将军也意识到了盟军很可能会通过这条通道作侧翼包抄,因此派了意军部队防守这条古罗马时代的城墙。蒙哥马利派出的部队是特别为此组建的新西兰军,希望他们能一举突破进去,阻挡住可能会从马雷特防线后撤的意大利装甲集团军。

北边巴顿的第2军开始向东移动,吸引轴心国军队的注意力,减少英军进攻马雷特防线的压力。盟军希望用全线牵制的办法让轴心国疲于奔命。巴顿对手下9万人的战斗状态和能力颇不放心,因此到一线部队鼓舞士气。他告诉士兵们:"我们必须消灭敌人,让可恨的敌人受伤、死掉。不要担心我们会在战斗中死亡,要我们足够拼命、勇敢,我们将能杀死敌人,幸存下来。"

这些讲话是否起到了效果现已不可考,鲍尔斯兄弟对这些话完全没印象。尽管如此,美军的进攻开端仍然顺利。"大红一师"于3月17日拿下了贾福萨,然后推进到埃尔古塔(El Guettar),那里于次日被攻克。达比上校派人侦察通往加贝斯公路两旁山坡上的敌军火力点。宾·埃文斯中尉带着10人的巡逻队出发了,他们趁夜悄悄摸上了山,搞清了意军"半人马"师(Centauro)的据点。

他们在次日派出大部队偷袭意军,于半夜越过多岩的山路,天亮前来到意军炮兵阵地的后方,那些火炮都朝着美军主力的方向。天刚亮,达比上校就吹响了军号,游骑兵们呼啸着冲下山坡,其他人用机枪作火力掩护。刚从帐篷里起床的意军士兵呆若木鸡,完全忘掉了抵抗,游骑兵们在进攻中无人受伤。

第26步兵师沿着山谷推进,山上的意军火炮已不再是威胁,700名意军被俘。这天对"大红一师"来说是个好日子,第18团也攻克了南面一座重要的高地。他们距离埃尔古塔很近了。

第8集团军进攻马雷特防线的行动代号为"迅捷"(Gallop),但进展却与代号完全不符。利斯将军对蒙哥马利是言听计从,绝不会背后有小动作,但这样的应声虫也会带来问题。利斯和霍洛克斯一样都忠实可靠,但他们缺乏战术才能。利斯进攻使用的是火力逊色的2磅炮的"瓦伦丁"坦克,而不是火力威猛的"谢尔曼"或者新型的17磅反坦克炮,后者对付堡垒得心应手。更不凑巧的是,天开始下雨,这让干涸的扎格扎乌河谷变成了河流。步兵的表现不错,拿下了一个规模可观的桥头堡,但利斯只派去了"瓦伦丁"坦克,而不是反坦克炮,难以应对敌军即刻组织的反攻。

这是非常糟糕的指挥决定。受限于大雨,飞机无法起飞,无法对德军坦克构成有力威胁。天黑了,德军第15装甲师消灭了30辆"瓦伦丁"坦克,桥头堡被粉碎了。

当第30军试图突破马雷特防线时,新组建的新西兰军正长途奔袭,绕过马特马塔山。尽管其注意保密,但梅塞将军还是很快发现了这一动向,派出德军第164轻装师增援那里的意军。稍后,他又派出了第21装甲师增援。新西兰军先一步对特巴加小道入口发动进攻。担任先锋部队的是第8装甲旅的谢尔伍德游骑兵们,他们临时被调拨过来增强新西兰人的实力。

他们的坦克和敌军的火炮交火,新西兰人也用缴获的88毫米高射炮给予支援,谢尔伍德游骑兵们对此感到开心,他们仍未获得囤积在埃及的3.7英寸高射炮。他们的前团长凯利特上校已晋升为副旅长,这也是他们首次未一起作战。

入夜后,新西兰人从雷场中开辟了一条通道,直通特巴加小道入口。但缺乏魄力的伯纳德·弗莱贝格(Bernard Freyberg)将军决定停止夜间的战斗行动。显然,等到次日天亮,这个快速突破的机会已消失了。作为援军的德军在夜间赶到,他们在高地上设好了机枪、火炮和反坦克炮阵地,严阵以待。

3月22日(周一)的早上非常寒冷,斯坦利·克里斯托弗森率领他的中队穿过新西兰步兵,出发打头阵。他在日记里写道:"炮击令人难受,敌人有良好的观察哨。"他们成功击毁了1门50毫米火炮,抓获了几名俘虏,推进到了古罗马城墙附近,但无法继续前进了。英国皇家空军的反坦克战机呼啸着从头顶飞过,盟军发出黄色的信号弹指引空军作战。山谷里满是爆炸的炮弹和燃烧的车辆。

下午,英国皇家空军报告说,发现敌军坦克在前方高地后面集结。克里斯托弗森决定爬出坦克,带几个人爬到山顶上侦察情况。他不知道的是,对方也有坦克乘员和他想到了一起。他们面对面时,互相瞅了瞅对方,急忙跑回了自己的坦克。

他们那天下午接到消息,备受敬爱的凯利特上校在上午的作战中阵亡。这对大家来说是个沉重的打击。

德国北部，海因茨·科诺克少尉终于在3月22日测试了迪特·格哈德的轰炸进攻法，这时距离他好友阵亡刚过了4天。他决定亲自测试，因此将小队的指挥权交给了队友，他让队友先起飞，自己带着500磅的炸弹最后起飞。这对Me-109G来说有些重，飞机一侧的轮胎在离开地面前爆胎了。他最后起飞时，机身距离2号机棚的顶端就差几英寸，非常惊险。上天后，他发现飞机动力不足，花了25分钟才艰难地爬升到30 000英尺（9 144米）的高度。他看到地面上已冒起了黑烟和火光，美国人轰炸了威廉港，他抓紧追赶返航的美军轰炸机，最终在赫里戈兰岛上空追上。他尽力飞到轰炸机的上方，在调整飞行姿态的时候，机翼被一串子弹打中，所幸无大碍。他打开了炸弹保险，大概瞄了瞄目标，投下炸弹。他将飞机侧飞起来，观察效果。炸弹在一排B-17的中间爆炸。1架飞机的机翼被炸断，2架被爆炸波掀翻。1枚炸弹，取得了3个战果。

回到耶佛，他的大队长和联队长欣喜若狂。

"感谢上帝，科诺克，你必须再来一次！"联队长艾里希·米克斯（Erich M Ⅸ）中校这样说道。米克斯当时跟在后面，亲眼见证了轰炸"飞行堡垒"的景象。

"正合我意。"科诺克回答。

"你认为这还会奏效吗？"

实际上，科诺克并不确定。他也许只是走运，装载炸弹的战斗机非常难驾驭，机翼上的8个弹孔证明这并不如想象的那么轻松。

他在睡着后又被床边的电话惊醒，这是空军司令部打来的紧急电话。帝国元帅手下的一位少校参谋详细地向他询问了战斗过程。

"谁命令执行这次轰炸作战的？"他问。

"没人，长官。"科诺克回答。"我自己的设想。"

一会儿，他接到了戈林的电话。"我很欣赏你尝试的新办法，我想向你表达我个人的特别的谢意！"

科诺克大吃一惊,当他后来关灯准备继续睡觉时,不觉笑出声来。

结果在次日,他遭到了第12飞行军军长卡姆胡贝尔(Kammbuber)将军的大声斥责,他不得不将话筒远离自己的耳朵。

卡姆胡贝尔最后说:"你还有什么要说的吗?"

科诺克回答:"是的,长官,帝国元帅昨晚给我电话,亲自表示了他对我的创新战术的感谢。"

这让卡姆胡贝尔哑口无言,但科诺克对整个事情也感到后悔,没想到自己扔枚炸弹引来了如此多的事情。虽然第1次成功了,但科诺克也拿不准这样做是否真有实战价值。

突尼斯,亚历山大将军对美军的进展感到满意。他对巴顿下达了新的命令,要求其前压占领马克纳塞(Maknassy),并做好突入北部平原的准备。第1装甲师很快占领了马克纳塞。实际上守军在他们到达前就逃走了。

马雷特防线上,图克将军对进展很不满意。霍洛克斯打算拆散部队使用,他以辞职为要挟才制止了这种想法。但利斯将工兵调去建造2座能横跨扎格扎乌河谷的桥梁,这完全是白费劲。现在,图克领到了新的命令:派兵作侧翼包抄,这次不是绕过马特马塔山,而是直接穿过去。他的士兵曾接受过山地战训练,对此早有准备。可当他的第5旅刚从梅德宁进入山区,就发现英军第1装甲师正挤在路上准备增援新西兰人。图克写道:"结果令人失望。我们之前侦察过所有可通行的道路,都被堵了个结结实实。"他们被困在了那里,数百辆坦克、卡车挤在一起,在堵车长龙的前部是被新西兰军堵着的第7装甲师。图克简直要被逼疯了。拥堵浪费了他宝贵的24个小时,他们知道,3月24日夜间才能正式进入马特马塔山。

"大红一师"正在埃尔古塔以东的贾福萨—加贝斯公路两边的山坡上构筑阵地。第18团G连的汤姆·鲍尔斯和战友们正在一个小山头上忙着,忽然听到东边传来了越来越响的奇怪声。山谷里起了一层薄雾，虽然银色的晨曦已照亮了对侧山谷，他仍不清楚噪声的来源。突然，炮弹从天而降，传来了大口径火炮的轰鸣声。当太阳升起后，晨雾散开，他们面前的山谷里塞满了坦克、半履带车，德军第10装甲师赶到了。

汤姆的兄弟亨利正忙着布设联接各连的电话线，他也看到了冲过来的坦克。德军坦克直接冲向美军阵地，似乎要重现西迪布济德的大屠杀。可他们这次碰上了躲在小河后的美军反坦克火炮阵地，双方激烈地交火。炮弹在德军坦克和美军炮兵间穿梭。当德军试图突破密集的雷场时，有8辆坦克被击毁，赶来参战的美军坦克歼击车消灭了30辆德军坦克。第10装甲师没能撑住，在中午前开始了撤退。

坦克撤退后，"斯图卡"冲了上来，俯冲到美军的头顶轰炸，近得让人触手可及。德军炮弹纷纷落在美军阵地上，爆炸猛烈。第2轮空袭在下午到来，宾·埃文斯所在的游骑兵也被派到阵地上增援。德军坦克再次发起了冲锋，步兵在前面为他们扫清障碍。美军步兵和反坦克火炮表现得非常有纪律性，将德军放到1 500码（1 371米）的距离才开火。他们的炮弹撕碎了德军的先锋部队，第10装甲师的士兵像苍蝇般倒下。正在督战的巴顿喃喃道："我的天，这样消灭那些优秀的步兵简直是犯罪。"德军再次被迫撤退。

德军并未放弃，开始构筑防御阵地。夜里，德军摩托步兵进入山谷，下车开始爬山，向汤姆·鲍尔斯所在的阵地进攻。

加莱斯中士问汤姆："你觉得我们能守住吗？"

"是的，当然。"鲍尔斯回答。他很快开始发射迫击炮，但发现炮弹只剩36枚了。敌军的迫击炮炮弹纷纷落在他的身边，发出震耳欲聋的吼声，弹片横飞。德军越来越近，有枚炮弹在距离他20码（18米）的地方爆炸，炸死了迪斯中士和另一名战友。汤姆的朋友帕蒂跑过来说："中尉说，要投降了，我们赶紧跑吧。"

鲍尔斯和他的朋友可不想投降，他们爬过岩石，爬下一段小崖，落入水坑里，总算逃走了，来到了相对安全的营部。鲍尔斯承认："我这辈子最后悔的就是把兄弟们留在了那里。"战斗结束后，他俩荣获了银星勋章。鲍尔斯说:"我猜,也许是因为我逃了出来吧。"

他的兄弟亨利在铺设电话线的时候碰到了德军的这次进攻。他们通过野战电话指引火炮准确轰击,帮助他们抵挡德军的进攻。当炮弹不断落下时,亨利他们也找了个坑躲起来。

3月25日,汤姆·鲍尔斯的G连被消灭,其他各连也损失惨重。前沿阵地都被德军占领。北侧的第1装甲师碰到了轴心国阵地的顽强抵抗,师长沃德受伤,巴顿坚持要他们发起类似自杀的进攻。

同日,亚历山大面见了这位第2军军长。他仍认为,需要限制巴顿的指挥,但不断变化的局势越来越需要指挥官迅速做出决策。现在,第8集团军就要通过特巴加小道冲出来了,亚历山大希望第2军能向加贝斯挺进,在意大利装甲集团军后撤前,抢先抵达平原地带。

南面新西兰军在第10军的支援下终于有所突破。新加入战斗的第7装甲师在之前的2个月里一直驻扎在埃及,他们于3月13日抵达突尼斯。第10军第2步枪旅的阿尔伯特·马丁看到不少老朋友被调回国内,部队里增加了不少新面孔。经历了长时间的休整,马丁知道,是时候回前线了。

沙漠空军的计划是地毯式轰炸德军阵地,然后由步兵和装甲部队冲发起冲锋。轰炸机会从夜里开始发动轰炸,白天会加入战斗机的扫射。丹尼斯顿的第66战斗机中队是3月26日(周五)参战的16个中队里的先锋。他扔下炸弹后,对地面做了扫射,他并未盘旋着观测战果。他听到轻武器向他的飞机射击,之后出现了发动机过热现象,冷却液估计被打漏了,无线电设备也失灵了。

他没有办法,必须返航,在飞抵本方防线后进行了迫降。地面并不平整,他撞到了仪表盘上,发动机被整个撬起砸进了驾驶舱,所幸未砸中丹尼斯顿。他后来写道:"震得非常厉害,但还行。我担心飞机起火被困,赶紧解开安全带跳了出去,结果忘了通话器还缠在脖子上,差点被勒死。"他后来数了数,飞机总计有20个弹孔。幸运的是,他没受伤。美国《纽约时报》的记者正好看到了他的迫降,开车将他接走了。

当天下午4点，随着沙漠空军完成了轰炸任务，炮兵开火了。新西兰步兵在第8装甲旅的支持下向前推进。他们前面有一层爆炸引起的厚厚弹幕，轴心国炮手并未放弃，不断开火回击。到晚上7点30分，进攻方已突破了第21装甲师的阵地，沿山谷前进了4英里（6.4公里）。谢尔伍德游骑兵在天黑后停止了前进，他们可以看到右侧209高地上还有些战斗在继续。斯坦利·克里斯托弗森感到今天进展不错，击毁了6辆敌军坦克、2门88毫米火炮和2门50毫米火炮。他们也有些损失：克里斯托弗森的好友山姆·加勒特在这天战斗中阵亡。

他们开始宿营准备过夜，这里的环境确实不怎样。坦克残骸燃烧发出的火光给他们身后投下了舞动的影子。旁边有辆被击毁的德军坦克，丢了脑袋的车长尸体挂在炮塔上。他们在夜里听到了发动机的轰鸣声，克里斯托弗森让大家做好准备，敌人随时可能会发动反击。天亮后，他们才发现原来是辆昨天被击毁的4号坦克，发动机仍在转动，里面的乘员早已死亡。他们仔细查看了战场，才知道昨天的战斗有多么激烈。周围都是被烧黑的坦克残骸和尸体。

那天的战斗仍在继续，但轴心国军队开始了后撤，战役已经收场。第10军冲出了隘口，但坏天气、沙尘暴加上非洲军的反坦克火力阻止他们将战果进一步扩大。阿尔伯特·马丁返回战场后的首仗就是硬仗。霍洛克斯在这天未能取得突破，梅塞有了充足的时间将部队撤出马雷特防线。当第10军终于冲入平原时，敌人已经跑了。

第 44 章

步步紧逼

突尼斯的战斗还在继续,而汉斯·冯·卢克也像隆美尔那样彻底离开了非洲战场。集团军群司令官冯·阿尼姆出乎意料地于 3 月 27 日召见了他,准备由他担任特使将撤离计划向希特勒汇报。冯·卢克指出,他没什么机会能见到希特勒,毕竟只是个少校。冯·阿尼姆回答:"我们早就考虑过这个因素。"他表示,希特勒对将军们一贯处以轻蔑态度,对少校的话反而会耐心倾听,尤其是从前线回来的军官远比高级将领还管用。他计划先飞罗马,让凯瑟林签署撤退计划,然后到柏林,取得新任陆军参谋长古德里安的签字后,再带着文件去伯格霍夫面见希特勒。任务顺利完成后,返回非洲。冯·阿尼姆告诉他,最关键的是速度。

但他注定失败。他在贝希斯特加登被希特勒拒之门外,且不允许他返回突尼斯。

与此同时,梅塞将军的意大利装甲集团军已后撤到了新的防线,位于东多塞尔山脉到加贝斯以北的海岸线之间。拜尔莱因将军实际上在指挥意大利装甲集团军作战,而梅塞正在北部后方设立新的指挥部。

英军第 8 集团军里首个抵达瓦迪阿佳利特(Wadi Akarit)地区的是图克将军的第 4 印度师。他立刻意识到,阵地西侧的法特那萨山(Fatnassa)和邹艾高地(Zouai)是突破轴心国防线的关键。他派出的侦察队证明这两处要地的防守并不严密。他在 4 月 2 日的作战准备会上主动请缨，由他的部队担任主攻，连夜攻克高地，然后从那里指引大军的火力投射，从而包围处在海岸线一带的意大利装甲集团军。凭借部队的速度和机动作战能力，获胜的把握较大。

可是，蒙哥马利否决了占领高地的方案。图克转而私下请求第30军军长利斯将军同意在4月6日发动总攻之前，由第4印度师在敌军反坦克壕的西端先开辟一条通道出来。利斯对此表示同意，并将建议提给了蒙哥马利。图克写道："第8集团军对我们的要求让步了。"

正如图克预测的那样，他的手下顺利控制了高地和道路交汇口。到早上7点35分，初步目标均已达成。霍洛克斯将军很快来到第4印度师师部，发现他们已俘获了上千名意军士兵。图克告诉霍洛克斯，第10军现在能畅通无阻地包围意大利装甲集团军了。遗憾的是，虽然霍洛克斯有蒙哥马利动用装甲部队的授权，但他此刻却犹豫起来。直到下午1点，也就是图克报告通道打开的5个小时后，首辆坦克才开动履带。虽然图克已于9点20分派出了自己的步兵扩大战果，但第10军的主力却一直无所作为。谢尔伍德游骑兵团虽然开始与敌军交火，但并未取得什么进展。最后到了下午4点，霍洛克斯决定将进攻推迟到次日早晨，因为那时他们能得到空军轰炸机的支援。图克对此愤怒不已。他的人已完成了关键的一步，可第10军却丝毫不想将装进餐盘的意大利装甲集团军吃掉。不用说，梅塞将军的部队连夜撤退了。霍洛克斯贻误战机的做派真是愚蠢。

空中侦察表明轴心国军队正全线后撤至海岸边的东部平原地区。4月7日，美军第2军和英军第8集团军在贾福萨—加贝斯公路胜利会师。面对敌军撤退的情况，亚历山大命令英军第9军从毕盛隘口（Pichon），美军第34"红牛"师从丰度克隘口，全面追击。

实际上，"红牛"师从3月底就开始攻击丰度克隘口。第135步兵团遭受了不小的损失，敌军的迫击炮、机枪和火炮非常凶悍。

他们的难点在于通过隘口前的空旷地带。他们攻克了外围的一些据点，但却拿第2道山脊没有办法。他们只得先后撤一段，构筑阵地，布置机枪、迫击炮，等待敌军的反扑。沙普斯中士说："经历由火炮和迫击炮发出的弹雨，是人类能想象出的最恐怖的场面。横飞的炮弹碎片以及爆炸引起的地面震动让人感到渺小无力，很难保持冷静。"

"红牛"师继续坚守阵地。在战斗的间隙，沙普斯返回后方将补充来的新兵带回部队，他愤怒地发现这些菜鸟几乎未受过什么训练。4月7日，他们在夜幕的掩护下发动进攻，英军第6装甲师在北边策应。他们从未演习过夜战，也未接受过任何夜战训练，他们的攻势再度受挫。

事实上，英军的表现也不好，但他们将失败的原因都归咎于"红牛"师的幼稚表现。这让巴顿暴跳如雷，他在日记里写道："所有英国人都去死吧！那些屁股放在英国那边的所谓美国人也去死吧！"当然，这是他在怒火攻心时私下里的咒骂。谁都知道，巴顿是个容易冲动的角色。他和大部分人一样，经常批评自己的同胞，但也能在很短的时间恢复冷静。他通常以自己的日记为情绪的发泄渠道，不过，日记的大部分内容还是冷静客观的。确实，美军第2军由于缺乏经验的拙劣表现被他看在心里。巴顿在3月28日的日记里写道："我对第1装甲师的战斗力毫无信心。"几天后，他又补充道："我们的士兵，尤其是第1装甲师里毫无斗志，这让人感到恶心。"

亚历山大担心年轻军官层丧失了信心，会影响军纪的执行。巴顿对此也有同样的担心。拉瑞·库特准将在丰度克隘口战斗后去见巴顿，库特这样记录他们的对话："他说，'有286名初级军官由于在干中士和下士的活而牺牲，而那些军士们根本没有接受过充分的训练。'他最后饱含着泪水说，'我怎么打这婊子养的仗。'"

另外，让巴顿不满的是第8集团军能优先获得空中支援。问题于4月1日终于爆发，有些德军战机攻击了巴顿的前线观察所，杀死了包括巴顿最信任副官在内的3人。当晚，巴顿在悲痛、愤怒和沮丧中这样写当天的情况简报："前线部队在整个上午被敌军不停地轰炸。我方单位完全没有任何空中掩护，德国空军可以自由行动。"他将这份简报抄送给了很多高层。

PART FOUR / 粉碎狼群

坎宁安看到后很快给出了回应，他对所有收到简报的人解释，当天在第 2 军头顶上总共只出现过 17 架轰炸机和 12 架战斗机，杀死了 4 个人。与之对比的是，盟军有 92 架战斗机和轰炸机攻击了轴心国的机场，有超过 90 架轰炸机在斯法克斯（Sfax）作战，盟军当天总共出动了 362 个架次的战斗机任务，其中 260 次出现在巴顿的防区。

这个曲折在盟军指挥体系里造成了不小的芥蒂。4 月 3 日，特德、拉瑞·库特和施帕茨当面讨论了巴顿的问题。特德对坎宁安的回应大发雷霆，他感到这会极大地破坏英美之间的同盟关系，艾森豪威尔持相同看法。特德、施帕茨和库特决定一起开车去安抚仍旧暴怒的巴顿。亚历山大认为巴顿这是活该。在特德的坚持下，坎宁安被迫道歉，两人于 4 月 4 日见面、握手，共进午饭。巴顿写道："我们告别时已成了朋友。"

第二次世界大战期间，美国人讨厌英国人的论调在战后大行其道。不少历史学家热衷于揭露和夸大双方个性上的冲突，丝毫不客观地分析相关背景。在大部分情况里，那些所谓反英或者反美的人物都有难以与人相处的性格，他们经常和别人闹翻，无关国籍。另外，这些人物所肩负的重任也常被忽略，人们通常会很自然地为了自己所坚信的东西而抗争到底。在战争中，将军们一定会珍惜手下士兵的生命。因此，他们之间为此爆发激烈冲突并不奇怪。巴顿和坎宁安的个性都很张扬，尤其是巴顿更容易冲动。也正是因为这样的性格，他们都成为了战场上斗志昂扬的猛将。他们的分歧并不是因为国籍，坎宁安实际上是在澳大利亚出生的新西兰人，他们争吵的焦点在于作战方式。坎宁安所竭力辩护的第 12 空中支持部队属于美军，而不是英军。

另外一场冲突起源于奥玛·布莱德利（Omar Bradley）将军发现亚历山大在最后进攻突尼斯的战役计划里将美军第 2 军排除在外。亚历山大将军的想法其实很正常，第 1 集团军里的英军已位于北部，而久经沙场的第 8 集团军正沿着海岸平原地带向北进军。在这之前，由于已决定巴顿在西西里岛战役中指挥美军部队，为了让他专心准备"哈士奇"行动，让布莱德利接过了美军第 2 军的指挥权。艾森豪威尔建议，布莱德利和亚历山大私下谈一谈。

3月28日，布莱德利这样做了，亚历山大让他消除了不满。布莱德利的副官汉森上校写道："亚历山大给我们留下了很好的印象，他是个充满魅力的人，散发着自信的气息。"他立刻同意让第2军参与到进攻中去，负责第1集团军的北翼。"大红一师"作为战斗力最强的美军师由于要准备"哈士奇"行动而缺席突尼斯的收尾战斗，撤到了后方抓紧训练。布莱德利为"红牛"师争取表现机会。亚历山大在丰度克隘口战斗后，希望将该师后撤到新成立的实战训练基地回炉重塑。布莱德利为此请求："把那个师交给我，我向你保证，他们能一马当先地攻克目标。"亚历山大没有拒绝。

布莱德利将他们撤到马克塔（Maktar），让他们吃饱喝足，换上干净的制服，组织军官反思之前的战斗教训，实施有针对性的训练。他们掌握了如何与重武器兵种协同作战的战术。劳尔夫·沙普斯说："我们之前从未进行过这样的培训。步枪连的指挥官几乎不知道我们的存在，我们也从未和他们联合演习过。"由此可见，他们之前对战争的准备是多么的不充分，所以才会遭受那么多的伤亡。但他们总算学到了。他说："老话说得好，要是学得不够快，那就只能等死了。"

"金星"号在撞沉了U-357号后被送到船坞紧急维修，舰长唐纳德·麦金泰尔总算有了宝贵的休息时间。这个时机恰恰好，因为他的妻子在1942年11月刚给他生了个儿子，现在总算能回家团聚一段时间了。4月，"金星"号修理完毕，且和其他皇家海军在大西洋上作战的驱逐舰一样安装了"刺猬"反潜炸弹和10厘米雷达。麦金泰尔也迎来了一些新的下属。他原来的大副比尔·威廉姆斯被晋升为舰长调走，接替他的是比尔·雷德利（Bill Ridley）。

他们花了几天时间进行适应性训练，大家逐渐熟悉起来。麦金泰尔这次负责ONS4的护航任务，这个代码指北边靠近冰岛和新斯科舍省的航线。3月底4月初的北大西洋惊涛骇浪，护航舰队碰到暴风几乎行进不得。接下来的几天，他们苦苦支撑，希望天气能好转，冰浪冲上舰桥，将里面的人冻得半死。麦金泰尔派"白厅"号（Whitehall）先去冰岛接应商船编队，他也拿不准在这样的恶劣天气里编队能否正常衔接。结果，天气奇迹般地转好，这让麦金泰尔长舒一口气，编队按照计划的那样交接完毕。

没多久，侦察机发电报，警告编队发现德军潜艇的踪迹。不过侦察机并未给出潜艇相对于编队的准确位置。因此，编队实际上对侦察机或潜艇的位置仍然一无所知，只能盲目地提高警惕。麦金泰尔写道："我们希望这些海岸警卫队的飞行员们能接受足够多的情报训练，再配以他们的勇气和热情就完美了。"

对驱逐舰来说，在大洋里补给燃油是个复杂的操作。由于波涛汹涌，这对操纵船只来说很有挑战，麦金泰尔可不喜欢这事。驱逐舰和油轮需要靠近一些，还得避免相撞，船首和船尾在海浪中起伏不定，船只还要保持前进状态。麦金泰尔写道："当两船靠近时，双方的桅杆似乎就要相撞，下一秒又分得很远。海浪撞击船身形成的白色泡沫挤在船只之间。"两船舰桥之间会拉一条标记线，这种简单的装置能帮助船员肉眼识别两船的间距。油船在准备工作做好后，会将输油管伸过来。这个过程需要所有参与者都极度专心于自己的职责，通常会持续1个小时。天气对此影响也很大。"金星"号在一些恶劣天气中完成过补给作业，但这是不能勉强的。麦金泰尔写道："日子一天天过去，油箱里的燃油越来越少。我们越来越担忧，如果天气仍然恶劣，该怎么办。"

这次行动还算顺利，他们于4月22日抵达了大洋中线，与霍顿的另一支护航编队会合，对方有4艘驱逐舰和护航航母"欺骗者"号（Biter）。此时，反潜操作员从雷达信号里发现了狼群的信号。次日是1943年的耶稣受难日，在舰桥上指挥的麦金泰尔被告知在10英里（16公里）处发现潜艇踪迹。"金星"号急忙赶过去捕猎，麦金泰尔拿着去年从德军潜艇艇长奥托·克雷彻莫（Otto Kretschmer）那里缴获的蔡司双筒望远镜观察，很快发现了正在紧急下潜的潜艇。他们通过ASDIC发现了目标。接下来，就看新装备"刺猬"的表现了。

情况不错，他们能清楚地跟踪目标。随着距离目标越来越近，ASDIC 发出越来越急促的"呼呼"声。比尔·雷德利大声下令："发射！"不过，什么也没发生。他们迅速检查后发现，船员还未掌握新武器的使用方法，一轮发射出去的 24 枚反潜炸弹都有独立的保险丝，他们未拔出就直接发射了，难怪没爆炸。

"铁线莲"号（Clematis）驱逐舰赶来助战，他们使用 ASDIC 再次锁定了目标，这次决定使用另外一件新式武器——鱼雷发射管发射重达 1 吨的深水炸弹。他们感受到了爆炸的威力，巨大的水柱直冲空中，随后，ASDIC 里传来了信号，潜艇正在上浮。舰桥上一片欢腾，大家都等着被迫上浮的潜艇，可海面越来越平静。麦金泰尔相信对方应该距离海面很近了，通知船员准备使用"刺猬"。他再次仔细搜索了一遍，然后命令将 24 枚炸弹抛了出去。

炸弹滑入海里，没人说话。短暂的寂静之后，雷霆般的两声巨响从海面下传来，比尔·雷德利说："打中了，上帝保佑！"他兴奋地从反潜室冲了出来。那艘 Mk IX C 型的潜艇 U-191 被撕成碎片，全员覆没。这是艇长赫尔穆特·费恩（Helmut Fiehn）的首次战斗出航，训练不足加上经验匮乏导致他们很快送命。

护航编队带着胜利满意地走了。复活节周日那天，麦金泰尔得到反潜室的报告，哈夫-达夫系统侦测到 1 艘德军潜艇的踪迹。"欺骗者"号护航航母上起飞了 1 架"剑鱼"鱼雷机，它很快发现了目标，对方赶在被攻击前成功下潜。护航编队里的"探路者"号（Pathfinder）驱逐舰很快赶到潜艇下潜海域，锁定了 U-203 并将其击沉。麦金泰尔写道："这是一次完美的空海协同作战。"之后的航途非常顺利。ONS4 安全穿越了大西洋。

盖伊·吉普森空军中校现在指挥的是驻扎在林肯郡北部斯坎普顿（Scampton）的第 617 中队。他负责执行高度机密的"维护"（Upkeep）跳弹的测试工作，与研发这种武器的维克斯-阿姆斯特朗公司的总设计师助理巴恩·沃利斯（Barnes Wallis）紧密合作。这种炸弹本质上就是深水炸弹，只是它的重量达到了 4 吨，当其接近目标时，需保持每分钟 500 圈的旋转速度。武器的测试进行得很顺利，难点在于只有"兰开斯特"轰炸机才能挂载如此重量的炸弹，而这种轰炸机是 A.V. 罗公司的产品，不是炸弹设计公司维克斯的产品。为了使用这种炸弹，需要对"兰开斯特"进行诸多改动。所幸的是，沃利斯和罗公司的主设计师罗伊·查德威克（Roy Chadwick）配合得不错，定制的"兰开斯特"很快就能完工。吉普森的压力也很大，驾驶轰炸机在 18 000 英尺（5 486 米）的高度执行轰炸任务已是一项技术性很强的操作，在 100 英尺（30.48 米）的高度携带重达 4 吨的旋转炸弹执行轰炸任务则是另一项难度极大的操作。这需要大量的练习，由于吉普森还需花费一些时间与沃利斯探讨技术细节，他的训练少于第 617 中队的其他机组。

在此期间，"阿尔萨斯"中队已完成了自己的首次战斗任务。他们现在的基地位于比金山，装备了 Mk Ⅸ 型"喷火"。这个基地的条件在战斗机部队里算非常优秀的，能入驻这里也表明了自身的受重视程度。皮埃尔·克洛斯特曼的首次任务是 3 月 28 日给第 611 中队在上空执行警戒，后者的指挥官是空战王牌艾伦·迪瑞（Alan Deere）。作战计划是由第 611 中队在低空突入，消灭德军驻扎在埃夫勒 - 福维尔（Evreux-Fauville）的第 2 战斗机联队第 3 中队的 FW-190。当克洛斯特曼爬进飞机座舱时，他感到既紧张又激动，希望这次能取得开门红。他并未担心自己的阵亡问题。

起飞后 40 分钟，他们全速在迪耶普附近进入欧陆上空。德军只有些轻型高射炮招呼他们，他们扔掉了副油箱，准备战斗。

克洛斯特曼在电台里听到中队长雷内·莫肖特正告知迪瑞敌情："布鲁特斯，跑道末端有些飞机正在滑行。"他向下看到了敌机，他们的驾驶舱在阳光下闪闪发亮。很快，第 611 中队就发动了进攻，不过已有 20 架左右的 FW-190 起飞了，双方在空中展开了缠斗。

法国人的注意力都放在了下方发生的战斗，疏忽了正向他们冲来的 FW-190。幸好有人在最后关头发现了敌情，有人吼道："减速！"

克洛斯特曼赶忙拉紧操纵杆，做了个急转。他几乎喘不过气来，随时可能昏厥，1架"福克－沃尔夫"射出的子弹从他原来的飞行轨迹上穿过。又有2架"福克－沃尔夫"盯上了他，他不知道该如何摆脱。

他对电台叫道："黄色1号呼叫，救命！"电台里冷冰地传来了简短的回应："闭嘴。"

克洛斯特曼的追击者跟得很紧，他可以看清对手机身上的黑色鹰徽以及黄色螺旋桨标志。那架福克－沃尔夫忽然向左偏，俯冲到了他的下方，其僚机也紧跟着离开了。克洛斯特曼还没搞清楚状况，就听到艾伦·迪瑞命令大家突围返航。

当克洛斯特曼从自己的"喷火"里爬出来时，他看到中尉路德维希·马泰尔（Ludwig Martell）走了过来。他说："怎样，我的小克洛？我好像感到你被吓破了胆。"克洛斯特曼喃喃地正想回应，莫肖特听到了他们的对话，说："别担心，我们以前也是这样。放松一下，吃完晚饭再喝点啤酒，今天结束了。"

在德布登，原来"雄鹰"中队的飞行员们在划拨给第4战斗机大队后，正在换装共和公司的P-47"雷电"战斗机。这是重达7吨，装备新型发动机和点50机枪的重型战斗机。它的外形虽不如"喷火"那般优雅，但更皮实、快速，是可靠的杀手。

首批换装的飞行员里就有第335战斗机中队的吉姆·古德森和其中队长唐·布莱克斯利（Don Blakeslee）。古德森认为，驾驭这种7吨重的野兽的难度与"喷火"完全不同。相比之下，布莱克斯利更偏爱"喷火"。古德森则认为："换装后，敌机很难靠俯冲溜走了。"

布莱克斯利于4月15日带队攻击比利时的目标。他们碰到了几架FW-190，双方开始交战。和往常一样，FW希望借俯冲以摆脱，但这次美机紧紧咬住了它们。布莱克斯利在近距离把对手凌空打爆。

回到德布登，古德森庆贺布莱克斯利获得P-47的首个战果，他说："我说过，这家伙的俯冲性远超德军。"

"好吧，表现不错，估计爬升会有点问题。"布莱克斯利喃喃道。

PART FOUR / 粉碎狼群

轰炸机部队对鲁尔的袭击仍在持续——3月26日夜空袭杜伊斯堡（Duisburg）；4月3日夜再次空袭埃森，635幢建筑被摧毁，526幢建筑严重受损；4月8—9日夜两次空袭杜伊斯堡；4月10日夜空袭法兰克福；4月14日夜空袭斯图加特。鲁尔工业区是空袭的重点，此外，哈里斯也会在其他地区挑选一些高价值目标作攻击，比如柏林就被空袭了两次。3月27日夜发动的首次空袭中，他们碰巧炸中了德国空军的1处秘密仓库，摧毁了大量高价值的雷达、无线电设备。不断增加的伤亡和损失让德国民众的日子越来越艰难，人们渐渐明白，战争似乎开始不利于他们了。

更糟糕的是，除了英国皇家空军的夜袭，美军也加强了在白天的空袭，第8航空队的实力与日俱增。4月17日，超过100架B-17空袭了不莱梅。起飞迎战的德国空军包括第1战斗机联队的海因茨·科诺克。他们的战斗机装备了单枚500磅的炸弹，战术为飞到敌军机群上空投掷，但这次并未命中任何敌机。他们的Me-109在投弹后，能轻巧地俯冲攻击美军轰炸机，使用传统的机枪和航炮。科诺克对1架"飞行堡垒"攻击了3轮，总算将其击落。这是他的第7个战果。

在突尼斯，盟军空军逐渐掌握了制空权。托米·埃尔姆赫斯特所称的"新秩序"看起来已经奏效。拉瑞·库特写道："当我们不断加强对德国空军机场的攻击后，他们对我方地面部队的袭击变得越来越少。"亚历山大于4月14日在其战术指挥部召开作战协调会议，原本施帕茨也该出席，但他的飞机被延误了。故而，只能让亚历山大为坎宁安的战术进行解释，可巴顿、布莱德利，甚至马克·克拉克均不买账。当施帕茨终于赶到后，陆军指挥官们又抱怨了一通，最后艾森豪威尔进行了干预，他表示已厌烦听到无止境地要求掌控战术空军的要求。库特写道："问题总算定了下来。"这件事情可以不必再讨论了，如果艾森豪威尔早点干预是不是会更好呢？

越来越多的飞机和装备正在运来。肯·内尔所在的第225中队全部换装了新的"喷火"，他们对此非常喜爱。一些生力军来到北非，

西线之战 / THE WAR IN THE WEST

这里面包括西里尔·"巴姆"·班伯格空军少尉，其在经受复训后重新回到了战斗部队。他通过"喷火"的适应性训练后，被分配到了驻扎在苏格兰北部的第64中队。班伯格希望自己能参加到战斗中，主动申请调往海外。4月，他搭上前往北非的轮船，并于27日抵达了突尼斯，加入了第324联队的第93中队。他写道："我原来的战斗经验主要为防御性质，现在能转为进攻令我非常开心，主动寻战远强于被动应战。"

军备方面得到的改进大大增强：美军在第242大队指挥部安装了新型雷达，可提前预警敌军的进攻，性能优于英军的装备且能覆盖整个突尼斯北部。盟军对轴心国的网正在收紧，隆美尔和瓦利蒙特都对此心知肚明，后者在返回拉斯腾堡后又强调了前线的危急情况。但希特勒和墨索里尼对此置若罔闻，完全不顾战术和运行层面上的不利情况，强调要不惜一切代价守住突尼斯。本就捉襟见肘的补给和增援部队还在不断送往那里。由于大量船只被击沉，未得到补充，空中运输成为了现在的主要方式：Ju–52和少量新型的六发"梅塞施米特"–323运输机。

只要天气情况许可，空中运输队会每天跑两个来回。盟军通过情报工作意识到问题的严重性，施帕茨和坎宁安命令库特准备对轴心国的空中运输进行拦截作战。库特调集了尽可能多的作战飞机实施行动，代号为"弗拉克斯"（FLAX）。4月5日，远距离战斗机P-38在邦角东北区域一举击落了13架敌军运输机。盟军还对西西里岛的机场进行了空袭，又击毁14架，并重创85架。驻扎在马耳他岛上的英国皇家空军在这一系列作战中表现活跃。

亚历山大知道，当盟军掌握制空权的时候，北非战役也就胜利了。4月16日，第57战斗机大队进抵位于突尼斯海岸线中部的艾尔让（El Jem），那里有世界上保存最完整的古罗马斗兽场。2天后，他们下午得到情报，有大约100架Ju-52正在飞来突尼斯的路上。4个中队的P-40和18架"喷火"起飞拦截。这场战斗被称为"圣枝主日猎火鸡"，轴心国的74架飞机被击落。达尔·丹尼斯顿写道："了不起的一天！

创造历史的一天！"

命运的转折是戏剧性的。从 3 月第 3 周起，轴心国共被击落了 519 架飞机，还有 2 倍于此数量的飞机在地面上被摧毁。而盟军在同期只损失了 175 架飞机。盟军控制了天空，地面上的胜利还会远吗？

第 45 章

盟军获胜

东线,双方都暂停了行动,开始积蓄力量。德军在斯大林格勒战役失败后,进行了全面后撤,苏联红军在后面紧追不舍。但到了 2 月底,苏军的战线拉得过长,被冯·曼施坦因将军把握住机会,他在主动放弃哈尔科夫后,发起了漂亮的反击,轻松夺回该城并重创苏军。双方的战线在此之后逐渐稳定下来。

尽管遭受了巨大的损失,希特勒仍然拒绝相信德军已难以征服苏联,他开始策划新一轮的进攻,代号"城堡"行动(Zitadelle)。目标是消除库尔斯克(Kursk)附近的突出部,缩短本方的防线。

同时,希特勒继续增派更多部队前往地中海和北非战场。东线虽然是最主要的战场,但他认为地中海战场的战略地位也很重要。

虽然大部分德国空军仍驻扎在东线,但现在已将作战重点放在了地中海。已是中校的麦基·施坦因霍夫也从东线来到突尼斯指挥第 77 战斗机联队。他在与妻子回德国度假期间接到了阿道夫·加兰德的电话。这位战斗机部队的司令官情绪并不好,美军对帝国的白昼轰炸让他忧心忡忡。他告诉施坦因霍夫,已向帝国元帅阁下要求增强战斗机部队的数量,且需要有比 FW-190 和 Me-109 更强悍的机型。当他表示"飞行堡垒"完全有能力空袭柏林时,戈林立刻恼羞成怒,不允许他散播这种失败主义论调。

加兰德现在手里最缺的是称职的指挥官,因此他找到了施坦因霍夫，让他选择去法国或是北非。施坦因霍夫从未去过北非，欣然地将这个任务作为冒险而接受了。第77战斗机联队原来广受爱戴的指挥官亚辛·明谢贝格（Joachim Muencheberg）于3月23日在马雷特战斗中被美军"喷火"飞行员击落阵亡。

施坦因霍夫取道罗马前往北非，他在那里得到了凯瑟林的接见，并参加了一场空军作战会议，他们对突尼斯战役的看法还是比较乐观。施坦因霍夫并不喜欢这些夸夸而谈的家伙们，他们的言论也难以让人信服。

凯瑟林对他说："一旦你熟悉了这片战场，你必须让周边的人相信北非必须不惜一切代价守住。我们要增援桥头堡，缩短战线，使我们的防守更强一些。但我们必须要投入足够的空中力量。"

施坦因霍夫于3月末抵达突尼斯北部的弗康尼利机场（La Fauconnerie），在那里见到了联队里的其他飞行员，其中不少人已在北非战斗了1年甚至更长的时间。施坦因霍夫说："很难找到21岁以上的飞行员，他们年轻的面庞让我想起了阵亡不久的马尔塞尤。大部分老熟人或死，或俘，或残。"

施坦因霍夫用自己都不相信的鬼话鼓舞他们，这正是凯瑟林要求他做的，这种行为让他自己都感到羞愧。他现在就像是个闯入的继父，所有人都用怀疑的眼光看他。更糟的是，他发现英国皇家空军和美军陆航的飞行员的素质高于苏军，且战机性能也更好。在一次出击中，他座机的发动机和散热器被"喷火"击伤，他迫降在本方战线。他说："我们已处在了危险的境地。"

4月底，他们的处境变得更恶劣。非洲战役的末日看来不远了，轴心国部队抵抗不了盟军后方强大的工业体系，无论是后勤补给还是火力皆全面落败。随着作战经验和指挥能力的提升，盟军已明显处于上风。

亚历山大的总攻计划代号为"火神行动"（Vulcan）。由于第8集团军距离突尼斯还有50英里（80公里）的距离，且地形不利于进攻，

西线之战 / THE WAR IN THE WEST

亚历山大决定由第1集团军担任主攻，美军从北翼向比塞大港进攻，英军从中央进攻麦杰尔达山谷。

轴心国方面在突尼斯已堆积了不少部队，这必将是一场恶战。尽管蒙哥马利的部队并不是主角，但他仍希望取得突破，率先占领突尼斯城。可他注定要失望。激烈的战斗在特克鲁纳（Takrouna）展开，意军的防守英勇无比，英军的毛利营也不畏牺牲地在这布满岩石的战场作战。双方均付出了重大伤亡，但新西兰人未能突破意军防线。

英军第9军在第8集团军第1装甲师的增援下进攻不顺利。阿尔伯特·马丁他们并不喜欢被调离第8集团军。与他们已被磨烂的军服相比，第9军士兵还穿着崭新的卡其布军服，马丁感觉这些英国同胞完全是另一个族群。4月29日，第2步枪旅奉命夜袭被戏称"双奶山"的布库宁山（Djebel Bou Kournine）。他们几乎到达了山顶，可并未攻克。马丁写道："我们双手空空地回到本方阵地，所有人的脸色都不好看。"

北翼美军布莱德利将军认为，突尼斯战斗的关键是哪方控制了高地。第2军名义上隶属第1集团军指挥，安德森实际上并不会干预布莱德利的行动。布莱德利和集团军参谋部在作战任务上达成了一致，具体行动由他自己发挥。

首先要进攻的是一系列互为犄角之势的山丘，因此他命令部队对他们同时发动进攻。"大红一师"成功地完成了任务，不过也付出了不小的代价。他们直到4月26日才艰难地前进了5英里（8公里），然后停顿了下来，609高地（塔亨特山）让他们非常头疼。这座高地控制了山谷的两侧，德军掘壕固守，丝毫没有动摇的迹象。

布莱德利让第34"红牛"师负责攻坚。他告诉里德师长："给我拿下那座山，以后没人敢怀疑你这个师的彪悍。"他们于4月28日开始进攻。"红牛"师3次冲上山顶，都被德军反扑了回来。他们在4月30日的第4次冲锋中加上了坦克，终于在下午攻克了山顶。他们打退了德军发动的疯狂反扑，到了5月2日，609高地和周围的高地都被"红牛"师牢牢掌握。这和之前的特克鲁纳之战一样，双方都摆出了决战的气势，但这次第34师终于洗刷了自己身上的耻辱，打了个翻身仗。

记者恩尼·派尔见证了这场意志之战，他从前线发回的报道被超过 120 家报纸刊登，被数百万美国人阅读。他写道："我喜爱步兵，他们虽然地位不高，但却是打赢战争所需要依赖的人。"他看着那些登山累坏了的士兵们，好几天不能洗漱、剃须，被战斗折磨得表情麻木。尽管那些人看起来精疲力竭，派尔还是会经常尝试与他们聊天，挖掘出他们内心的坚强。他写道："他们想把德国人打败，在突尼斯陷阱里杀个精光。不管你怎么想，只有战场才能塑造真正的战士。"

劳尔夫·沙普斯中士肯定会赞同这番话。他所在的重武器连奉命进攻相邻的 490 高地。他到这时已看到了太多死亡，听到了太多垂死之声，知道如何在枪林弹雨中存活下来。当最终夺下 490 高地时，他所在的班只剩下了 8 人，弹药也基本用完，缴获了 1 挺 MG-34 机枪。疲惫万分的他一躺下就睡着了。

沙普斯他们在这座山头上发现了超过 70 个机枪阵地。"红牛"师在这场战斗中获得了全胜，这表明了那些美国刚来的新手成长得多迅速，已成为了斗志顽强的熟练老兵。沙普斯写道："我们已证明了自己是世界上一流的士兵，不差于任何对手。"

南面英军的第 78 师终于在 4 月 27 日清除了在终止山的敌军，但第 9 军也丧失了继续进攻的势头。亚历山大明白，需要再鼓鼓劲，他于 4 月 30 日来到蒙哥马利的第 8 集团军战术指挥部。蒙蒂的状态不佳，他之前在开罗策划"哈士奇"行动期间感染了扁桃体炎，这让他浑身不适。他此刻的心思全放在了西西里岛上。他知道，突破轴心国军队位于昂菲达维尔的阵地并不容易，但内心又非常渴望成为进入突尼斯城的首人，因此仍不断驱使部下强攻。图克和弗莱贝格都向蒙哥马利和霍洛克斯建议暂时休整，但并未被采纳，4 月 28 日新抵达的第 56 师被继续送往前线进攻，结果碰了个头破血流。

蒙哥马利现在很沮丧，亚历山大建议他派最好的部队尝试通过梅杰达山谷进攻。蒙哥马利虽然对印度陆军没有好感，但仍然同意派遣第 7 装甲师和第 4 印度师执行这项任务，这个组合也是 1940 年横扫意军的西部沙漠部队主力。他们将临时划拨给第 9 军指挥，霍洛克斯同时兼任这个军的军长，因为原军长约翰·柯珞克（John Croker）受伤了。

图克对这样的安排非常满意（这是他长久渴望的），一方面霍洛克斯越来越重视他的意见，一方面自己终于有机会实施自主作战了。

图克到达迈贾兹巴卜后，先去霍洛克斯的指挥部了解战斗的计划。参谋们准备在天亮时发动有火炮掩护的进攻。图克静静地听他们说完后，自己带着师火炮指挥官去侦察战场。敌军占据了有利地形，如果在白天进攻必定会遭受重大伤亡，因此他在再次开会时强调必须更换作战计划。他设想进行夜袭，由火炮掩盖部队前进的声音。火炮将以集火轰击的形式逐个对付敌军目标，正如他在阿拉曼战役时提出的设想。他建议每门火炮必须准备 1 000 枚炮弹，这远大于霍洛克斯建议的每门 450 枚。同时，空军还需要提供准确的侦察图片，以帮助炮兵精准炮击敌军阵地。

图克在来到中东战场后自己的建议屡屡被拒，但现在，他的观点终于获得了认可。霍洛克斯的担心主要在于部队缺乏夜战训练，但图克向他保证部队有足够的能力，次日早上继续加入坦克、反坦克火炮、迫击炮和机枪则能顺利夺下敌军阵地。他要求加入炮击准备，必须由他的炮兵指挥官来协调。图克将这样的作战方式称为"完美的渗透战"。

"打击"行动（Strike）于 1943 年 5 月 5 日夜打响，正如图克预计的那样进展顺利。大约 450 门火炮为此次作战而调集，他们每次轰击一个目标，都将其炸个底朝天，再转向下一个目标。那晚总计有 16 600 枚炮弹落在德军阵地上。

5 月 6 日清晨，第 4 印度师的士兵已在震耳欲聋的炮声掩护下，通过茂密的草丛来到德军阵地前面。当天，月光昏暗，有助于奇袭的成功。他们凭借刺刀和廓尔喀弯刀让德军闻风丧胆，一举消灭了整个装甲掷弹兵团。当天破晓，步兵们已涌上了目标山峰，英国新型的"丘吉尔"坦克正在他们身后穿过田野，履带上沾满了红色的罂粟花花瓣。

PART FOUR / 粉碎狼群

激烈的战斗还未结束。在附近的"掷弹兵"山上有不少观战的指挥官、记者和政治家，其中就有坎宁安空军中将。早上7点，他们看到首批战斗机和轰炸机编队飞临战场上空。没有任何敌机应战，盟军的实力已占据了绝对优势。陆军的3.7英寸高射炮也降低了炮管，用于对地攻击了。

霍洛克斯再次放缓了装甲部队的进攻速度，轴心国已被击败，盟军的实力已碾压敌军了，如果图克的建议能早几个月被听取，也许效果会更好。

他们在纪律森严的德军阵地上打开了进入突尼斯的道路，战斗打得很漂亮，没有像阿拉曼、马雷特和特巴加战役那样打成消耗战。当然，除了对方实力已大不如前以外，图克的战术以及盟军优势的空地火力起到了明显效果。这也许算得上英军到目前为止赢得最干净利索的一仗。值得被人铭记。

突尼斯城于5月7日被攻克，比塞大港也于同日被美军占领。5月8日，盟军的军舰开始在邦角外巡航。坎宁安海军上将的命令简洁有力："击沉、击燃、击毁，不放过任何东西。"

实际上，轴心国已没有什么船只可被击沉了。除了800人在海上被俘外，轴心国在北非的部队都已投降，像拉姆和桑塔里诺那样的人都被关押在战俘营的铁丝网后。对于这25万人来说，战争已提前结束，轴心国的部队损失甚至大于在斯大林格勒的惨败。轴心国在整个北非战役的兵员损失高于东线两倍。这可不是什么微不足道的次要战场。

有趣的是，冯·阿尼姆将军于5月12日正式向图克将军投降。图克穿着平常的套头衫，并未佩戴勋章，看起来有些随意。冯·阿尼姆则穿得一丝不苟。梅塞将军于次日签署了投降书。

谢尔伍德游骑兵们在昂菲达维尔之战中失去了团长东尼·普雷尔（Donny Player），他是战前义勇军时期就加入部队的老兵。他们被困在那里长达数周时间，忽然间发现轴心国防线解体了，他们赶紧前去收容战俘。斯坦利·克里斯托弗森写道："一下子，有点难以相信这里的战争结束了。"

西线之战 / THE WAR IN THE WEST

1943年5月13日下午1点16分,亚历山大给丘吉尔发去电报:"阁下,我有责任向您报告突尼斯战役已结束,所有敌军停止了抵抗,我们控制了北非海岸。"

在大西洋上的战争也到达了高潮。5月11日(周二)夜,唐纳德·麦金泰尔舰长正在"金星"号的舰桥上。他保持着高度警醒,知道很快就会发生战斗。麦金泰尔此时怀着强烈的复仇心,在那天的早些时候,有德军潜艇突破了他们的防御圈,在朗朗白日下击沉了2艘商船。麦金泰尔的B2护航舰队的9个月无损失的战斗记录作古,这让他非常愤怒。夜晚来临,哈夫-达夫监测室不断报告发现潜艇信号,大部分都来自编队后方,因此麦金泰尔让"金星"号来到了编队的末尾。

"看起来,他们今晚要发动总攻了,乔治,"他对刚来到舰桥上的执行官说道,"提醒雷达操作员,特别留意后方出现的信号。"

首个夜班从晚上8点到12点,就在他们准备换班时,一直等着的信号出现了。"刚出现微小的信号,长官,方向230,距离5英里(8公里)。"

到了5月的第2周,狼群开始在大西洋中部被围剿。负责保护ONS4和ONS5线路的B7护航舰队和第3支持大队都装备了哈夫-达夫系统以及新型的270型10厘米雷达。因此,即便德军有情报知道编队的位置,他们这群由28艘潜艇组成的狼群还是很难穿透保护层。某个晚上,他们发起了多达26次试探,均被护航舰艇打退。最后,德军潜艇虽然击沉了12艘商船,自己也损失了9艘。

这表明大西洋之战的转折点已来临,皇家海军决心趁热打铁。由于加拿大海军集中在大西洋西北部自己的地盘,大西洋中部则完全交给了英军。美军派出50多架改装过的远距"解放者"支援英军,这些轰炸机配备了新型的Mk24鱼雷,能依靠声音制导装置主动跟踪目标。在潜艇下潜时扔下这种鱼雷,它们可以自动贴上去炸毁目标,这是一种非常致命的武器。

5月11日夜,轮到"金星"号大展身手了。麦金泰尔命令全舰拉响战斗警报，全速机动。他透过望远镜在黑暗中搜索，希望能尽快发现潜艇的踪迹。忽然，他看到海面上出现了一道白色的痕迹，那是潜艇引起的尾迹！他们向左拐了几度追赶，希望能在对方深潜之前来个突然袭击。他们飞快地赶上去了，但德军潜艇还是及时下潜了。海面上留下了英军熟悉的漩涡。

麦金泰尔发令："首批炸弹目视瞄准，浅水设定。"

很快，他从通话器里听到比尔·雷德利的口令："1号发射！2号发射！3号发射！"深水炸弹发射出去后没多久，爆炸引起的巨大水柱就冲到了半空。麦金泰尔相信，这样的冲击波至少震到了潜艇，不能停，必须继续攻击。他让船速放缓，ASDIC迅速捕捉目标信号。显然，德军潜艇仍在下潜。麦金泰尔命令，再投射一轮深水炸弹。

新的一轮炸弹爆炸了。在"金星"号的后甲板上，深水炸弹操作组正忙着装填。如果在风平浪静的码头，他们能在15秒内完成操作，可在大洋上的波涛中摆弄那些750磅的弹药非常不易。虽然困难，他们还是尽了自己的最快速度完成投射。在"金星"号准备再次进攻时，ASDIC监测室发现了潜艇水箱被击穿的信号，潜艇正在上浮。没一会儿，潜艇就浮出了水面，停在那里。由于距离太近，"金星"号没法使用4.7英寸舰炮，只有使用20毫米厄利孔高射机枪了，他们将几个在潜艇甲板上准备操纵火炮的德军水手撂倒。

让麦金泰尔惊讶的是，潜艇居然启动了发动机，准备开走。一旦距离足够，"金星"号上的炮手就能使用4.7英寸舰炮了。对方停了下来，并未投降。即使是经验丰富的麦金泰尔也不知道对手到底想干吗。

他对站在身边的雷德利说："比尔，你说我们能否轻轻撞上去，且不损坏我们的舰身？"

他回答："可以试试，长官。我们的深水炸弹已用得差不多了，还要为之后的航程留一些。"

他们撞了上去，那艘潜艇来了个底朝天，不过保持了一会儿后，它又开始了自动扶正，这时已是半沉状态了。考虑到编队已离开他们足有30英里（48公里）了，麦金泰尔决定继续赶路。他写道："宝贵的时间不能浪费在给它料理后事上，我们打捞起幸存者就上路了。"而那艘正在下沉的潜艇就听天由命吧。

那是由卡尔－尤格·威希特（Karl-Juerg Waechter）中尉指挥的U-223潜艇，他还未放弃。潜艇进水严重，有台发动机已着火，到处都破损不堪。但剩下的艇员很坚持，12个小时后，U-223奇迹般的又能蹒跚着返航了。12天后，5月24日，他们安全地回到了圣纳泽尔港。U-223可谓战争中最幸运的德军潜艇了。

在此期间，"金星"号并不知情，他们返回护航编队，并于次日又捕捉到了潜艇的信号，这次他们没给猎物留下任何机会。

在一轮进攻后，ASDIC操作员就听到潜艇受损了，第二轮进攻将它彻底击沉了。"金星"号上的水手可以透过船体感觉到下面发生的剧烈爆炸。他们绕着那里转圈航行，看到泄露的燃料和木块碎片浮了上来。他们停下来打捞一些碎片作为证据。这是Mk IX C型潜艇U-186，在其第2次出海中就全员覆没。

"金星"号用完了所有的深水炸弹，但他们还能发挥作用，就算不能击沉潜艇，也能迫使对方下潜。后来，还有11艘德军潜艇的信号被发现，"金星"号、"白厅"号以及其他护卫舰都尽职尽责地将他们驱赶走。"金星"号上的水手在这趟行动下来累得不行，麦金泰尔感到这是一次不寻常的经历，他写道："5月16日，编队安全通过了危险水域。2艘商船的损失令人痛心，不过，我们已为他们复仇了。"

盟军在北非胜利的消息传来时，丘吉尔正与罗斯福会面，地点是华盛顿。英国首相对这份捷报感慨万千，一年前，也是他和总统在一起的时候接到了托布鲁克陷落的可耻消息。现在，1943年5月，北非安全了，英美联军在战场上经受住了考验，证明他们能合作击败敌人。

丘吉尔在几天后又收到了好消息。5月15日夜，盖伊·吉普森中校带领他的中队进攻德国大坝。德国最大的两座水坝：莫纳（Moehne）和艾德（Eder）被瓦里斯的跳弹炸毁。当时，吉普森他们先去莫纳水坝，他将高度准确地控制在水面上60英尺（18米），亲自投下炸弹。随

PART FOUR / 粉碎狼群

后他率领仍装有炸弹的机组炸毁了被霾覆盖的艾德水坝，这也是德国最大的水坝。德军保护水坝的防空火力非常猛烈，英军出动的19个机组有8个没能回来。吉普森运气不错，活着回来了，他在当晚身先士卒的表现非常卓越，这也为他获得了英国最高的荣誉：维多利亚十字勋章。

这个消息传到柏林，引起一片惊愕和恐惧。这些大坝是宝贵的基础设施，在德国家喻户晓。尤其是莫纳大坝对于鲁尔区非常重要，不光是为那些城市提供饮水，还要依靠这去扑灭由盟军轰炸引起的火灾。溃坝引起的水灾淹没了附近的村庄，摧毁了12个工厂，破坏了91个。25座铁路、公路桥被冲垮，远在多特蒙德的电厂因此而关闭。这些大坝、工厂和桥梁都需要重修，其他大坝的防空能力也需要加强。这个成本是惊人的，德国此时根本无力分出多余的金钱、资源、人力和时间。

盟军只使用了少量飞机，依靠新式武器就取得了如此大的破坏力，这种效果也是所有参战国梦寐以求的。

哈里斯中将决定一鼓作气，命令轰炸机部队继续加大对鲁尔区的空袭力度。5月23日夜，826架飞机空袭多特蒙德，摧毁了2 000多栋住宅。4天后，500多架飞机再次光顾了埃森。

这对第三帝国来说是黑暗的日子，而1943年的5月还有更多坏消息等着他们。

大西洋上，10个商船编队穿过虎视眈眈的狼群，370艘商船里只有6艘被击沉，其中一半还是落单的。德军方面，狼群损失了13艘潜艇。同时，盟军加强了在比斯开湾上的空中巡逻，新型雷达加上新型跟踪水雷立竿见影。5月结束时，41艘潜艇被击沉，阵亡的年轻的潜艇艇员里包括邓尼茨的独子。邓尼茨写道："使用狼群战术在北大西洋对付商船编队已不再可行。"他于5月24日命令狼群全部撤回，归航时注意安全。他补充说："我们输掉了大西洋之战。"

随着狼群被击败，盟军可以真正计划战争的最后一个阶段。对意大利来说，战败已经来到了门外。墨索里尼的号召力已微乎其微，意大利的民众从不渴望战争，现在还被战败、死亡、破坏和物质匮乏长久地折磨。德国也有类似情况，但他们已无路可退。尽管米尔希主导了飞机增产计划，施佩尔宣称他们实现了军工革命，包括若干研发中的奇迹武器或许会带来的希望，德国实际上已苟延残喘了。食物、燃料、人力，这三项现代战争最重要的因素已所剩无几，维持德国对被占领区域统治的成本变得越来越高，抵抗运动也如火如荼地在蔓延。

在战争的前两年，很多德国人相信，他们真能依靠第三帝国再次强大。战争之初，胜利来得又多又急，但实际上也埋下了很多裂痕，根基不牢。而在最近的两年，所有的希望都开始变得暗淡，胜利不再，海陆空不断遭受挫败。这一切到了 1943 年 5 月变得越来越清晰，戈培尔所叫嚣的整体战落到了德国民众的身上：天空中，他们被夜以继日地轰炸，他们的伟大城市开始崩塌，他们的著名建筑被摧毁；大海里，德国潜艇失去了踪影；陆地上，他们正被不断收紧的网困住：南面、东面、西面。

美国和英国正享受胜利的喜悦，虽然只是短暂的。德国虽然遭受了失败，但希特勒仍旧用他的钢铁意志奴役德国民众。他诅咒，帝国如果不能延续千年，那就等着众神末日吧。盟军开始向最终的胜利进军。

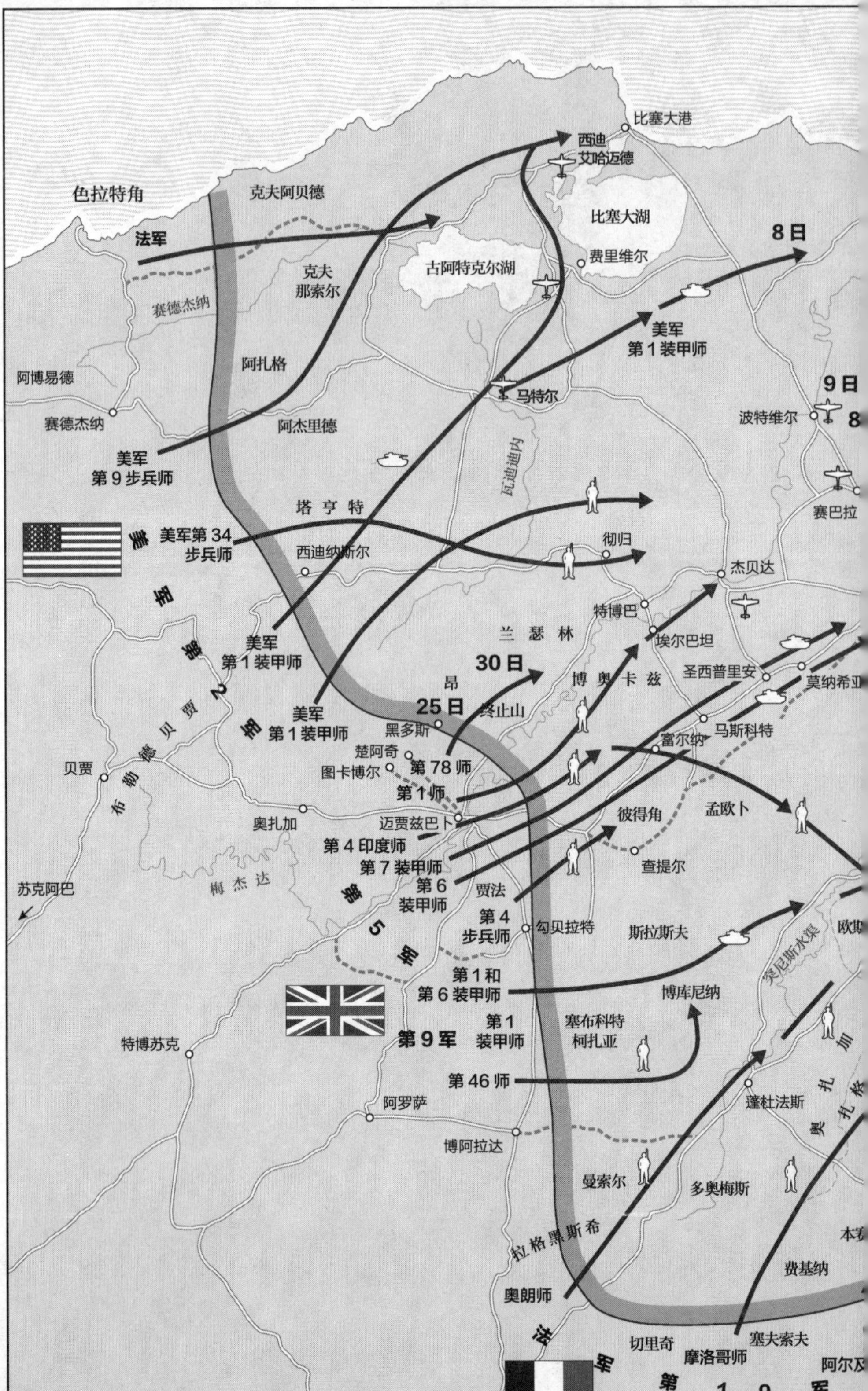
比塞大港
西迪
艾哈迈德
色拉特角
克夫阿贝德
比塞大湖
法军
8日
古阿特克尔湖
费里维尔
克夫
那索尔
赛德杰纳
美军
第1装甲师
阿扎格
阿博易德
9日
马特尔
赛德杰纳
波特维尔
阿杰里德
美军
第9步兵师
瓦迪迪内
塔亨特
赛巴拉
美军第34
步兵师
彻归
西迪纳斯尔
杰贝达
美
军
第
2
军
特博巴
美军
第1装甲师
兰瑟林
埃尔巴坦
30日
昂
博奥卡兹
圣西普里安
莫纳希亚
美军
第1装甲师
25日
终止山
黑多斯
马斯科特
富尔纳
楚阿奇
第78师
贝贾
图卡博尔
布勒德贝贾
第1师
孟欧卜
奥扎加
迈贾兹巴卜
彼得角
第4印度师
第7装甲师
查提尔
第6
装甲师
梅杰达
苏克阿巴
贾法
第
5
军
第4
步兵师
勾贝拉特
斯拉斯夫
突尼斯水渠
第1和
第6装甲师
博库尼纳
第1
装甲师
塞布科特
柯扎亚
第9军
特博苏克
第46师
阿罗萨
逢杜法斯
奥
扎
加
扎
格
博阿拉达
曼索尔
多奥梅斯
拉格黑斯希
费基纳
奥朗师
法
军
第
1
9
军
切里奇
摩洛哥师
塞夫索夫
锡勒亚奈
罗望

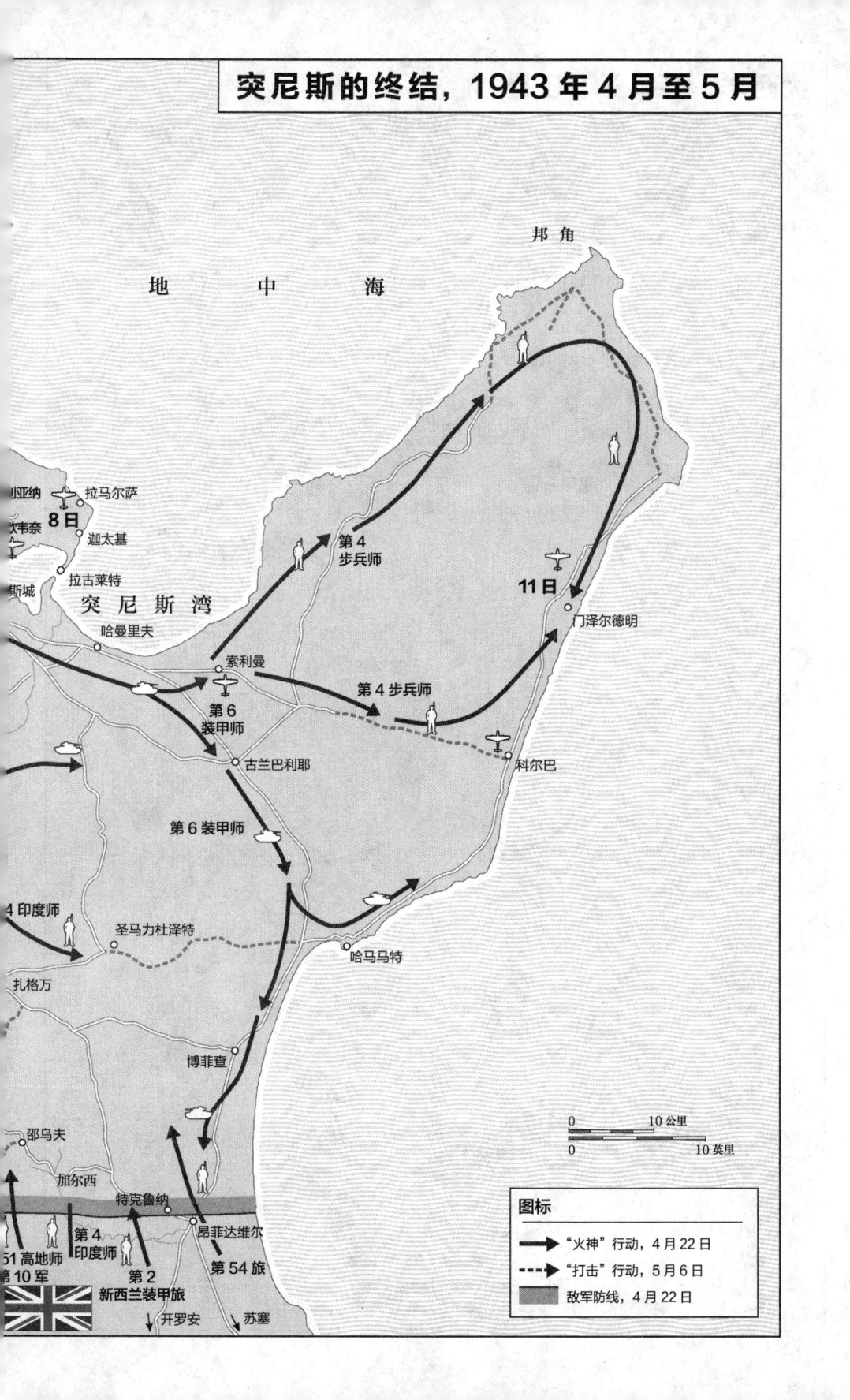

突尼斯的终结，1943年4月至5月

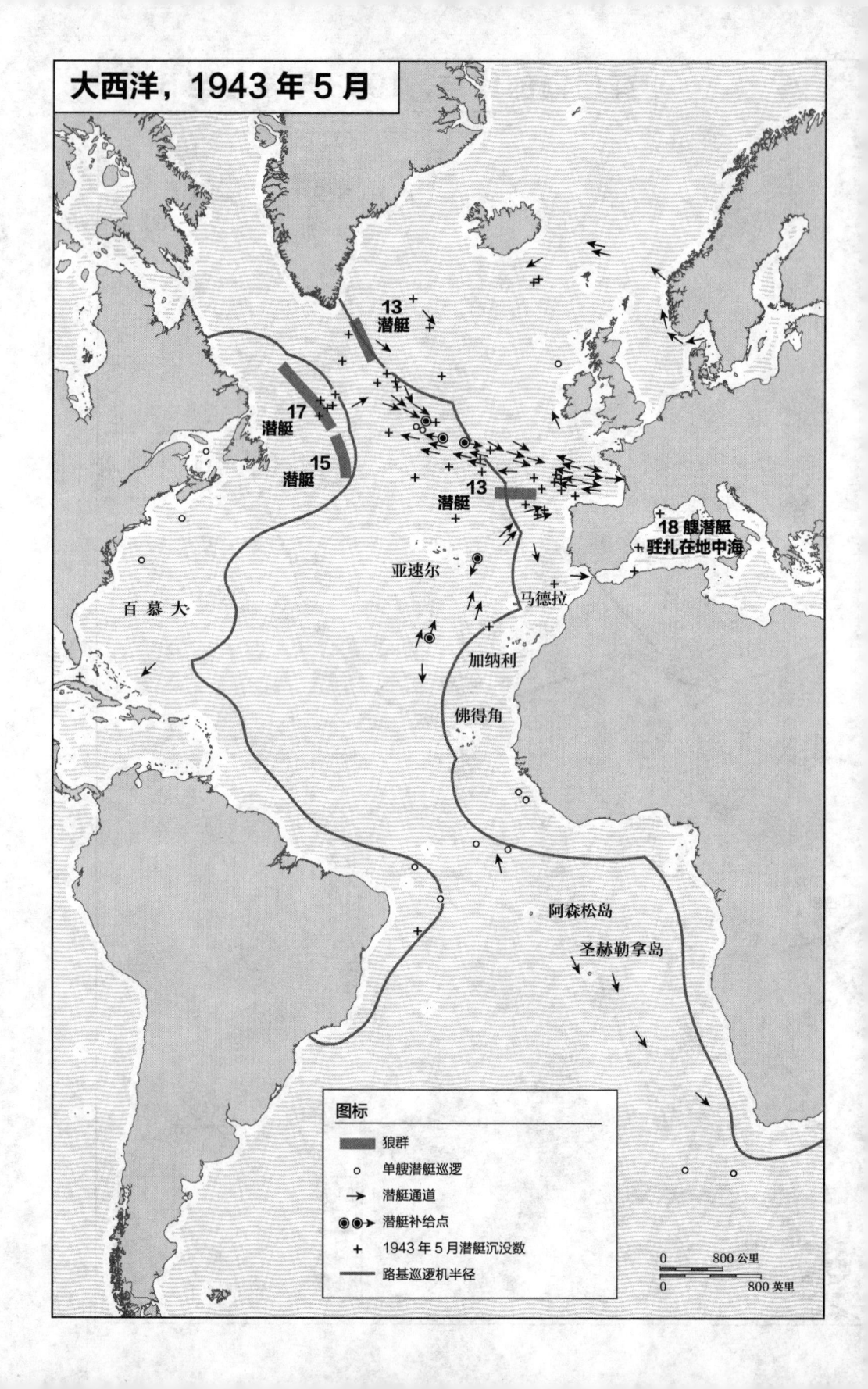

大西洋，1943年5月

图标
- 狼群
- 单艘潜艇巡逻
- 潜艇通道
- 潜艇补给点
- 1943年5月潜艇沉没数
- 路基巡逻机半径

13 潜艇
17 潜艇
15 潜艇
13 潜艇

18 艘潜艇驻扎在地中海

百慕大
亚速尔
马德拉
加纳利
佛得角
阿森松岛
圣赫勒拿岛

800 公里
800 英里

附录

商船吨位损益累计表
(大于1 600吨的船舶)

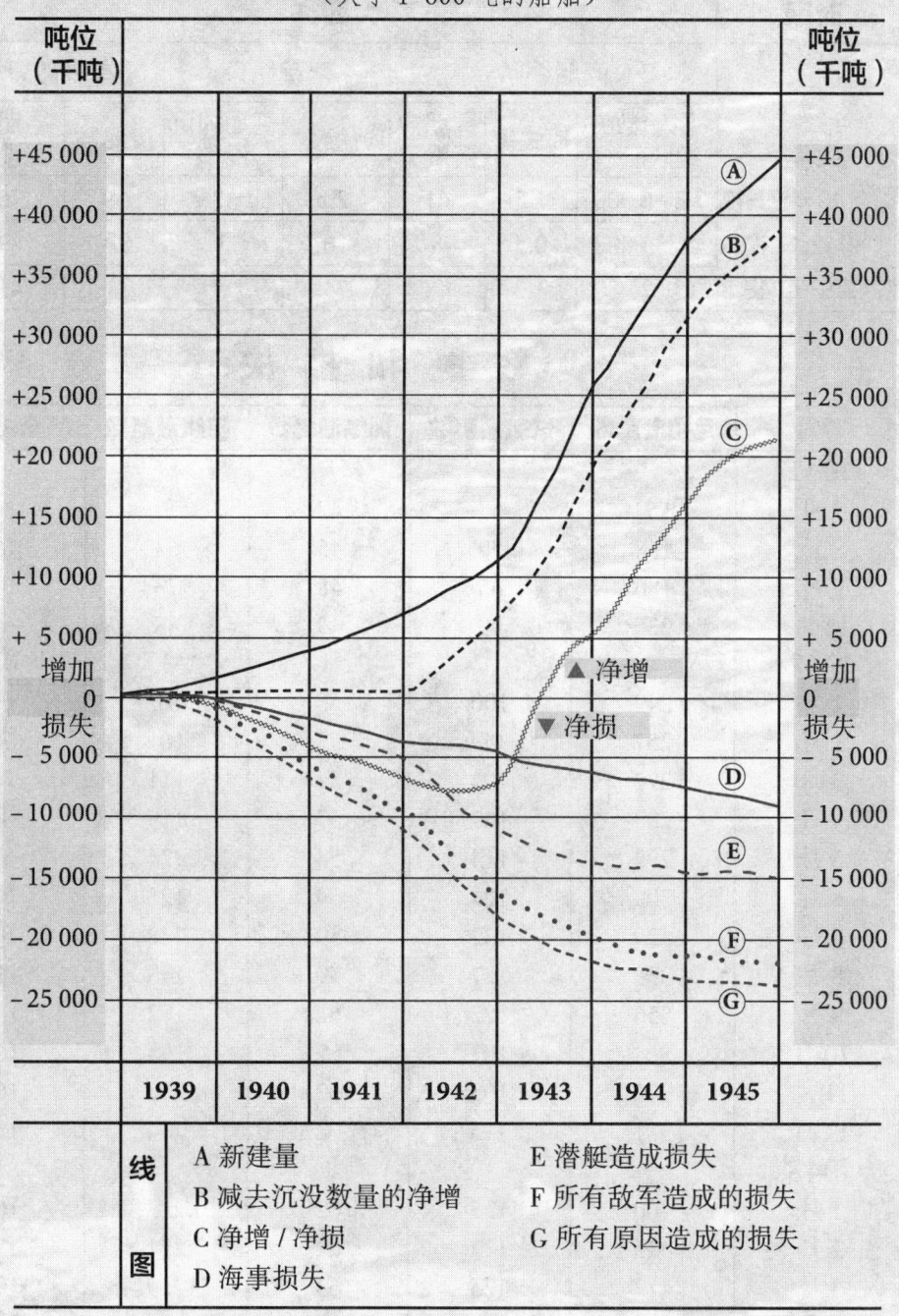

线图		
	A 新建量	E 潜艇造成损失
	B 减去沉没数量的净增	F 所有敌军造成的损失
	C 净增/净损	G 所有原因造成的损失
	D 海事损失	

来源：艾瑞克·格罗夫所著《敌军对航运进攻的失败》，第15图。

西线之战 / THE WAR IN THE WEST

潜艇造成的盟军商船损失 （单位：艘）

时期	大西洋						
	商船编队			落单船只		单发船只	
	沉船数/编队船只	损失率	周期内沉没率	沉船数	周期内沉没率	沉船数	周期内沉没率
1941.7—12	92 / 6 000	1.5	61	20	13	39	26
1942.1—7.31	46 / 9 800	0.5	8	16	3	510	89
1942.8—1943.5	313 / 26 300	1.2	48	74	11	269	41

潜艇数量和损失 （单位：艘）

时间	月初潜艇数	试航潜艇数	训练潜艇数	前线潜艇数	大西洋潜艇数
1941					
7月	153	58	42	53	51
8月	168	59	45	64	62
9月	186	65	48	73	63
12月	236	99	49	88	60
1942					
1月	249	100	58	91	65
2月	257	99	57	101	76
3月	272	104	57	111	80
4月	283	107	57	119	80
5月	292	114	54	124	85
6月	309	124	59	126	88
7月	329	132	59	138	99
8月	339	137	59	149	110
9月	356	122	62	172	134
10月	364	107	62	195	161
11月	372	103	62	207	162
12月	381	115	62	204	159
1943					
1月	400	125	62	213	166
2月	415	132	62	221	178
3月	417	125	63	229	193
4月	431	130	65	236	195
5月	432	124	68	240	207

APPENDICES / 附 录

总计	所有区域							总计
	商船编队		落单船只		单发船只			
	沉船数	周期内沉没率	沉船数	周期内沉没率	沉船数	周期内沉没率	
151	95	56	20	12	54	32	169
572	51	8	17	3	577	9	645
656	348	44	75	10	359	46	782

地中海潜艇数	黑海潜艇数	北冰洋潜艇数	新服役数量	总损失
—	2	—	19	1
—	2	—	19	3
6	4	—	24	3(1)
23	5	—	22	10
21	4	—	15	3
21	4	—	16	2
21	10	—	18	6
20	19	—	17	3
19	20	—	20	4
17	21	—	21	3
16	23	—	21	11(1)
16	23	—	21	10(1)
15	23	—	18	11(1)
15	19	—	23	16
17	26	2	23	13(1)
20	23	2	23	5
22	21	3	22	6
22	18	3	21	19(1)
19	14	3	27	16(2)
17	21	3	18	15
18	12	3	26	41

西线之战 / THE WAR IN THE WEST

德国、英国和美国战机生产数
（单位：架）

时间	单发战斗机 德国	单发战斗机 英国	单发战斗机 美国	双发飞机 德国	双发飞机 英国	双发飞机 美国	四发飞机 德国	四发飞机 英国	四发飞机 美国
1941									
3 季度	242	550	174	242	550	174	6	50	18
4 季度	221	559	320	221	559	320	3	57	64
1942									
1 季度	396	625	395	396	625	395	12	89	125
2 季度	349	692	473	349	692	473	20	142	182
3 季度	420	681	174	420	681	174	24	191	237
4 季度	449	659	484	449	659	484	27	232	329
1943									
1 季度	642	697	525	642	697	525	642	321	457
2 季度	865	687	741	865	687	741	865	387	700

石油总产量、进口和供给量
（单位：吨）

时间	英国	德国
1941	13 051 000	4 920 000
1942	10 232 000	4 988 000
1943	14 828 000	5 647 000

1941年5月—1943年5月的时间线

―――――― **1941年** ――――――

5月

19日 伊拉克的费卢杰被夺回。

意军在东非正式投降。

德军对克里特岛发动空降行动。

27日 德国非洲军凭借新抵达的第15装甲师夺回哈尔法亚隘口。

30日 伊拉克的叛乱被粉碎。

6月

1日 德军控制克里特岛。

2日 希腊流亡政府在埃及组建。

3日 伊拉克新政府成立。

4日 亚历山大港被德军轰炸。

8日 英军和自由法国军队发动"出口商"行动,从巴勒斯坦进攻维希政权控制的叙利亚和黎巴嫩。

9日 英军和自由法国军队占领了黎巴嫩的泰尔。

15日 "战斧"行动打响,为托布鲁克解围。

16日 英军损失了大量坦克。

17日 "战斧"行动终止,损失了91辆坦克。

22日 "巴巴罗萨"战役打响。

26日 芬兰对苏联宣战。

西线之战 / THE WAR IN THE WEST

7月

4日 铁托号召南斯拉夫进行抵抗。

5日 韦维尔被撤职,由奥金莱克接任。

7日 美国海军接管英国在冰岛的基地。

12日 英国和苏联签署互助条约。

15日 维希法国在黎巴嫩和叙利亚的统治结束。英军进入贝鲁特。

26日 奥金莱克飞到伦敦商讨战略。

27日 德军占领爱沙尼亚的塔林。

8月

5日 德军中央集团军群在斯摩棱斯克形成巨大包围圈。

9日 中大西洋会议在纽芬兰的阿真舍召开。

25日 英军和苏军入侵伊朗,防止其加入轴心国。

31日 盟军完全控制了波斯湾。

9月

5日 希特勒命令对莫斯科发动进攻。

8日 列宁格勒围城开始。

15日 隆美尔率领第21装甲师前进,希望可以夺取燃料库。

17日 英军和苏军占领了德黑兰。

18日 德军占领基辅。

23日 南方集团军群占领克里米亚。

24日 法国国家委员会成立。

25日 隆美尔没能找到燃料,撤回利比亚境内。

26日 英军第8集团军成立,包括第13军和第30军。第9集团军在巴勒斯坦成立,第10集团军在伊朗和伊拉克成立。

10月

2日 坎宁安将军的"十字军"行动得到奥金莱克的批准。

18日 德军距离莫斯科还剩80英里（129公里）。

24日 南方集团军群占领哈尔科夫。

30日 中央集团军群受困于天气，停止前进。

31日 英国皇家空军空袭班加西和的黎波里。

11月

15日 德军向莫斯科的进军继续。

18日 "十字军"行动打响，隆美尔猝不及防。第30军长驱直入，占领了西迪雷泽。

20日 托布鲁克守军奉命突围，和第30军会合。

23日 第5南非旅被轴心国军队全歼。

26日 坎宁安将军希望中止行动，奥金莱克将其撤职，任命里奇将军担任第8集团军司令。

27日 托布鲁克守军和新西兰师会师。

29日 苏军对罗斯托夫发动反击，迫使德军后撤。

12月

5日 德军对莫斯科的攻势受阻。

7日 轴心国军队撤回加扎拉。

日军偷袭珍珠港。

8日 托布鲁克解围。

11日 德国和意大利对美国宣战。

15日 第8集团军对加扎拉发动进攻，隆美尔命令撤退。

19日 英军夺回德尔纳。

希特勒任命自己为陆军总司令。

意军人操控鱼雷偷袭亚历山大港。

22日 英国和美国在华盛顿阿卡迪亚召开战略会议。

23 日 轴心国军队放弃班加西。

27 日 英军突击队对挪威的瓦格索岛成功发动袭击。

1942 年

1 月

1 日 让·莫林空投到法国被占领地区。

4 日 轴心国军队撤离昔兰尼加。

21 日 隆美尔攻入昔兰尼加。

26 日 首支美军部队抵达英国。

2 月

4 日 隆美尔受阻于加扎拉。

8 日 苏军在德米杨斯克包围大量德军。

19 日 对达拉第的审判开始。

3 月

19 日 苏军对列宁格勒的解围行动失败。

4 月

1 日 拉瓦尔在维希政权中重新掌权。

5 日 希特勒命令对高加索进军。

8 日 美国代表团来到英国。

20 日 47 架"喷火"抵达马耳他岛。

5 月

5 日 "铁甲舰"行动打响，英军入侵维希政权控制的马达加斯加岛。

10 日 英国皇家空军取得马耳他岛的制空权。

12 日 苏军在哈尔科夫以南发动反击。

27 日 隆美尔对加扎拉防线发动进攻。

29 日 在哈尔科夫附近的苏军被消灭。

6 月

7 日 法国被占领区域的犹太人被要求佩戴黄星。

21 日 托布鲁克被德军攻克。

30 日 德军第 6 集团军开始夏季攻势。

英军第 7 集团军撤至阿拉曼防线。

7 月

3 日 德军攻克塞瓦斯托波尔。

16 日 4 000 名巴黎犹太人被逮捕。

24 日 盟军同意发动"火炬"行动。

8 月

9 日 德军占领迈科普油田区域。

10 日 德军抵达斯大林格勒近郊。

11 日 希特勒、施佩尔和普莱格商讨燃煤危机。

13 日 希特勒决定建造大西洋壁垒。

15 日 "俄亥俄"号油轮抵达马耳他岛。

19 日 迪耶普登陆失败。

24 日 斯大林命令必须守住斯大林格勒。

30 日 隆美尔对阿拉姆哈勒法发动进攻。

9 月

23 日 隆美尔飞回德国，面谏希特勒。

10 月

11 日 德国空军对马耳他岛发动闪电空袭。

22 日 美军加入沙漠空军。

23 日 阿拉曼战役打响。

11 月

2 日 德军 A 集团军群对高加索的攻势受阻。

英军的阿拉曼战役取得突破。

8 日 "火炬"行动：盟军入侵维希政权控制的西北非。

11 日 德国占领维希法国。

13 日 英军夺回托布鲁克

19 日 苏军对斯大林格勒的反击打响。

20 日 英军夺回班加西。

23 日 德军被围困在斯大林格勒。

24 日 盟军开始向突尼斯进军。

26 日 希特勒命令保卢斯死守斯大林格勒。

12 月

12 日 冯·曼施坦因实施对斯大林格勒的解围行动。

16 日 苏军对 B 集团军群发动进攻。

24 日 达尔朗被刺杀。

28 日 希特勒禁止部队从斯大林格勒突围。

1943 年

1 月

3 日 A 集团军群开始从高加索地区撤退。

轴心国军队开始占领突尼斯。

8 日 保卢斯拒绝苏军的劝降。

10 日 苏军对斯大林格勒的总攻开始。

12 日 苏军尝试解除列宁格勒之围。

13 日 苏军渡过顿河。

元首命令全面动员。

14 日 卡萨布兰卡会议。

23 日 第 8 集团军占领的黎波里。

30 日 法国国民军成立，约瑟夫·达南德担任司令。

2 月

2 日 斯大林格勒的德军投降。

8 日 苏军夺回库尔斯克。

13 日 党卫军偷袭杰尔巴岛。

14 日 苏军解放罗斯托夫。

15 日 《强制劳动法》在法国实施。

16 日 德军放弃哈尔科夫。

16 日 "谷纳赛德"行动打响。

19 日 隆美尔夺取凯瑟林隘口。

20 日 德军在乌克兰发动反击。

3 月

6 日 第 8 集团军在梅德宁战役中取胜。

9 日 隆美尔离开北非。

15 日 德军夺回哈尔科夫。

17 日 美军第 2 军夺取贾福萨。

20 日 第 8 集团军赢得马雷特防线战役。

4 月

6 日 瓦迪阿佳利特战役打响。

19 日 华沙犹太人起义。

19 日 第 8 集团军攻克昂菲达维尔。

22 日 第 1 集团军对突尼斯发动总攻。

5月

5日 "打击"行动打响，攻克梅杰达。

7日 突尼斯和比塞大港被盟军占领。

12日 华盛顿召开会议决定在击败意大利后再开辟第二战场。

13日 轴心国在突尼斯最后的部队投降。

15日 自由法国成立国家抵抗委员会。

16日 "惩罚"行动实施，第617中队对德国大坝发动空袭。

致　谢

　　这样庞大而又雄心勃勃的项目离不开大量的帮助，我在这里表示对大家的感谢。首先，我要感激那些在过去几十年里不怕麻烦，花时间和我长谈的老兵们。其次，我非常感谢博物馆和档案馆的员工，尤其要感谢伦敦帝国战争博物馆的理查德·休斯、俄亥俄大学的道格·麦凯布、埃门丁根德意志日记档案馆和弗莱堡联邦档案-军事档案馆的全体职员、宾夕法尼亚州卡莱尔兵营的美国陆军遗产中心的职员，以及约克郡二战体验中心的凯茜·皮尤。

　　我很幸运，自己能得到不少朋友和同事的指导，包括约翰·巴克利教授和戴维·扎贝基教授。我要特别感谢五位好友，他们一直给我提供中肯的意见。首先是我的挚友塞巴斯蒂安·考克斯，他是皇家空军诺霍特空军历史部的负责人。第二位是朴茨茅斯海军历史部的负责人斯蒂芬·普林斯。第三位是杰瑞米·巴拉克教授，一位值得尊重的朋友以及学术导师。第四位是里克·希鲁姆教授，我的技术顾问，帮我解决任何科学上的问题。最后要感谢的是彼得·卡迪克—亚当斯博士，他的视角、见识，以及友谊是我的无价宝。谢谢你们。

　　不少人帮我进行了翻译和研究工作，法国的伊丽莎白·高斯隆和埃莉诺·尤赫特申科；意大利的詹姆斯·欧文。我要感谢戴维·瓦尔施，这位好友陪我拜访了多个意大利档案馆。德国的米歇尔·麦尔斯和因戈·马尔科做了大量工作，是我的好友兼同事。弗朗斯·布里翁也帮助我进行了关键研究，我对此非常感激。非常感谢拉拉·希金斯帮我整理了大量访谈，也要感谢汤姆和马克·希金斯。我感谢你们。

许多朋友和同事在我写书过程中给予了帮助：奥利弗·巴哈姆、戴维·克里斯托弗森、彼得·戴、瑞贝卡·多布斯、弗莱娅·艾登-爱丽丝、托宾·琼斯、罗柏·欧文、詹姆斯·皮特里、理查德·波柯克、詹姆斯·肖普兰、盖伊·瓦尔特、罗兰德·怀特和亚伦·杨。我还要感谢西蒙·勃朗纳上校和蒂姆·卢皮恩帮我审读稿件。

我要感谢班塔姆出版社以及工作人员，拉瑞·芬勒、麦兹·托伊、斯蒂夫·马尔卡西、达西·尼科尔森、菲尔·罗德、维维安·汤普森、马克·汉斯利。特别感谢纽约的贾米森·施托尔茨，他是卓越的编辑。还有伦敦的比尔·斯科特-柯尔，是我最好的朋友和支持者。尤为感谢你们。

我要感谢康维尔和沃尔什的各位朋友，特别感谢帕特里克·沃尔什，你是位了不起的代理人，更是了不起的朋友。

最后，我要感谢我的家庭。本书的写作占用了我大量时间，你们默默地忍受了这一切。我感谢你们——瑞秋、奈德、黛西，谢谢。